云南大学
周边外交研究丛书

刘 鹏 ◎ 著

印度洋地区
国际制度的评估

中国社会科学出版社

图书在版编目（CIP）数据

印度洋地区国际制度的评估 / 刘鹏著 . —北京：中国社会科学出版社，2023.6

（云南大学周边外交研究丛书）

ISBN 978 – 7 – 5227 – 2002 – 9

Ⅰ.①印⋯　Ⅱ.①刘⋯　Ⅲ.①政治制度—研究—南亚　Ⅳ.①D521

中国国家版本馆 CIP 数据核字（2023）第 114227 号

出 版 人	赵剑英
责任编辑	马　明
责任校对	赵　洋
责任印制	王　超

出　　版	中国社会科学出版社
社　　址	北京鼓楼西大街甲 158 号
邮　　编	100720
网　　址	http://www.csspw.cn
发 行 部	010 – 84083685
门 市 部	010 – 84029450
经　　销	新华书店及其他书店

印　　刷	北京明恒达印务有限公司
装　　订	廊坊市广阳区广增装订厂
版　　次	2023 年 6 月第 1 版
印　　次	2023 年 6 月第 1 次印刷

开　　本	710×1000　1/16
印　　张	15.25
字　　数	223 千字
定　　价	78.00 元

凡购买中国社会科学出版社图书，如有质量问题请与本社营销中心联系调换
电话：010 – 84083683
版权所有　侵权必究

云南大学周边外交研究中心
学术委员会名单

主 任 委 员：郑永年

副主任委员：邢广程　朱成虎　肖　宪

委　　　员：（按姓氏笔画排序）

王逸舟　孔建勋　石源华
卢光盛　刘　稚　许利平
李一平　李明江　李晨阳
杨　恕　吴　磊　陈东晓
张景全　张振江　范祚军
胡仕胜　高祖贵　翟　崑
潘志平

《云南大学周边外交研究丛书》
编委会名单

编委会主任：林文勋

编委会副主任：杨泽宇　肖　宪

编委会委员：（按姓氏笔画排序）
　　　　　　孔建勋　卢光盛　刘　稚
　　　　　　毕世鸿　李晨阳　吴　磊
　　　　　　翟　崑

总 序

近年来，全球局势急剧变化，国际社会所关切的一个重要议题是：中国在发展成为世界第二大经济体之后，其外交政策是否会从防御转变为具有进攻性？是否会挑战现存的大国和国际秩序，甚至会单独建立自己主导的国际体系？的确，中国外交在转变。这些年来，中国已经形成了三位一体的新型大外交，我把它称为"两条腿，一个圈"。一条腿是"与美、欧、俄等建立新型的大国关系，尤其是建立中美新型大国关系"；另一条腿为主要针对广大发展中国家的发展战略，即"一带一路"；"一个圈"则体现于中国的周边外交。这三者相互关联，互相影响。不难理解，其中周边外交是中国外交的核心，也是影响另外两条腿行走的关键。这是由中国本身特殊的地缘政治考量所决定的。首先，周边外交是中国在新形势下全球谋篇布局的起点。中国的外交中心在亚洲，亚洲的和平与稳定对中国至关重要，因此能否处理好与周边国家的关系，克服周边复杂的地缘政治环境将成为影响中国在亚洲崛起并建设亚洲命运共同体的关键。其次，周边外交是助推中国"一带一路"主体外交政策的关键之举。"一带一路"已确定为中国的主体外交政策，而围绕着"一带一路"的诸多方案意在推动周边国家的社会经济发展，考量的是如何多做一些有利于周边国家的事，并让周边国家适应中国从"韬光养晦"到"有所作为"的转变，并使之愿意合作，加强对中国的信任。无疑，这是对周边外交智慧与策略的极大考验。最后，周边外交也是中国解决中美对抗、中日对抗等大国关系的重要方式与途径。中国充分发挥周边外交效用，巩固与加强同周边国家的友好合作关系，支持周边国家的发展壮大，提升中国的向心力，将降低美日等大国在中国周边地区与国家中的影响力，并化解美国在亚洲同盟与中国对抗的可能性与风险，促成周边国家自觉地对中国的外交政策做出适当的调整。

从近几年中国周边外交不断转型和升级来看，中国已经在客观上认识到了周边外交局势的复杂性，并做出积极调整。不过，目前还没能拿出一个更为具体、系统的战略。不难观察到，中国在周边外交的很多方面既缺乏方向，更缺乏行动力，与周边国家的关系始终处于"若即若离"的状态。其中导致该问题的一个重要原因是对周边外交研究的不足与相关智库建设的缺失，致使中国的周边外交还有很大的提升和改进空间。云南大学周边外交研究中心一直紧扣中国周边外交发展的新形势，在中国周边外交研究方面有着深厚的基础、特色定位，并在学术成果与外交实践上成果颇丰，能为中国周边外交实践起到智力支撑与建言献策的重要作用。第一，在周边外交研究的基础上，云南大学周边外交研究中心扎实稳固，发展迅速。该中心所依托的云南大学国际问题研究院从20世纪40年代起就开始了相关研究。21世纪初，在东南亚、南亚等领域的研究开始发展与成熟，并与国内外相关研究机构建立了良好的合作关系，同时自2010年起每年举办的西南论坛会议成为中国西南地区最高层次的学术性和政策性论坛。2014年申报成功的云南省高校新型智库"西南周边环境与周边外交"中心更在中央、省级相关周边外交决策中发挥着重要作用。第二，在周边外交的研究定位上，云南大学周边外交研究中心有着鲜明的特色。该中心以东南亚、南亚为研究主体，以大湄公河次区域经济合作机制（GMS）、孟中印缅经济走廊（BCIM）和澜沧江—湄公河合作机制（LMC）等为重点研究方向，并具体围绕区域经济合作、区域安全合作、人文交流、南海问题、跨界民族、水资源合作、替代种植等重点领域进行深入研究并不断创新。第三，在周边外交的实际推动工作上，云南大学周边外交研究中心在服务决策、服务社会方面取得了初步成效。据了解，迄今为止该中心完成的多个应用性对策报告得到了相关部门的采纳和认可，起到了很好的资政服务作用。

云南大学周边外交研究中心推出的《云南大学周边外交研究丛书》与《云南大学周边外交研究中心智库报告》等系列丛书正是基于中国周边外交新形势以及自身多年在该领域学术研究与实践考察的

深厚积淀之上。从周边外交理论研究方面来看，这两套丛书力求基于具体的区域范畴考察、细致的国别研究、详细的案例分析，来构建起一套有助于建设亚洲命运共同体、利益共同体的新型周边外交理论，并力求在澜沧江—湄公河合作机制、孟中印缅经济合作机制、水资源合作机制等方面有所突破与创新。从周边外交的具体案例研究来看，该套丛书结合地缘政治、地缘经济的实际情况以及实事求是的田野调查，以安全合作、经济合作、人文合作、环境合作、边界冲突等为议题，进行了细致的研究、客观独立的分析与思考。从对于国内外中国周边外交学术研究与对外外交工作实践的意义来看，该丛书不仅将为国内相关研究同人提供借鉴，也将会在国际学界起到交流作用。与此同时，这两套丛书也将为中国周边外交的实践工作的展开提供智力支撑并发挥建言献策的积极作用。

郑永年
2016 年 11 月

前　言

　　本书的目的是研究印度洋地区的国际制度，但在对这些国际制度完成了现状描述后却发现，对这些制度现状的分析只停留在表面，要深入理解这些国际制度，就需要构建一个对国际制度进行评估的体系。为此，我们选择了有效性与合法性作为对国际制度评估的维度，并将其具体化为可操作的量化评价指标。利用这一量化评价指标，本书选取了经济领域的环印联盟作为案例，对其进行了分析。分析的结果是印度洋地区国际制度处于高合法性、低有效性的状态。高合法性与低有效性的判断使我们对印度洋地区国际制度的认识超越了笼统的描述。为了对这一现象进行进一步解释，本书对国际制度有效性与合法性的关系进行了分析。我们认为有效性与合法性的关系不是简单的互斥或互补关系；国际制度有效性可以不依赖于合法性而存在，有效性可以创造合法性，有效性对合法性的增强具有必然性；国际制度合法性必须依赖于有效性而存在，合法性无法创造有效性，合法性对有效性的增强不具有必然性。因此，如果印度洋地区的国际制度长期处于高合法性、低有效性的状态，其高合法性并不会增强其有效性，而合法性也将由于自身的"合法性危机"和缺少相对获益的支持而逐步减少，最终印度洋地区国际制度将退化为低合法性、低有效性的状态。

目　录

第一章　绪论 …………………………………………………………（1）
　第一节　研究问题的提出 …………………………………………（1）
　第二节　文献综述 …………………………………………………（4）
　第三节　研究方法的选取 …………………………………………（28）
　第四节　研究结构 …………………………………………………（33）

第二章　印度洋地区国际制度的现状 ………………………………（35）
　第一节　印度洋地区的范围和国别 ………………………………（35）
　第二节　国际制度的概念辨析 ……………………………………（43）
　第三节　印度洋地区的国际制度构成 ……………………………（46）
　第四节　印度洋地区国际制度评估标准的缺失 …………………（65）
　第五节　小结 ………………………………………………………（66）

第三章　国际制度有效性评估框架的构建 …………………………（67）
　第一节　从有效性与合法性的维度对国际制度进行评估 ……（67）
　第二节　国际制度的有效性评估标准 ……………………………（72）
　第三节　国际制度有效性评估标准操作化 ………………………（77）
　第四节　小结 ………………………………………………………（87）

第四章　国际制度合法性评估框架的构建 …………………………（88）
　第一节　国际制度合法性的界定 …………………………………（88）
　第二节　国际制度合法性的来源 …………………………………（94）
　第三节　国际制度合法性评估的思路 ……………………………（102）

第四节　国际制度合法性评估的操作化……………………（106）
　　第五节　小结…………………………………………………（117）

第五章　印度洋地区国际制度的有效性与合法性评估………（119）
　　第一节　环印联盟有效性评估………………………………（119）
　　第二节　环印联盟合法性评估………………………………（133）
　　第三节　环印联盟合法性过剩对有效性的抵消……………（146）

第六章　印度洋地区国际制度有效性与合法性的关系………（149）
　　第一节　国际制度有效性与合法性的关系…………………（149）
　　第二节　印度洋地区国际制度有效性与合法性的关系……（156）
　　第三节　提高印度洋地区国际制度有效性的路径…………（161）
　　第四节　小结…………………………………………………（162）

第七章　结论……………………………………………………（164）
　　第一节　合法性过剩、有效性赤字与印度洋地区的国际
　　　　　　制度………………………………………………（164）
　　第二节　政策启示……………………………………………（166）
　　第三节　研究展望……………………………………………（168）

附　　表…………………………………………………………（172）

参考文献…………………………………………………………（207）

后　　记…………………………………………………………（229）

第 一 章

绪 论

第一节 研究问题的提出

一 问题的提出

在国际问题研究领域，印度洋地区并不是一个使用频率很高的词汇，更为人们所熟知的是构成印度洋地区的5个次区域：大洋洲地区、东南亚地区、南亚地区、波斯湾地区和东非地区。从国际关系的角度来研究印度洋地区的文献并不多，[①] 而对印度洋地区国际制度的研究则更少。从某种意义上讲，印度洋地区国际制度的实践远远超过理论界对这一问题的研究。

在对现有印度洋地区研究的文献进行梳理后可以发现，现有印度洋地区研究的文献主要是"套用"印度洋之名而进行的国别研究。本书试图超越国别研究的视角，从区域整体的角度对印度洋地区进行研究。目前，适用于区域研究的国际制度理论已经较为成熟，印度洋地区国际制度也进行了丰富实践，因此选取印度洋地区国际制度作为研究对象是可行的。

二 研究的目的与意义

（一）印度洋地区事关中国的和平发展

印度洋是世界第三大洋，总面积达6855万平方千米，是中国陆

---

① Manoj Gupta, *Indian Ocean Region: Maritime Regimes for Regional Cooperation*, New York: Springer, 2010, p. 9.

地国土面积的 7.14 倍。构成印度洋地区的国家包括了东非、西亚、南亚、东南亚、大洋洲和印度洋岛国。

就中国和平崛起的外部环境而言，中国所需要的资源、能源、运输通道、和平的国际环境、足够的国际支持都与印度洋地区密切相关。印度洋地区是世界上主要的能源和资源聚集地，也是中国主要的进口来源地。印度洋航线也是中国连接中东、北非、欧洲和美洲地区的主要航线，是中国资源、能源的进口通道和产品的出口通道。中国虽然不是印度洋国家，但印度洋地区却关系着中国的国家利益。因此，深入对印度洋地区现状的研究确有必要。

（二）了解印度洋地区的国际制度现状有利于我国介入该地区

印度洋地区无论是对于中国当前的经济发展还是对于中国未来长期的国际地位都是非常重要的。中国介入印度洋地区面临着两个难题：第一，近代以来，中国在印度洋地区的存在非常微弱；虽然中国在历史上与该地区曾经有过如郑和下西洋等方式的联系，但近代以来，中国在该地区几乎没有现实力量存在。第二，中国是印度洋地区的域外国家。作为一个传统上并不在该地区具备影响的域外国家，中国的介入必须顾及区域内国家和传统大国的反应，因此介入方式的选择就成为关键。印度洋地区的国际制度能否为中国的介入提供助力、减少阻力，是中国选择印度洋战略时需要考虑的。对印度洋地区国际制度进行必要的研究也是决定这一政策是否可行的依据。

印度洋对于中国的重要性及中国了解印度洋地区国际制度的必要性决定了本项研究具有一定的现实意义。同时，对印度洋地区国际制度进行研究也具有一定的理论意义。

（三）印度洋地区的国际制度研究是中国国际问题研究的空白点之一

整体而言，中国对印度洋地区的研究还是处于起步阶段，现有的研究大多开始于20世纪90年代末期，仅有十余年的历史。目前，国内对印度洋进行研究的学术机构的数量和学者的数量都不多，产生的学术成果也较少，目前还没有专门研究印度洋地区国际制度的相关成果。

(四) 对印度洋地区国际制度进行评估有利于现有国际制度理论的检测

理论上，国际制度对于国际合作和无政府状态国际社会的重要性和必要性已经被不断证明，进一步的研究需要进行范式的转换，即从论证其重要性转变为对其进行评估和设计。在实践中，国际制度已经成为各类全球和地区问题的解决药方，各国创制了大量的国际制度。但这里面有一个关键的细节被有意或无意地忽略，那就是按照功能主义理论所创设出来的国际制度是否实现了最初的设想，即国际制度创设之后是否实现了其创设的初衷，或者说实现的程度如何。"国际组织得以创立和持续存在的原因是人们期望其能够发挥特定的功能；国际组织后来的行为是否确实像假设的那样发挥了功能。"[1] 这里面缺少的是对于已经创立的国际制度的评估框架和实践检测。

作为国际制度主要代表的国际组织被看成世界上的一种进步而自由的力量；许多学者和决策者关心的不是国际组织的过度供给，而是国际组织的供给不足；大部分研究国际合作和全球治理的方法把创立国际制度作为解决世界问题的方法。[2] 制度成为推动相互依赖和解决环境、经济与安全事务中无数集体行动问题的唯一答案，制度不仅能够使得国家克服狭隘的自我利益实现长期合作，而且有助于促进发展、安全、正义和个人自主性。[3]但国际制度是否实现了这些功能也是需要回答的。美国学者盖伊·彼得斯在分析了政治学中的 7 种制度主义视角后，[4] 认为现有制度理论在两个方面亟待研究："第一，很

---

[1] [美] 迈克尔·巴尼特、玛莎·芬尼莫尔：《为世界定规则：全球政治中的国际组织》，薄燕译，上海人民出版社 2009 年版，第 2 页。
[2] [美] 迈克尔·巴尼特、玛莎·芬尼莫尔：《为世界定规则：全球政治中的国际组织》，薄燕译，上海人民出版社 2009 年版，第 248 页。
[3] [美] 迈克尔·巴尼特、玛莎·芬尼莫尔：《为世界定规则：全球政治中的国际组织》，薄燕译，上海人民出版社 2009 年版，第 248 页。
[4] 盖伊·彼得斯归纳的政治学中的 7 种制度主义视角分别是：规范制度主义、理性选择制度主义、历史制度主义、经验制度主义、社会学制度主义、利益代表制度主义、国际制度主义。盖伊·彼得斯对制度的分类标准并不统一，但这不是本书要讨论的问题。详情请参见 [美] B. 盖伊·彼得斯《政治科学中的制度理论："新制度主义"》（第二版），王向民、段红伟译，上海人民出版社 2011 年版。

少有理论明确提及一种制度的内在动力和使这种制度运作的潜在行为机制;第二,发展更完善的检验制度理论的方法。"①因此对印度洋地区国际制度进行评估,也能对现有国际制度理论进行检测,有益于国际制度理论的完善。

用国际制度理论对印度洋地区进行分析是一种可行的研究方法,也超越了将区域研究还原为国别研究的思路。印度洋地区国际制度的实践已经走在了理论的前面,建立对印度洋地区国际制度评估的框架,对于中国制定印度洋政策、理解印度洋地区的现状都是有意义的。

第二节 文献综述

研究印度洋地区的国际制度,主要的文献依托有两个方面,分别是:国内外关于印度洋地区研究的现状、国内外关于国际制度评估的研究。

一 国内外关于印度洋地区研究的现状

整体而言,对印度洋地区的研究并不是国内外国际问题研究的热点,因而研究的成果也相对不多。在现有的印度洋地区研究中,研究的主要对象是国家,很多成果被冠以印度洋之名,但却是国别研究的叠加;研究的主要视角依然是国家权力视角,主要的研究对象是区域内大国(印度、澳大利亚、南非等)与区域外大国(日本、美国、中国等)的权力互动。在印度洋地区研究中,采用整体主义视角进行研究的,主要集中在非传统安全领域,如海洋环境保护、海上通道安全、打击海盗、气候变化等。目前,对印度洋地区国际制度进行研究的成果很少,现有成果主要是对印度洋地区国际制度进行现状描述,缺乏从制度理论的角度对其进行深入分析。

---

① [美] B. 盖伊·彼得斯:《政治科学中的制度理论:"新制度主义"》(第二版),王向民、段红伟译,上海人民出版社2011年版,第162—163页。

国内目前对印度洋地区的研究还处于起步阶段，研究成果较少、研究的范围较窄、研究方法较为单一。国内对印度洋地区的研究始于20世纪90年代末，在此之前国内鲜有印度洋地区研究的成果出现。20世纪90年代末，随着中国对外部能源和资源的依赖加深，特别是随着中国进口油气资源的需求量不断增加，国内部分学者开始关注印度洋地区。目前国内尚无关于研究印度洋地区的专著，也没有以此为主题的博士学位论文。四川大学南亚研究所是国内重要的南亚研究机构，但目前该机构研究的重点是南亚问题（特别是印度问题）。国内专门研究印度洋地区的学者主要集中在云南的部分高校和研究机构中，2012年出版了国内第一部印度洋地区蓝皮书，国内唯一的一本以印度洋研究为主题的学术刊物也在2013年创刊。现有研究成果的主要形式是各类期刊刊发的论文和若干译著。

国内对印度洋地区的研究主要始于20世纪90年代末，而国外对印度洋地区的研究则从二战结束时就已经开始了，因而他们在研究的议题范围、研究方法方面也更为多元和深入。仅就笔者收集到的资料来看，目前国外对印度洋地区的研究已经产生了76部著作、57部硕士博士学位论文和200余篇各类论文。国外的印度洋地区研究随着国际形势的发展呈现出时冷时热的状态，后文将对国内外印度洋地区研究的时间脉络和现状进行综述。

（一）印度洋地区研究的时间脉络

国外对印度洋地区的研究虽然从二战以来就在不断进行，但对印度洋地区的研究仍然呈现明显的时间性。此处以学术著作为例梳理印度洋地区研究的学术发展脉络。从学术发展脉络来看，国外的印度洋地区研究呈现出以下特点。

1. 20世纪70—80年代是国外印度洋地区研究处于高潮的时间

就国际问题研究而言，印度洋地区研究并不是一个关注度很高的议题，因此产生的学术成果总量并不多。通过对现有研究印度洋地区学术著作的梳理，我们可以发现，20世纪70—80年代是印度洋地区研究的第一个高潮，在此期间产生了44部学术著作，而在此之前关于印度洋地区研究的学术著作数量较少（见表1.1）。在此期间出版的学术著作占到了研究印度洋地区的学术著作的一半以上。到了20世纪90年代，关于印度洋地区的学术著作数量又呈现下降的趋势，整个90年代出版的学术著作数量仅为10部。20世纪70—80年代美、苏在印度洋地区的争霸和印度洋沿岸国家希望通过和平区的建立来摆脱美苏争霸的影响是这一研究高潮兴起的背景。

2. 国外印度洋地区研究的主题具有明显的时代性

仔细梳理迄今以来关于印度洋地区研究的国外著作，我们可以发现印度洋地区的研究主题具有明显的时代性。20世纪40—60年代，印度洋地区是印度和英国的势力范围，相关研究也主要围绕这一问题展开。而20世纪70年代后，美国接手了英国在印度洋地区的势力范围，加上苏联采取的攻势战略，使美苏之间在印度洋地区的争夺进入白热化阶段，苏联入侵阿富汗使争夺形势达到高潮。在这一背景下，这一时期学术著作的主要关注点就是美苏在印度洋地区的争夺；另一个研究的主题就是在美苏争夺的背景下，地区内国家的反应和应对之策（见表1.1）。在此背景下沿岸国家提出了印度洋和平区主张，并通过联合国这一平台大加倡导，希望能够借此间接抵制美苏在印度洋地区的争夺、维护自身的主权和安全。20世纪90年代之后，随着冷战的结束，美苏在印度洋地区争霸这一问题不再存在，这一时期的著作也将注意力转移到了体现时代特色的贸易、区域合作等问题上；此外，这一时期的著作的研究议题也更为多元化，移民、历史、文化等问题也开始逐步得到研究。

3. 印度和美国是研究印度洋地区的主要国家

从目前出版的研究印度洋地区的著作来看，作者主要来自印度和美国。这其实也反映了两国对这一区域的关注程度。印度是印度洋地区最大的国家，也一直希望能够主导印度洋地区的国际秩序，因此印度学者一直对印度洋地区保持着较高的关注度。美国自1967年接手了英国的势力范围之后，成为印度洋地区最有影响力的域外大国，加上美国较为发达的国际问题研究，因此美国在该地区的研究也产出了较多的成果。

表 1.1　　　　　　印度洋地区研究学术著作的时间脉络

出版时间	著作数量	研究的主题
20 世纪 40 年代	1	印度与印度洋
20 世纪 50 年代	1	国防与安全
20 世纪 60 年代	2	英国与印度洋
20 世纪 70 年代	22	印度与印度洋，美苏在印度洋的争夺，印度洋的地缘政治、海权，印度洋和平区，地区军备竞赛
20 世纪 80 年代	22	印度与印度洋、巴基斯坦与印度洋、印度洋的地缘政治、海权、美苏在印度洋的干涉与争夺、地区安全、印度洋和平区、印度洋地区的历史、地区合作、印度洋地区的民族主义
20 世纪 90 年代	10	印度洋地区的贸易、大国在印度洋地区的介入、印度与印度洋、印度洋地区的岛国
2000 年以来	18	印度洋地区的区域合作，印度洋地区的贸易与投资，域外大国与印度洋，印度洋地区的历史、文化，印度洋地区的国际移民

注：笔者根据著作的出版年份整理。

(二) 国内外印度洋地区研究的现状

国内外对印度洋地区的研究已经出现了不少成果，值得一提的是创刊于 2003 年在澳大利亚出版的学术期刊《印度洋地区研究》（*Journal of the Indian Ocean Region*）在短短的 10 年时间里，将印度洋地区研究的广度和深度都大大提升，其目前也是国外期刊中唯一的以印度洋地区为研究对象的期刊。从目前这些成果的研究议题来看，目前对印度洋地区的研究主要涵盖了以下 4 个方面的议题。

1. 印度洋地区的地缘政治与海权

研究印度洋地区的起点是要证明印度洋地区是一个国际问题研究领域内的"地区"，而且是一个较为重要的地区，而能够较为有力地证明印度洋地区在国际关系中重要性的理论范式就是地缘政治与海权理论，因此目前国外有很多著作和论文都从这个角度来对印度洋地区加以研究。关于这一问题出版较早的两部著作分别是 1978 年出版的

《海权与印度洋》① 和 1981 年出版的《海权与印度洋地区的战略》。② 近年来发表的一些期刊论文也有类似的探讨,代表性的论文如《海权、陆权与印度洋》。③ 这类论著大多从地缘政治竞争的角度出发,强调印度洋地区的重要性,分析域内国家与域外国家在印度洋地区的争夺。

从地缘政治角度研究印度洋地区也是国内学者研究的主要视角,这类研究成果大多从地缘政治和海权理论出发,论证印度洋和印度洋地区对于控制欧亚大陆和整个世界的重要性,其论证的依据除了提及印度洋地区较为封闭的地理特点外,通常还会强调印度洋地区丰富的资源和能源,以及印度洋作为国际海上通道的重要性。代表性的论文有张文木的《世界霸权与印度洋——关于大国世界地缘战略的历史分析》,该文认为自拿破仑以来的世界霸权之争的最终目的都是控制印度洋。④ 宋德星等的《"21 世纪之洋"——地缘战略视角下的印度洋》一文认为印度洋鲜明的地理构造和主要战略支点的重要战略价值决定了其在新时期独特的地缘战略和地缘经济地位。⑤ 此外,在 20 世纪 80 年代,国内还翻译了两本关于印度洋研究的著作,分别是《印度洋在政治、经济、军事上的重要性》⑥ 和《印度洋的政治》。⑦

2. 印度洋地区的大国争夺

印度洋地区的大国争夺是印度学者研究印度洋问题的主题之一,在 20 世纪 70—80 年代的 44 部学术著作中,约有 1/3 的著作与此主题有关。需要注意的是,这些著作中所指的大国仅为域外大国。在

---

① S. N. Kohli, *Sea Power and the Indian Ocean*, Delhi: Tata McGraw-Hill, 1978.

② Alvin J. Cottrell, *Sea Power and Strategy in the Indian Ocean*, London: Sage Publications, 1981.

③ Don Berlin, "Sea Power, Land Power and the Indian Ocean", *Journal of the Indian Ocean Region*, Vol. 6, No. 1, June 2010.

④ 张文木:《世界霸权与印度洋——关于大国世界地缘战略的历史分析》,《战略与管理》2001 年第 4 期,第 13—23 页。

⑤ 宋德星等:《"21 世纪之洋"——地缘战略视角下的印度洋》,《南亚研究》2009 年第 3 期,第 31—45 页。

⑥ [美] A. J. 科特雷尔、R. M. 伯勒尔:《印度洋在政治、经济、军事上的重要性》,上海外国语学院英语系译,上海人民出版社 1976 年版。

⑦ [印] 克·拉简德拉·辛格:《印度洋的政治》,周水玉、李淼译,商务印书馆 1980 年版。

冷战期间，大国特指美、苏两国，冷战后的大国一般指的是美国与中国。印度学者这样论述的潜台词是印度虽然也是大国，但印度是区域内大国，在印度洋地区的存在和利益的拓展具有天然的合法性，印度有阻止域外大国威胁本地区和平的义务。鉴于这样的隐含前提，印度学者在论述印度洋地区的大国争夺时，都是以反对大国在印度洋地区互相争斗为出发点。这一点在早期出版的《印度洋上的大国对立》①中有体现，在近期出版的《大国对印度洋的干涉》②中也有体现。

冷战结束后，特别是2000年以后，印度对中国在印度洋的活动保持了高度警惕，中国已经超越美国成为印度认为的在印度洋地区试图扩展力量的域外大国。由美国学者"发明"的中国在印度洋试图包围印度的"珍珠链"战略在印度有着广泛的市场。印度国家安全委员会前顾问、印度智库观察家基金会专家拉贾·莫汉2012年的新作《中印在印太平地区的争夺》认为，中印之间的争夺已经从以边界纠纷为中心转移到了以海洋控制为中心。③

3. 印度洋地区的非传统安全议题

冷战结束后，美苏在印度洋地区的争霸结束，传统安全议题对印度洋地区的重要性相对下降，非传统安全议题逐步受到重视。非传统安全包括了诸如恐怖主义、海盗、种族宗教冲突、水资源短缺、武器扩散、人口贩卖、毒品走私、非法移民、洗钱、海洋安全等问题。2000年以来，印度洋地区的非传统安全形势不断恶化，不仅威胁到本地区国家的和平与稳定，而且向世界其他地区输出"威胁"。本地区失败国家的大量存在和伊斯兰国家的集中使印度洋沿岸形成了"失败国家弧"和"动荡弧"。全球失败国家排行榜前10位中，有6个国家是印度洋地区国家，这6个国家分别是索马里、苏丹、津巴布

---

① T. T. Poulose edited., *Indian Ocean Power Rivalry*, Delhi: Young Asia Publications, 1974.

② K. R. Singh, *Indian Ocean: Great Power Interventions*, Delhi: Independent Publishers, 2006.

③ C. Raja Mohan, *Sino-Indian Rivalry in the Indo-Pacific*, Washington: Carnegie Endowment for International Peace, 2012.

韦、阿富汗、也门、伊拉克。印度洋地区成为全球失败国家最集中的地区。

在这一大背景下，近年来对印度洋地区非传统安全问题进行研究论述的作品数量不断增多，当前研究的热点包括海盗和海上运输安全、气候变化问题。印度洋地区索马里海盗的猖獗是海上安全研究兴起的背景。英国学者利赫将印度洋地区与大西洋和亚太地区进行了对比，认为在机制建设方面，印度洋地区远远落后于后两者，这也是海盗猖獗的原因之一。他认为印度洋地区机制建设落后的主要原因是印度洋地区国家在这一问题上的差异性过大。① 该文建议以海洋管理这一理念为出发点，将包括海盗问题在内的其他非传统安全一并纳入，从低起点开始进行机制和互信建设。这类论文的观点对于我们深层次理解印度洋地区的非传统安全是很有帮助的。

4. 大国与印度洋地区的关系

印度是印度洋地区最大的沿岸国家，因此印度对印度洋的研究是从来没有中断的。早在1945年，首任印度驻华大使、印度现代海权理论的奠基人潘尼迦就发表了其著作《印度和印度洋：略论海权对印度历史的影响》。② 随后，以印度学者为主的学术界对印度与印度洋的关系进行了全面的研究。笔者在印度尼赫鲁大学图书馆查阅发现，1945年以来，印度出版的以印度洋为主题的著作达30多部，仅尼赫鲁大学就有30余篇硕士、博士学位论文与此主题相关。研究的议题包括了印度洋的地缘政治及其对印度的重要性、印度的印度洋政策、印度与印度洋地区的历史、印度与印度洋地区国际组织的关系、印度洋与印度海军、印度洋与印度反恐、美苏在印度洋的争夺对印度的影响、印度在印度洋地区的国际移民等。印度是中国印度洋政策要考虑的主要行为体之一。国内部分学者也从印度的印度洋战略、海权、中印关系等角度对这一问题进行了研究。时宏远在《印度的海洋强国梦》一文中认为印度海洋强国的总目标是主导印度洋，而且

---

① Peter Lehr, "Piracy and Maritime Governance in the Indian Ocean", *Journal of the Indian Ocean Region*, Vol. 9, No. 1, 2013.

② K. M. Panikkar, *India and the Indian Ocean: an Essay on the Influence of Sea Power on Indian History*, London: George Allen & Unwin, 1945.

该目标具有明显的排他性。①

对中国与印度洋关系的研究主要始于 2000 年以后，2004 年美国智库提出了中国在印度洋地区的"珍珠链"战略之后，对中国与印度洋地区关系的研究大量出现。这类研究主要涵盖两个问题：第一，中国在印度洋地区的战略，代表性论文有美国海战学院两位教授撰写的《中国海军在印度洋的目标》；② 第二，中国与印度在印度洋地区的争夺，后者的代表性作品则是前文已经提到的前印度国家安全委员会顾问、印度智库观察家基金会专家拉贾·莫汉 2012 年撰写的《中印在印太平地区的争夺》。③

中国与印度洋地区的关系也是目前中国对印度洋研究的重点，国内学者主要是从两个视角对这一问题进行分析的。第一个视角是从印度洋地缘、海权、资源、能源和通道的重要性出发呼吁中国制定印度洋战略。第二个视角是从中国向西开放的角度呼吁中国应该打通中国进入印度洋的通道，这类论文作者主要是以云南学者为主，希望中国能够通过加大对西南开放的支持力度，通过印度洋通道的建立来促进地方经济发展，代表性的论文有杨杰的《拓展区域合作空间与共同构建中国通向印度洋国际大通道》。④ 国内也有学者从历史角度探讨中国与印度洋的关系。耿引曾的《中国人与印度洋》一书就从印度洋沿岸出土的中国文物、古代中国人笔下的印度洋、远洋航行等角度描述了古代中国与印度洋之间的联系。⑤

目前的学术成果中，除了研究印度、中国与印度洋关系的论著外，研究美国、澳大利亚与印度洋地区的关系的论著最多。

澳大利亚是印度洋地区最发达的经济体，作为中等强国，澳大利亚也一直试图在印度洋地区发挥影响，因此澳大利亚从官方到民间都

---

① 时宏远：《印度的海洋强国梦》，《国际问题研究》2013 年第 3 期，第 104—119 页。
② James R. Holmes and Toshi Yoshihara, "China's Naval Ambitions in the Indian Ocean", *The Journal of Strategic Studies*, Vol. 31, No. 3, June 2008.
③ C. Raja Mohan, *Sino - Indian Rivalry in the Indo - Pacific*, Washington: Carnegie Endowment for International Peace, 2012.
④ 杨杰：《拓展区域合作空间与共同构建中国通向印度洋国际大通道》，《中共云南省委党校学报》2010 年第 1 期，第 92—95 页。
⑤ 耿引曾：《中国人与印度洋》，大象出版社 2009 年版。

很重视对印度洋地区的研究。早在 1976 年，澳大利亚国会参议院就召开过澳大利亚与印度洋的听证会，并发布了题为《澳大利亚与印度洋地区》的报告。① 国外唯一以印度洋地区为研究对象的期刊《印度洋地区研究》也是在澳大利亚出版的。此外，澳大利亚著名智库"未来国际"（Future Direction International）专门成立了印度洋地区研究课题组，对该问题进行了大量的研究。澳大利亚西澳大学也成了印度洋地区研究中心。

在澳大利亚的《印度洋地区研究》创刊以前，对其他国家与印度洋地区关系的研究并不多，该期刊创立后，先后发表了几篇研究法国、英国、德国、欧盟、西班牙、葡萄牙、日本、俄罗斯、伊朗、印度尼西亚、南非与印度洋地区关系的论文。

美国是目前印度洋地区影响力最大的域外大国，也可以说是唯一的域外大国。1968 年美国接手英国在印度洋地区的势力范围之后，在美苏争霸的背景下，不断扩大在印度洋地区的存在和影响。约翰霍普金斯大学的杰瑞在其博士学位论文中认为美国是在极不情愿的情况下，接过了英国的"包袱"。②

在美国不情愿地接手印度洋地区后，美国国会在 1971 年就召开了关于印度洋地区的听证会，就美国的印度洋地区政策进行研究并发表了《印度洋的未来政治与战略》。③ 对美国是否具有一个清晰的印度洋战略，学术界的看法是不一的。美国海战学院的埃里克森等人就认为美国在印度洋地区的战略并不清晰，鉴于印度洋地区对美国的重

---

① "Australia Parliament Senate Standing Committee on Foreign Affairs and Defence", *Australia and the Indian Ocean Region*: *Report from the Senate Standing Committee on Foreign Affairs and Defence*, Canberra: Australian Government Publishers, 1976.

② Jeffrey R. Macris, *The Anglo – American Gulf*: *Britain's Departure and America's Arrival in the Persian Gulf*, Johns Hopkins University, 2007.

③ "United States Congress House Committee on Foreign Affairs, Subcommittee on National Security Policy and Scientific Developments", *The Indian Ocean*: *Political and Strategic Future*: *Hearings Before the Subcommittee on National Security Policy and Scientific Developments of the Committee on Foreign Affairs House of Representatives*, Ninety – Second Congress, first Session, Washington: U. S. Govt. Print, 1971.

要性,呼吁美国制定清晰的印度洋地区战略。①与此同时,也有一些学者具体地研究了美国在印度洋地区与苏联、中国和印度等地区与域外大国的关系。类似的研究成果有《印度洋与美苏的威慑》②《印美关系与西南太平洋的和平》。③ 2010 年出版的卡普兰的畅销著作《印度洋与美国未来的利益》则主要以中国在印度洋地区的"扩张"作为立论出发点,呼吁美国重视印度洋地区。④

国内对美国与印度洋地区的关系也有研究,目前该类研究成果有两篇硕士学位论文和若干篇期刊论文。对这一问题的研究多是从中美、印美竞争的角度谈美国的印度洋政策,运用的研究方法也主要是地缘政治的研究方法。葛红亮认为印度洋战略是美国介入欧亚大陆事务的"第三条路径",是美国奉行制衡政策的缩影,具有明显的霸权特性。⑤ 陈利君在《弹性均势与中美印在印度洋上的经略》中认为中美印在印度洋上呈现出一种"非敌非盟"的状态,并认为该状态将持续一段时间。⑥ 事实上,美国是否存在印度洋战略需要进一步的研究和厘清。常贝贝在描述美国与印度洋关系时,使用的是政策而不是战略,⑦ 该文对冷战期间美国的印度洋政策研究进行了梳理,提供了一个非常好的文献综述。

从以上国内外的文献综述中,我们可以发现冷战期间,国内外对印度洋地区的研究还是以和平与冲突、安全和大国关系为主,在研究方法上也主要依靠地缘政治、海权等方法;冷战后,非传统安全议题、地区合作与国际制度等议题也逐步得到了研究,在研究方

---

① Walter C. Ladwig Ⅲ and Justin D. Mikolay, "Diego Garcia and the United States' Emerging Indian Ocean Strategy", *Asian Security*, Vol. 6, No. 3, 2010.

② C. Raja Mohan, *Indian Ocean and US – Soviet Détente*, Delhi: Patriot Publishers, 1991.

③ Amita Agarwal, *Indo – US Relations and Peace Prospects in South West Indian Ocean*, Delhi: Kaveri Books, 2008.

④ Robert D. Kaplan, *Monsoon: The Indian Ocean and the Future of American Power*, New York: Random House, 2011.

⑤ 葛红亮:《冷战后美国的印度洋战略研究》,硕士学位论文,暨南大学,2010 年。

⑥ 陈利君、许娟:《弹性均势与中美印在印度洋上的经略》,《南亚研究》2012 年第 4 期,第 1—17 页。

⑦ 常贝贝:《冷战与美国的印度洋政策研究综述》,硕士学位论文,东北师范大学,2009 年。

法上也更为多样。但整体而言，对印度洋地区国际制度的研究还不够充分。

二 国内外关于国际制度评估的研究

（一）国际制度研究范式的转变

国内外关于国际制度的研究正在经历议题的转换。国际制度的研究先后经历了国际组织—国际机制—国际制度—国际组织的概念转换和重点研究议题的转换。① 从20世纪70年代国际制度正式进入国际问题研究的主流之后，"国际制度理论成为国际关系理论发展的一条重要发展线路"。② 就国际制度理论而言，面对新现实主义的强势，首先应该回答的是国际制度是否有用，是否能够在国际社会独立发挥作用。以基欧汉为代表的自由制度主义学者对这一问题进行了回答，指出了"没有霸权的合作是可能的，这种合作可以通过国际机制的作用而得到促进"，③ 其发挥作用的原理就是"降低合法交易的成本，增加非法交易的代价，减少行为的不确定性"。④ 经过20多年的知识积累和实践经验，国际制度的研究议程应该从国际制度是否起作用转移到国际制度如何起作用议题。在为纪念《国际组织》创刊50周年而专门编辑出版的《世界政治理论的探索与争鸣》中，莉莎·马丁和贝思·西蒙斯就明确提出"国际制度研究下一步应该往何处走？人们的注意力应该放在国际制度对世界政治'如何'起作用而不是

---

① 王明国在一篇论文中对这些概念的转换和议题的转换进行了详细的分析，认为对国际制度的研究，经历了从20世纪50年代的国际组织研究到20世纪70年代的国际机制研究到20世纪70年代末的国际制度研究再到近期重新对国际组织进行重点研究的转换。详情请参见王明国《国际制度理论研究新转向与国际法学的贡献》，《国际政治研究》2013年第3期，第131—151页。

② 秦亚青：《国际关系理论的争鸣、融合与创新》，载［美］彼得·卡赞斯坦、罗伯特·基欧汉、斯蒂芬·克拉斯纳编《世界政治理论的探索与争鸣》，秦亚青等译，上海世纪出版集团2006年版，第3页。

③ ［美］罗伯特·基欧汉：《霸权之后——世界政治经济中的合作与纷争》，苏长和等译，上海世纪出版集团2006年版，第50页。

④ ［美］罗伯特·基欧汉：《霸权之后——世界政治经济中的合作与纷争》，苏长和等译，上海世纪出版集团2006年版，第107页。

'是否'起作用这个问题上"。①

国际制度研究范式的转移将国际制度的研究从国际制度的重要性扩散到了国际制度的有效性、合法性、国家对国际制度的影响等方面。中国学者韦进深就对国家对国际制度的影响进行了研究。他具体研究了国家的国际制度行为这一问题,认为国家的决策偏好决定国家的国际制度行为,国家的决策偏好是国内政治行为体和社会行为体互动的集合;国际体系、国内结构和二者的互动影响国内行为体的偏好,使国内行为体的偏好发生变化,进而使国家的决策偏好发生变化,从而导致国家的国际制度行为发生变化。②

回答国际制度对世界政治如何起作用就意味着合法性与有效性被逐步纳入了国际制度的研究议程。

(二) 国际制度合法性研究

1. 合法性与国家权力关系的研究

国内学者对国际制度合法性的研究目前还不多,其主要的关注对象是合法性与国家权力的关系。国内学者周丕启是较早研究合法性问题的学者,2000 年他就以《政治合法性与政治稳定:战后东亚政治发展中的国家与社会》③ 获得了博士学位。2005 年,他出版了第二部关于合法性的论著《合法性与大战略——北约体系内美国的霸权护持》,④ 他在书中将合法性与权力进行了嫁接,提出了合法性权力,⑤ 认为合法性权力能降低成本、提高收益;因而运用合法性权力就成为维护国家安全过程中降低行为成本的一种间接战略。最后他指出

---

① [美] 莉莎·马丁、贝思·西蒙斯:《国际制度的理论与经验研究》,载 [美] 彼得·卡赞斯坦、罗伯特·基欧汉、斯蒂芬·克拉斯纳编《世界政治理论的探索与争鸣》,秦亚青等译,上海世纪出版集团、上海人民出版社 2006 年版,第 108 页。

② 韦进深:《决策偏好与国家的国际制度行为研究》,中国出版集团、世界图书出版公司 2014 年版,第 71 页。

③ 周丕启:《政治合法性与政治稳定:战后东亚政治发展中的国家与社会》,博士学位论文,北京大学,2000 年。

④ 周丕启:《合法性与大战略——北约体系内美国的霸权护持》,北京大学出版社 2005 年版。

⑤ 合法性权力是指别的国家或国际社会依据一定的标准对某个国家权力的自愿认同。见周丕启《合法性与大战略——北约体系内美国的霸权护持》,北京大学出版社 2005 年版,第 66—67 页。

美国也正是依靠这种成本较低的合法性权力而得以维持其在北约体系内的霸权。在书中他讨论的合法性的主体是国家权力。简军波也从合法性角度对美国的霸权进行了研究,2006年完成了其博士学位论文,2011年其博士学位论文以《权力的限度——冷战后美国霸权合法性问题研究》为名出版。[1]他认为现代国际霸权的合法性条件包括遵循国际程序、尊重现代国际共享价值、承担应负的责任和提升国际福利水平。冷战结束后,美国作为国际霸权没有很好地遵循和满足国际霸权合法性的条件,因此美国霸权的合法性是稀缺的,而其稀缺性反映了美国霸权所存在的两大悖论:身份悖论与合法性悖论。[2]该书在界定了国际霸权合法性所需要满足的条件之后,力图论证冷战后由于美国霸权合法性的稀缺,美国权力的衰落和转移不可避免。

王玮的《跨越制度边界的互动——国际制度与非成员国关系研究》对国际制度与非成员国关系进行了研究。在回答国际制度与非成员国如何进行互动这一问题时,他引入了相互合法性的解释模式,认为非成员国通过接受制度宗旨而增强自身的合法性,而国际制度纳入非成员国的关切也进一步增强了自身的合法性,进而完成了相互合法化的过程。[3]

国内也有部分学者对合法性与有效性的关系进行了分析。随新民在考察了新现实主义、新自由制度主义和建构主义三大范式对国际制度的有效性和合法性的解读后认为,三大范式对这一问题的回答都是不能让人满意的。从经验实然维度考量,合法性的基石在于国际制度被遵守及国际体系的稳定,即有效性。从伦理应然维度考量,国际制

---

[1] 简军波:《权力的限度——冷战后美国霸权合法性问题研究》,上海辞书出版社2011年版。

[2] 身份悖论表现为:作为霸权国,美国具有冲破民族国家体系的趋势,但作为民族国家体系的一员,超越这一体系又是困难的。合法性悖论表现为:如果它不满足合法性条件,其霸权地位将难以为继;而如果完全满足这些条件,其霸权就将遭到削弱。详情请参见简军波《权力的限度——冷战后美国霸权合法性问题研究》,上海辞书出版社2011年版,第5—6页。

[3] 王玮:《跨越制度边界的互动——国际制度与非成员国关系研究》,上海人民出版社2012年版。

度的有效性则有赖于规范内容的正确性和合法性。①他认为有效性强的国际制度存在着合法性缺陷,合法性强的制度有效性却很差,这是国际关系理论都没能解决的悖论。②叶江、谈谭对国际制度有效性与合法性的关系没有进行明确的论述,但在行文的过程中对两者关系的论述实际上是遵循了因果循环的逻辑,即国际制度有效性不足是因为合法性不足,合法性不足是因为有效性不够。③门洪华认为有效性与合法性之间存在某种程度的正相关关系,即合法性是有效性的基础,有效性的增强必然促进国际制度合法化,合法性是有效性的必要条件;合法性是国际制度作用发挥的基础条件,国际制度的有效性必须以合法性为基础,④即有效性是合法性的利益基础,国际制度合法性是国际制度有效性的必要不充分条件。

孙学峰教授将近十年来中国学者发表的国际合法性的论文进行了梳理,将其编辑为《国际合法性与大国崛起——中国视角》一书。⑤全书根据论文的内容分为4个部分,分别是关于国际合法性的含义、国际合法性的变迁、合法化战略与大国崛起、中国崛起的合法化战略。该书是了解国内学者关于该问题研究的一部很好的参考书。

国外学者对国际制度合法性研究集中在几个方面,包括国际制度合法性是否应该包含价值观、有效性与合法性关系等。

2. 国际制度合法性与价值观的关系

国外学者对国际制度合法性与价值观关系讨论取得的主要共识是价值观是合法性的核心要素。他们认为价值观因素是合法性(legitimacy)与合法律性(legality)的差别所在。合法性与合法律性之间存在着复杂的关系。如果将合法性等同于合法律性,"就是所有的国

---

① 随新民:《国际制度的合法性与有效性——新现实主义、新自由制度主义和建构主义三种范式比较》,《学术探索》2004年第6期,第74页。
② 随新民:《国际制度的合法性与有效性——新现实主义、新自由制度主义和建构主义三种范式比较》,《学术探索》2004年第6期,第74页。
③ 叶江、谈谭:《试论国际制度的合法性及其缺陷——以国际安全制度与人权制度为例》,《世界经济与政治》2005年第12期。第42—49页。
④ 门洪华:《霸权之翼:美国国际制度战略》,北京大学出版社2005年版,第47页。
⑤ 孙学峰主编:《国际合法性与大国崛起——中国视角》,社会科学文献出版社2012年版。

家行为都要符合法律的要求，但由于法律是由国家制定的，合法性原则就会陷入一种由法律限制法律的虚无悖论"。①法律或许是合法性的一个来源，而合法性或许是法律的一个重要支柱，但二者并不总是重合的。② 从形式上看，合法律性是合法性的表现形式之一，合法律性也是合法性的重要评价标准和来源。但合法性与合法律性之间存在着本质的差别。法国学者让－马克·夸克对政治合法性进行了反思性的研究，他认为合法性研究从方法上要反对经验主义和实证主义；要从价值的角度研究政治合法性。他在书中将合法性从赞同、规范和合法律性3个角度进行了界定，并对合法性与合法律性进行了精彩的论述。该书还用大量篇幅批判了社会科学中的唯实证主义倾向。③

3. 国际制度合法性与有效性的关系

目前，学术界对制度有效性与合法性关系的不同看法有4种：有效性增强合法性、合法性决定有效性、有效性与合法性互为因果、有效性与合法性之间存在矛盾。

第一，有效性增强合法性。

有效性是合法性的来源之一，有效性带来的相对获益是国家对国际制度自愿认可的原因之一。因此，有效性可以增强合法性。基欧汉和约瑟夫·S.奈在一篇论文中分析了如何加强世贸组织的合法性。他们认为世贸组织的合法性有赖于它在促使贸易自由化方面的努力，世贸组织在促进贸易自由化方面的贡献有可能增强其合法性。④亨廷顿在对国内政治转型问题进行研究时也发现"各国之间最重要的政

---

① ［加］大卫·戴岑豪斯：《合法性与正当性：魏玛时代的施米特、凯尔森与海勒》，刘毅译，商务印书馆2013年版，第117页。
② ［加］斯蒂文·伯恩斯坦、威廉·科尔曼：《全球化时代的自主性、合法性和权力》，载［加］斯蒂文·伯恩斯坦、威廉·科尔曼主编《不确定的合法性：全球化时代的政治共同体、权力和权威》，丁开杰等译，社会科学文献出版社2011年版，第5页。
③ ［法］让－马克·夸克：《合法性与政治》，佟心平、王远飞译，中央编译出版社2008年版。
④ ［美］罗伯特·O.基欧汉、约瑟夫·S.奈：《多边合作的俱乐部模式与世界贸易组织：关于民主合法性问题的探讨》，门洪华、王大为译，《世界经济与政治》2001年第12期，第63页。

治分野，不在于它们政府的形式，而在于它们政府的有效程度"。①在他看来，苏联、美国在政治制度有效性方面的共性超过了两国政治制度方面的差异性，美国和苏联在政治制度方面的共性也远多于美国、苏联与其他不稳定的第三世界国家之间的共性。②

第二，合法性决定有效性。

美国学者詹姆斯·G. 马奇和挪威学者约翰·P. 奥尔森认为，适当性的逻辑（合法性）是政治行为的基本逻辑；在现代政治中，政治代价和收益的计算不再那么重要，对身份和适当性的计算却更加重要，在历史惯例中延续下来的经验和模式更加重要，对未来的期望不再那么重要。③

第三，有效性与合法性互为因果。

美国学者李普赛特认为政治系统的稳定取决于政治系统的有效性与合法性，但他同时也认为，从短期来看合法性对于制度稳定的重要性高于有效性，"一个高度有效然而不合法的系统比那些有效性相对较低、合法性很高的政权更不稳定"④；从长期来看，长期的有效性也可以产生合法性，"几代人时间的长期持续的有效性，也可以给予政治系统合法性；在现代世界，这种有效性主要是指持续不断的经济发展"。⑤

第四，有效性与合法性之间存在矛盾。

有效性与合法性之间存在着互相抵消之处。基于恰适性逻辑的行为和基于结果逻辑的解释，这两者之间的张力并不是必然的；而且具有张力的政治制度可以被视为一种无害的把戏，只是相互施加压力并

---

① ［美］塞缪尔·P. 亨廷顿：《变化社会中的政治秩序》，王冠华、刘为等译，沈宗美校，上海世纪出版集团2008年版，第1页。
② ［美］塞缪尔·P. 亨廷顿：《变化社会中的政治秩序》，王冠华、刘为等译，沈宗美校，上海世纪出版集团2008年版，第1—3页。
③ ［美］詹姆斯·G. 马奇、［挪］约翰·P. 奥尔森：《重新发现制度：政治的组织基础》，张伟译，生活·读书·新知三联书店2011年版，第36—37页。
④ ［美］西摩·马丁·李普赛特：《政治人——政治的社会基础》（第二版），张绍宗译，上海世纪出版集团2011年版，第50—51页。
⑤ ［美］西摩·马丁·李普赛特：《政治人——政治的社会基础》（第二版），张绍宗译，上海世纪出版集团2011年版，第50—51页。

相互强化。①为了确保必需的资源，国际组织经常修改政策以符合强大构架的利益，但这样做会使它们的公正性和不歧视原则大打折扣。国际组织由此面临一个困境：有效的行为需要依赖强大的成员国，但是当这种依赖损害了国际组织公正和客观的外表时，将会削弱国际组织的实质的和程序的合法性。②

4. 国际制度合法性危机

国际制度合法性的不足也受到了很多学者的关注和批评。造成合法性危机的可能是官僚机构自身的特性，其通过操控过程来实现对结果的塑造。政治权力的功能合法性还意味着权力应满足权力自身的私利，即领导人在法律和各种程序允许的范围获取和满足自己及其集团的私欲。③合法性危机的产生也可能是由于西方对国际制度的主导。西方国家通过代表链实现对国际制度的控制是一个不争的事实，中国必须在这种强大厚势下寻找国际制度空间。④对合法性危机最主要的批评是其双重价值标准。新加坡前驻联合国大使认为，一些西方国家既是支持国际制度合法性的来源，也是破坏国际制度合法性的来源，他们既推出了民主、人权、法治等合法性的基础性价值观，又破坏这些价值观，最典型的就是美国等对国际制度合法性的双重标准和例外论。⑤此外，合法性危机还可能是程序不民主造成的，基欧汉称其为"民主赤字"。

在现代社会，任何制度的合法性都面临着挑战，都存在着潜在的脆弱性。⑥有学者提出通过提高透明度来提高合法性。开放决策程序绝非仅仅增加程序的合法性，它也旨在产生政策，能够更好地服务于

---

① ［美］詹姆斯·G. 马奇、［挪］约翰·P. 奥尔森：《重新发现制度：政治的组织基础》，张伟译，生活·读书·新知三联书店2011年版，第162页。

② ［美］迈克尔·巴尼特、玛莎·芬尼莫尔：《为世界定规则：全球政治中的国际组织》，薄燕译，上海人民出版社2009年版，第244页。

③ 简军波：《权力的限度——冷战后美国霸权合法性问题研究》，上海辞书出版社2011年版，第36页。

④ 原文为厚势，可能为笔误，应为"后势"。王玮：《跨越制度边界的互动——国际制度与非成员国关系研究》，上海人民出版社2012年版，第264—265页。

⑤ Kishore Mahbubani, "Can Asia Re-legitimize Global Governance?", *Review of International Political Economy*, Vol. 18, No. 1, 2011, pp. 131-139.

⑥ Jacqueline Best, "Legitimacy Dilemmas: the IMF's Pursuit of Country Ownership", *Third World Quarterly*, Vol. 28, No. 3, 2007, pp. 469-488.

以前被排除在外的人，从而具有更多实质的合法性。[1]也有学者提出以引入国内民主中的可问责性原则来提高合法性。合法性的制度化过程必须是民主的，必须体现可问责性原则和参与原则，这两个原则尽管尚属新鲜事物，但已构成西方法律概念的一部分。[2]

（三）国际制度有效性研究

以奥兰·扬为代表的学者对国际制度有效性已经进行了多年的研究，产生了较多的成果，特别是对环境领域国际制度有效性的研究已经较为深入。

1. 根据议题确定不同的有效性标准

门洪华认为国际制度的有效性主要体现在6个方面：服务作用（提供信息、降低交易成本）、制约作用（国家一旦参与了某一国际制度，必受其限制）、规范作用（国际制度规范国家行为）、惩罚作用（惩罚违反国际制度的行为）、示范作用（提供示范、给国际行为体带来新的认知和互动关系）、惯性作用（对于业已确立的国际制度，其惯性作用非常突出）。[3]

但很多学者倾向于根据不同的议题对国际制度有效性进行分别定义，他们认为国际制度所面对的议题不同，国际制度的有效性是不同的，判断标准也应是不同的。有些领域，国际制度能发挥的作用相对较大，而有些领域国际制度几乎无法发挥作用，因而对不同领域有效性的标准应该是有差异的。

苏长和教授综合国外学者的相关研究，利用博弈论，根据个体之间的博弈和谈判过程对国际制度所对应的议题进行了分类。[4]他将国际机制所对应的议题分为合作性博弈和非合作性博弈。合作性博弈中包括了

---

[1] ［美］迈克尔·巴尼特、玛莎·芬尼莫尔：《为世界定规则：全球政治中的国际组织》，薄燕译，上海人民出版社2009年版，第245页。
[2] ［加］大卫·戴岑豪斯：《合法性与正当性：魏玛时代的施米特、凯尔森与海勒》，刘毅译，商务印书馆2013年版，第303页。
[3] 门洪华：《霸权之翼：美国国际制度战略》，北京大学出版社2005年版，第38—40页。
[4] 苏长和：《全球公共问题与国际合作：一种制度的分析》，上海人民出版社2009年版，第105—128页。

保证型博弈（Assurance Game），保证型博弈的典型是"猎鹿游戏"；①协调性博弈（Coordination Game），协调性博弈的典型是"性别战"。②非合作性博弈也包括了两种：协作性博弈（Collaboration Game），协作性博弈的典型是"囚徒困境"；③劝说型博弈（Suasion Game），劝说型博弈的典型是"盟主游戏"。④这种分类有一个暗含的前提是各个个体之间存在共同利益，差别在于共同收益如何分配的问题。博弈类型的不同也预先设定了可能实现的最优结果。

图宾根大学沃尔克·利特伯格和他的同事提出按照冲突的强度和严重程度对议题进行分类的标准，称之为图宾根学派（Tubingen Approach）。⑤他们认为冲突的性质预先决定了解决问题的方法，他们把建立体制作为一种解决冲突的方法，根据冲突的强度和严重程度对议题进行分类。他们将这些议题分为价值冲突（conflict about values）、

---

① "猎鹿游戏"的大意是一群人一起捕鹿，一只兔子从一个人面前跑过。所有参与捕鹿的人都面临着四个偏好：第一，都合作，绝不背叛，捕到鹿后大家都美餐一顿；第二，采用不合作手段，在其他人捕鹿的时候自己去抓兔子，个人收益最大化；第三，所有人都去捉兔子；第四，在他人捉兔子时，自己仍然守着捕鹿的位置。在这种情况下个体的利益与公共的利益并不存在严重的背离情况。详细分析见苏长和《全球公共问题与国际合作：一种制度的分析》，上海人民出版社2009年版，第111—115页。

② "性别战"的大意是一对夫妻都想结伴出去游玩，但是两个人的目标不一致，男的希望去看球赛，女的希望去逛商店。在这种情况下，两个人首先希望在一起，然后是参加一项能给他们带来快乐的活动。因此，双方为了在一起这个更高的目标，而自愿地在活动的安排上做出妥协。在这种情况下，博弈双方的主导战略都不是背叛或欺骗，而是合作。详细分析见苏长和《全球公共问题与国际合作：一种制度的分析》，上海人民出版社2009年版，第115—119页。

③ "囚徒困境"的博弈模式是假设两个嫌疑犯被分别关进两个牢房，检察官确信他们犯有特定的罪行，但缺乏充分的证据定罪。如果两个人都不坦白罪行，那么检察官将因为证据不足，只能对两个嫌犯进行轻微处理；如果两个人都坦白罪行，则将面临较重的惩罚；如果一个人坦白而另一个人不坦白，则坦白的人将会被宽大处理，而不坦白的人将被重罚。详细分析见苏长和《全球公共问题与国际合作：一种制度的分析》，上海人民出版社2009年版，第125—127页。

④ "盟主游戏"的特征在于非对称性，因为盟主比其他各方拥有更大的强制权力，它也掌握更多的关于自身实施强制行为潜力的信息，权力与信息的不对称引起了对于声望以及其他一些相关的行为。盟主游戏合作的结果是一方的受益很大，而另一方的受益很小。详细分析见苏长和《全球公共问题与国际合作：一种制度的分析》，上海人民出版社2009年版，第125—127页。

⑤ 关于图宾根学派的详细分析请参见［美］奥兰·扬《世界事物中的治理》，陈玉刚、薄燕译，上海世纪出版集团2007年版，第49—54页。

方法冲突（conflict about means）、相对利益冲突（conflict of interest about relatively assessed goods）、绝对利益冲突（conflict of interest about absolutely assessed goods）。他们认为这4个冲突的解决难度是递减的。①价值冲突的问题最不利于体制的建立，而绝对利益冲突的问题最容易通过体制的建立而得到解决。

还有一个分类标准是根据行为体的偏好进行分类。这个分类标准试图建立一个体系，在这个体系里，问题从良性环境（容易得到解决）到恶性环境（对那些想寻求解决办法的人来说挑战越来越大）依序排列。一个完全良性的问题就是大家的偏好都一样的问题，而偏好差异大的问题就是恶性的问题。这一分类标准被称为奥斯陆/西雅图学派。②这个分类标准将注意力集中在行为体的利益和偏好上，并且尝试对这些利益的分歧程度进行评估，确立一个问题排列体系。

奥兰·扬对图宾根学派和奥斯陆/西雅图学派的分类标准都提出了批评，认为"图宾根学派要建立一个问题结构的一般标准的努力是失败的"。③奥斯陆/西雅图学派存在3个方面的不足，分别是观念或认知的因素而非利益决定了问题结构、把影响国际社会行为体行为的所有内部背景都忽略了、随时间的发展而变化的问题。④

2. 关于国际制度有效性的评估

奥兰·扬经过多年对国际环境制度的研究曾提出了国际环境制度诊断的4P方法，即问题（Problems）、政治（Politics）、参与者（Players）和惯例（Practices）。⑤为了回应环境问题的复杂性和建立尽

---

① Volker Rittberger and Michael Zurn, "Regime Theory: Findings from the Study of 'East-West' Regimes", *Cooperation and Conflict*, No. 26, 1991, p. 171. 转引自［美］奥兰·扬《世界事物中的治理》，陈玉刚、薄燕译，上海世纪出版集团2007年版，第49—50页。
② 关于奥斯陆/西雅图学派的详细分析请参见［美］奥兰·扬《世界事物中的治理》，陈玉刚、薄燕译，上海世纪出版集团2007年版，第54—59页。
③ ［美］奥兰·扬：《世界事物中的治理》，陈玉刚、薄燕译，上海世纪出版集团2007年版，第53页。
④ ［美］奥兰·扬：《世界事物中的治理》，陈玉刚、薄燕译，上海世纪出版集团2007年版，第56—57页。
⑤ ［美］奥兰·扬：《为社会生态系统建立体制：制度诊断学》，载［美］奥兰·扬、［加］莱斯利·金、［英］汉克·许洛德主编《制度与环境变化——主要发现、应用及研究前沿》，廖玫主译，高等教育出版社2012年版，第88—109页。

可能全面的诊断方法，奥兰·扬在上述的4个方面又分别设置了具体的关注点。他认为在对环境制度进行诊断时，需要关注问题的7个方面；① 关注政治的4个方面；② 关注参与者的5个方面；③ 关注惯例的6个方面。④ 应该说奥兰·扬的4P诊断法所包括的22个方面涉及了制度评估可能需要关注到的多个方面，但涉及的方面过于庞杂，很难具有操作性。

除了奥兰·扬提出的4P诊断法，对国际制度有效性评估的思路主要有3个，第一是反事实分析（Actual-versus-Counterfactual），即制度产生之后与没有该制度时的情况进行对比；第二是集体最优（Collective Optimum），即制度产生的效果与预期的理想效果进行对

---

① 对问题是否理解准确，各方在问题的基本特点以及解决问题的相应程序上意见是否一致；所涉及问题是协调性质的还是合作性质的问题；一站式解决方案是否可能；问题是否是自运行的；政府机构、私人企业、个体或者三者联合的行动是否能构成问题的核心；问题是累积性的还是系统性的；问题是否可能出现突变、恶化和不可逆的变化。详见［美］奥兰·扬《为社会生态系统建立体制：制度诊断学》，载［美］奥兰·扬、［加］莱斯利·金、［英］汉克·许洛德主编《制度与环境变化——主要发现、应用及研究前沿》，廖玟主译，高等教育出版社2012年版，第88—109页。

② 利益相关者的权力或影响是集中的还是分散的；是否有谈判集团或联盟在相关问题上存在利益冲突或严重分化；问题是否适合已有的和普遍接受的舆论并且能够有助于通用的政策工具；在体制所针对的问题领域内，参与者为谋取个人利益的腐败行为或操纵活动的普遍程度。详见［美］奥兰·扬《为社会生态系统建立体制：制度诊断学》，载［美］奥兰·扬、［加］莱斯利·金、［英］汉克·许洛德主编《制度与环境变化——主要发现、应用及研究前沿》，廖玟主译，高等教育出版社2012年版，第88—109页。

③ 从治理效用最大化角度，委托人是否是理性行动者，或者从合法性或习惯的角度，他们的行为是否受其他行为来源的影响；管制的对象是统一的行动者或是其行为是内部动态作用的结果；管制对象的规模有多大；管制对象群是同质的还是异质的；体制管制对象行动的透明度有多高。详见［美］奥兰·扬《为社会生态系统建立体制：制度诊断学》，载［美］奥兰·扬、［加］莱斯利·金、［英］汉克·许洛德主编《制度与环境变化——主要发现、应用及研究前沿》，廖玟主译，高等教育出版社2012年版，第88—109页。

④ 在解决具体问题时各方就所采用的协议类型有自由选择吗；现有的管理是否允许由志趣相同的参与者组成的核心团体逐步发展并扩大体制成员；共同但有差别的作用和责任原则是否得到认可并适时地使用；在初始阶段选择框架协定以便爱体制发展起来后形成实质性的修正案或议定书是否可行；该体制是作为独立的治理体系运行还是嵌入在某个大制度体系中；是否存在设计执行审议、再授权和修正的权威体制。详见［美］奥兰·扬《为社会生态系统建立体制：制度诊断学》，载［美］奥兰·扬、［加］莱斯利·金、［英］汉克·许洛德主编《制度与环境变化——主要发现、应用及研究前沿》，廖玟主译，高等教育出版社2012年版，第88—109页。

比；第三是所谓的奥斯陆—波茨坦方案,① 即将上述两者结合,将制度产生的效果在没有制度和制度最优的两种极端情况下进行定位。②

国外的部分学者已经使用复杂的数量计算方法实证地研究国际制度的有效性了。美国两位学者就实证研究了1985年欧盟国家签署的《赫尔辛基议定书》的有效性。通过数据分析得出签署国与未签署国、签署国在签署议定书前后的减排的速度没有明显的变化,因而该协定是无效的。③

奥兰·扬的团队还牵头建立了以国际环境制度为主的数据库,奥斯陆—西雅图数据库(the Oslo - Seattle Database)和国际制度数据库(the International Regimes Database),试图通过数据库对国际制度有效性进行定量比较分析。

可以说,目前国内外学者对国际制度有效性与合法性的评估标准、评估方法和具体的操作化过程都已经进行了不少的研究,将这些研究的成果整合应用于对印度洋地区国际制度的评估是具有可行性的。

三 关于印度洋地区国际制度的研究

目前国内外关于印度洋地区国际制度的研究主要包括两个主题。

(一) 印度洋和平区建设

为应对大国的介入和干涉,印度洋和平区的概念被提出并因为沿岸国家的推动而得到了相应的研究。印度洋和平区这一概念最先由斯里兰卡总理1964年在开罗召开的第二次不结盟国家首脑会议中提出的,

---

① 奥斯陆—波茨坦方案是由挪威奥斯陆大学阿里德·翁德达尔、德国波茨坦大学德特勒夫·斯普林茨等学者在2000年提出的一个衡量国际环境制度有效性的方法。该方法通过微积分的形式获取有关国际环境制度有效性的衡量标准。关于该方案的详细介绍可参见 Carsten Helm and Detlef F. Sprinz, "Measuring the Effectiveness of International Environmental Regimes", *Journal of Conflict Resolution*, Vol. 44, No. 5, 2000, pp. 630 – 652。

② Tobias Bohmelt, Ulrich H. Pilster, "International Environmental Regimes: Legalisation, Flexibility and Effectiveness", *Australian Journal of Political Science*, Vol. 45, No. 2, June 2010, pp. 245 – 260.

③ Evan J. Ringquist and Tatiana Kostadinova, "Assessing the Effectiveness of International Environmental Agreements: The Case of the 1985 Helsinki Protocol", *American Journal of Political Science*, Vol. 49, No. 1, 2005, pp. 86 – 102.

因为印度洋沿岸国家包括印度在内都属于发展中国家和不结盟国家，因此这一提议立刻获得了大多数沿岸国家的支持。与印度洋和平区概念同期提出的还有印度洋无核区的概念。印度洋和平区的提议要求域外大国停止在印度洋地区继续增加军事部署，停止新建军事基地。根据笔者收集到的资料，关于这一议题的研究已经产生十余部著作。但这一议题的研究也具有明显的时代性，在冷战结束后，对这一议题的研究已经很少，1998年印度获得核武器后，则基本不再有关于这一议题的研究。

（二）印度洋地区的国际制度与区域合作

印度洋地区的国际制度与区域合作是本论文研究的重点，目前学术界对这一问题的研究成果还不多，主要有散见于国际问题研究类刊物的十余篇论文。这些文章多是以印度洋地区安全问题丛生和经济发展落后为出发点，引申出印度洋地区的国际制度建设与区域合作应该加强，并分析导致印度洋地区制度建设不足的原因。而澳大利亚西澳大学教授丹尼斯等人的观点则独树一帜，他们认为印度洋地区安全合作制度的建构应首先解决应该纳入哪些国家和地区，目前有3个选项，分别是将美国纳入印度洋地区的大印度洋地区、东印度洋地区和印—太平洋地区；他们认为没有将中国纳入现有的环印联盟决定了环印联盟的未来将不被看好；最后文章建议澳大利亚、美国和印度构建印—太平洋民主联盟来促进印度洋地区的国际制度建设。[1] 文章建议构建所谓的民主联盟虽然具有明显的以意识形态划界的色彩，但文章中所提到没有外部大国的介入，单纯地依靠印度洋国家实现印度洋地区的区域合作和制度建设面临很大的困难。这就为中国介入印度洋地区制度建构提供了机会。

此外，还有部分论文对现存于印度洋地区的国际组织和国际制度进行了分析，如环印联盟、印度洋海军论坛、海湾合作委员会等，但对于这些国际组织的分析都以描述性分析为主。

从前文的分析来看，印度洋地区国际制度研究相对薄弱，而国际

---

[1] Dennis Rumley, etc., "Securing the Indian Ocean? Competing Regional Security Construction", *Journal of the Indian Ocean Region*, Vol. 8, No. 1, 2012.

制度有效性与合法性研究则已经产生了大量成果，将这些成果应用于印度洋地区国际制度的研究将使我们对该问题的认识更进一步。

四　创新之处

印度洋地区是当今世界上最动荡的地区之一，但却也是"21世界海上丝绸之路"的必经之地。对印度洋地区进行研究是中国实施向西开放和"一带一路"建设的现实需要。印度洋地区研究也是中国国际问题研究中较为薄弱的环节，由于印度洋地区沿岸国家众多，各国之间差异较大，对印度洋地区整体性问题的研究一直较少有人涉及，研究的难度也较大。本书应用国际关系中的国际制度理论，对印度洋地区的国际制度进行了研究，而且本书对国际制度的研究还超越了简单的描述，提出了对印度洋地区国际制度进行评估的一个理论框架。本书选择了有效性与合法性作为对国际制度评估的维度，并将其具体化为可操作的量化评价指标。利用这一量化评价指标，本书选取了经济领域的环印联盟作为案例，对其进行了分析。分析的结果是印度洋地区国际制度处于高合法性、低有效性的状态。这一研究既使我们对印度洋地区国际制度有了更清晰的理论认识，也提出了一个可适度扩展到其他地区国际制度评估的框架，有着较大的理论价值。

本书为本学科领域对印度洋地区国际制度的研究进行了一些创新性的尝试，具体表现在以下几方面。

第一，对研究印度洋地区的文献和印度洋地区的国际制度进行系统的梳理。在国际问题研究领域，印度洋地区是否为国际问题研究的"地区"之一、印度洋地区包括哪些国家、印度洋地区的研究现状如何、印度洋地区有哪些国际制度，对这些基础性问题的回答有利于印度洋地区的进一步研究，论文提出了印度洋沿岸包括39个国家和地区、梳理了印度洋地区包括3大领域8项国际制度。

第二，本书提出以有效性与合法性为两个维度对印度洋地区国际制度进行评估，并提出了一个量化的评估框架。论文将国际制度有效性的衡量确定为3个构成要素，即分别是国际制度的反事实分析、国际制度目标的实现程度、国际制度现状与集体最优情势的比较，并分别给出了这3个要素的操作化指标和操作化方法。论文认为国际制度合法性有4个来源：以价值观为主要内容的规范性标准、相对获益、国家的认可和其他国际制度的确认。论文将国际制度合法性的过程作为评估对象，分别对国际制度的输入、过程和输出合法性进行评估。在对上述3个合法性进行评估的时候，以合法性的4个来源为主要出发点，分别为输入、过程和输出合法性选定了3个操作性指标，构建了国际制度合法性的评估体系。最后论文以环印联盟为案例，评估其有效性与合法性。

第三，对有效性与合法性的关系进行了初步的分析，认为高合法性、低有效性的印度洋地区国际制度可能会进一步退化。论文认为有效性与合法性的关系不是简单的互斥或互补关系；国际制度有效性可以不依赖合法性而存在，有效性可以创造合法性，有效性对合法性的增强具有必然性；国际制度合法性必须依赖有效性而存在，合法性无法创造有效性，合法性对有效性的增强不具有必然性。因此，如果印度洋地区的国际制度长期处于高合法性、低有效性的状态，其高合法性并不会增强其有效性，而合法性也将由于自身的"合法性危机"和缺少相对获益的支持而逐步减少，最终印度洋地区国际制度将退化为低合法性、低有效性的状态。

第三节 研究方法的选取

一 研究思路说明

本书研究思路的选取并没有遵循特定的范式，而是采用了一种分析折中主义的方法。彼得·卡赞斯坦鉴于国际关系各个范式之间的互相竞争和无意义的理论争论问题在2001年提出了分析折中主义的研究思路，他认为分析折中主义是一种更实用主义的、谦逊的分析立场。[1]2010年，鲁德拉·希尔和彼得·卡赞斯坦共同撰写的《超越范

---

[1] ［美］彼得·卡赞斯坦：《中文版序言》，载［美］彼得·卡赞斯坦主编《国家安全的文化：世界政治中的规范与认同》，宋伟、刘铁娃译，北京大学出版社2009年版，第28—29页。

式：世界政治研究中的分析折中主义》出版，他们有感于现代学术研究越来越与世界现实脱节，现实主义、自由主义、建构主义等主流范式之间的纯理论辩论反映了一种现象，那就是理论和实践的脱节已经十分严重。他们指出学者有必要抵制当下范式间论战的诱惑，以务实的方式思考如何应对现实世界中面临的问题。[①]他们将分析折中主义定义为"试图辨析、转化并有选择地使用不同理论和叙事中的概念、逻辑、机制、解释等要素的研究方式；这些理论来自不同的范式，但讨论的均与既有学术意义又有实际意义的实质性问题相关的内容"。[②]他们并没有否认范式导向的研究方法的益处，"事实上，分析折中主义的基本定义及其在具体域境中的实用价值，都要依赖一个前提，这就是承认以范式为中心的研究产生了大量的成果，阐释了社会世界某些领域中各种机制和进程的因果意义"；[③]他们认为范式导向的研究方法和分析折中主义有着不同的适用对象。范式导向的学术研究主要考虑的是与某种特定形而上假定相符的问题，并集中使用某些特定的概念和方法。分析折中主义所讨论的问题是政治行为体所面对并经历的问题。分析折中主义不会为了符合由某种研究传统所确立的学术规范或是理论标准而对实际问题进行削足适履的简化处理。[④]范式导向和分析折中主义两者的研究思路也是不同的。范式导向的学术研究一般会确定某些现象、机制和进程在本体论和因果机制方面有着优先地位，而其他本体论和因果机制则不被考虑，或是被边缘化；分析折中主义研究的是，基于不同范式发展起来的各种理论中所包含的不同机制是怎样相互影响的，在某种条件下，他们又是怎样相互作用，以至于影响到学者和实践者所关心的事情的发展结果。[⑤]鲁德

[①] [美]鲁德拉·希尔、彼得·卡赞斯坦：《超越范式：世界政治研究中的分析折中主义》，秦亚青、季玲译，上海世纪出版集团2012年版，第1—2页。

[②] [美]鲁德拉·希尔、彼得·卡赞斯坦：《超越范式：世界政治研究中的分析折中主义》，秦亚青、季玲译，上海世纪出版集团2012年版，第9页。

[③] [美]鲁德拉·希尔、彼得·卡赞斯坦：《超越范式：世界政治研究中的分析折中主义》，秦亚青、季玲译，上海世纪出版集团2012年版，第15页。

[④] [美]鲁德拉·希尔、彼得·卡赞斯坦：《超越范式：世界政治研究中的分析折中主义》，秦亚青、季玲译，上海世纪出版集团2012年版，第9页。

[⑤] [美]鲁德拉·希尔、彼得·卡赞斯坦：《超越范式：世界政治研究中的分析折中主义》，秦亚青、季玲译，上海世纪出版集团2012年版，第9页。

拉·希尔和彼得·卡赞斯坦归纳了分析折中主义的3个特征：提出的研究问题具有反映现象复杂性的开放特征，而不是以改进范式研究或是填补范式空白为目的；分析折中主义不试图构建普适性的理论，而是构建中观理论，构建的中观因果理论包含来自不同范式的多种机制和多种逻辑之间复杂的互动内容；完成的研究成果和提出的理论观点，既切实联系学术界的论争，也密切关注决策者/实践者的现实难题。①本书将按照分析折中主义的研究思路选取来自不同范式的概念和解释，力图对印度洋地区国际制度的解释更有说服力。

本书对研究方法的选取也是循着分析折中主义的思路展开，采用了有利于解释和说明问题的研究方法。具体而言，研究方法的选取主要是根据两个标准来衡量，一是理论研究的需要，即如何通过研究提炼出好的理论，二是根据所研究的具体问题，即相关研究方法对所研究的具体问题要有较高的有效性。

理论是科学研究的基础，也是科学研究的主要表现形式。没有理论，社会科学就会沦为没有条理且毫无意义的一堆观察、数据和统计数字；用理论的形式组织和评估知识，几乎与作为第一步的知识搜集一样重要。②理论的主要功能在于解释和预测。因此，对于什么是好的理论的判断大多是围绕这两个功能展开的。菲利普斯·夏夫利认为好的、有效的理论有3个特点：第一是简明性，即尽可能使用少数的几个变量来帮助我们把握世界；第二是预测的准确性；第三是重要性。在政策研究中，理论要解决紧迫的问题，在理论研究中，理论必须有广泛而普遍的实用性。③斯蒂芬·范埃弗拉则对好的理论提出了7项更为详细的标准：好的理论解释力强、好的理论通过简化方式来阐明问题、好的理论是令人满意、好的理论界定清晰、好的理论原则上可证伪、好的理论解释重要的现象、好的理论有着丰

---

① [美]鲁德拉·希尔、彼得·卡赞斯坦：《超越范式：世界政治研究中的分析折中主义》，秦亚青、季玲译，上海世纪出版集团2012年版，第17—21页。
② [美]肯尼斯·赫文、托德·多纳：《社会科学研究：从思维开始》（第10版），李涤非、潘磊译，重庆大学出版社2013年版，第34页。
③ [美]W. 菲利普斯·夏夫利：《政治科学研究方法》（第八版），郭继光等译，上海世纪出版集团2012年版，第18—20页。

富的处方。①力求得出好的理论尽管是所有科学研究的目的，但社会科学的复杂性使大多数学者不得不承认，要在社会科学领域得出好的理论是非常困难的。人类的行为比物体的运动要复杂得多——实际上，一些人认为人类行为在很大程度上可能是无法解释的。从另一个方面看，人类行为也许是可以理解的，但我们至今还没有发现一个社会理论能够解释这个领域的真实本质。无论如何，社会科学理论能够成为"优美的理论"是很罕见的。如果一个理论的预测相当准确，要么是因为这个理论涉及的范围非常有限，要么是由于这个理论涉及众多变量而变得十分复杂。②因此，即使是社会科学中存在理论，"大多数社会科学理论的应用范围都比较狭窄，解释范围广的社会科学理论可以说凤毛麟角"。③

正是因为社会科学理论的特点，社会科学在研究方法上的可选择性也相应地受到较大的约束，在自然科学中通用的控制外部变量的实验方法、数据统计和回归的方法在社会科学中的使用是较为困难的。鉴于此，本研究所使用的研究方法主要是在社会科学中较为常见的。

二 反事实推理

小约瑟夫·奈把反事实推理（counterfactuals reasoning）称为思维实验，他认为国际政治不同于实验科学。在国际政治中，无法进行可以人为控制的实验；国际政治中的变量很多，会同时发生很多变革，我们可以找到的原因实在太多。④尽管如此，研究人员仍然需要搞清楚在众多原因中哪些原因比较重要。反事实推理就是设定与事实相反的条件，我们可以简单地把它们看作确定因果关系的思维实验；我们在研究国际政治的时候不可能拥有一个真实和有形的实验室，只能靠

---

① ［美］斯蒂芬·范埃弗拉：《政治学研究方法指南》，陈琪译，北京大学出版社2006年版，第16—20页。
② ［美］W. 菲利普斯·夏夫利：《政治科学研究方法》（第八版），郭继光等译，上海世纪出版集团2012年版，第20页。
③ ［美］斯蒂芬·范埃弗拉：《政治学研究方法指南》，陈琪译，北京大学出版社2006年版，第16页。
④ ［美］小约瑟夫·奈：《理解国际冲突：理论与历史》（第五版），张小明译，上海世纪出版集团2005年版，第61页。

自己想象出一些情势，并假定在这些情势中只有一件事情发生变化，其他事情是不变的，然后依此勾画出一幅有关世界面貌的图画。[1]反事实推理作为一种研究方法在严谨性和科学性上是面临缺陷的，因此小约瑟夫·奈提出了4个标准来衡量反事实推理是否恰当和有效。这四个标准分别是：合理性（plausibility）、相近性（proximity in time）、理论性（relation to theory）和真实性（facts）。[2]合理性的含义是反事实推理必须在合理选择的范围之内；相近性是指原因事件和结果事件在时间上要相近；理论性是指反事实推理应借助现有的理论；真实性是指反事实推理需要确切的事实和详尽的历史分析。反事实分析尽管是一种有缺陷的分析方法，但作为一种思维实验，其对研究国际政治是有价值的。奥兰·扬对国际制度有效性的分析就是利用反事实推理来进行的，他认为国际制度有效性中遵约只是抓住了事实的一部分，国际制度有效性的最终确认必须基于如下事实：行为体的行为发生了改变，而如果没有国际制度的话，行为体行为是不会发生类似的改变的。[3]

三 案例分析法

尽管案例分析方法说服力有限，但仍然是社会科学现有方法中使用最广、可用性较强的。斯蒂芬·范埃弗拉对案例研究方法进行了较为系统的分析，他认为与实验法、使用大样本分析的观察法相比，尽管案例研究存在着一些缺陷，但案例研究也有两个明显的优势。这两个优势是：第一，通过案例研究而进行的检验通常是强检验，[4] 因为所检验的预言具有独特性；第二，通过案例研究来推断或检验关于自

---

[1] ［美］小约瑟夫·奈：《理解国际冲突：理论与历史》（第五版），张小明译，上海世纪出版集团2005年版，第61—62页。
[2] ［美］小约瑟夫·奈：《理解国际冲突：理论与历史》（第五版），张小明译，上海世纪出版集团2005年版，第62—65页。
[3] ［美］奥兰·扬：《世界事物中的治理》，陈玉刚、薄燕译，上海世纪出版集团2007年版，第103—106页。
[4] 强检验就是检验结果只可能由理论的成功或失败而导致，而不可能由其他任何因素产生。强检验的预言兼有明确性和独特性。

变量是如何引起因变量的解释，要比用大样本统计分析方法容易得多。①如果选择了合适的案例，②案例研究可以服务于5个目的：检验理论、创造理论、辨识前提条件、检验前提条件的重要性、解释具有内在重要价值的案例。③

通过案例方法对理论进行检测是非常有效的，因此本研究在后面几章的理论检测部分将主要根据案例选择的标准，选取适当的案例对本书的因果关系进行理论检测。

第四节 研究结构

本书的基本目的是希望了解印度洋地区的国际制度，因此需要收集现有印度洋地区国际制度的信息，对其进行现状描述。对国际制度的现状进行分析只能使我们对印度洋地区国际制度的认识停留在表面，要深入理解这些国际制度，就需要构建一个对国际制度进行评估的体系。为此，我们选择了有效性与合法性作为对国际制度评估的维度，并将其具体化为可操作的量化评价指标。利用这一量化评价指标，本书选取了环印联盟作为案例，对其进行了分析。分析的结果是印度洋地区国际制度处于高合法性、低有效性的状态。为了对这一现象进行进一步解释，本书对国际制度有效性与合法性的关系进行了分析。

按照这一思路，本书的第一章绪论提出了需要研究的问题。第二章对印度洋地区国际制度进行现状描述。第三章和第四章构建出以有

---

① [美] 斯蒂芬·范埃弗拉：《政治学研究方法指南》，陈琪译，北京大学出版社2006年版，第48—53页。

② 斯蒂芬·范埃弗拉分析归纳了11条案例选择的标准：资料丰富；自变量、因变量或条件变量具有极端值；自变量、因变量或条件变量的值在案例内的差异较大；相互竞争的理论对案例所作的预言存在分歧；案例的背景条件与当前政策问题情况相似；案例背景条件具有典型性；适合与其他案例进行受控比较；反常性；内在重要性；适宜重复先前的检验；可以进行先前所遗漏的检验。详情请参见 [美] 斯蒂芬·范埃弗拉《政治学研究方法指南》，陈琪译，北京大学出版社2006年版，第73—83页。

③ [美] 斯蒂芬·范埃弗拉：《政治学研究方法指南》，陈琪译，北京大学出版社2006年版，第53页。

效性与合法性为两个维度的评估框架。第五章以环印联盟为研究案例，对其有效性与合法性进行评估。第六章根据评估的结果，对有效性与合法性的关系进行分析。第七章结论部分给出了本书对印度洋地区国际制度现状的分析结果，并提出下一步需要研究的问题。

第二章

印度洋地区国际制度的现状

  学术界对印度洋地区的研究相对较少,而对印度洋地区的国际制度的研究则更少,从某种意义上讲,印度洋地区国际制度的实践远远超越了理论界对这一问题的研究。学术界对这一问题的研究较少并不仅仅是由于学者未注意到这一问题,而是对这一问题的研究涉及了两个令人望而生畏的概念:印度洋地区与国际制度。印度洋地区是一个容易让人产生困惑的概念。相对于国际问题中出现频率更高的西欧、北美、东南亚等概念,印度洋地区这一概念在国际问题研究中的熟知度和接受度相对较低。国际问题研究中的国际制度理论经过多年的发展,已经是枝繁叶茂,仅仅是梳理清楚国际制度的概念就是一项不容易的工作。因此我们对印度洋地区国际制度的研究首先从印度洋地区和国际制度这两个概念入手,本章在对这两个概念进行相应的说明后,将对现存印度洋地区的国际制度进行概括性的描述。

第一节　印度洋地区的范围和国别

一　印度洋地区是否为国际问题研究领域中的一个地区

  对印度洋地区进行研究,经常需要解释印度洋地区到底是指哪个地区,是否构成国际问题研究中的"地区"这一概念。在国际问题研究领域,印度洋地区并不是一个使用频率很高的词汇,更为人们所熟知的是构成印度洋地区的 5 个次区域:大洋洲地区、东南亚地区、南亚地区、波斯湾地区和东非地区。我们首先需要明确的是印度洋地区是否为国际问题研究中的一个区域。

国际问题研究领域中的地区/区域研究主要兴起于二战之后。随着二战后欧洲的重建与一体化、亚非拉地区大批独立民族国家的出现，区域意识在很多地区不断得到认同。地区/区域逐渐成为介于全球秩序、民族国家之间的一个独立对象。相应的，国际体系/全球体系（international system）概念也被应用到了地区之中而产生了"地区/区域体系"。

1973年威廉·汤姆逊（William R. Thompson）在一篇论文中分析了当时国际关系中研究区域问题的32篇文献，归纳出确定一个地区为国际问题研究领域的区域体系的四个充要条件：（1）区域中行为体的关系或行为体的互动存在一定的规则，区域中一个行为体的变化会导致另一个行为体产生相应的变化；（2）各行为体之间有相似性；（3）区域内部和外部的行为体认可了该区域作为一个独特的区域；（4）区域体系内至少包括2个以上的行为体。[1]对于第一个条件而言，印度洋地区内部各行为体之间相互影响，这种相互影响在安全方面表现得尤其明显。印度洋地区一国或一地出现的不稳定因素会在地区内部扩散并相互影响。二战后印度洋地区整体上一直处于动荡之中，其原因就是地区内一个国家的不稳定形势会扩散到地区内其他国家；当这个不稳定因素消除后，其他国家的不稳定因素又会导致地区内形成新一轮的动荡。对于第三个条件而言，印度洋和平区、印度洋无核区的提出，联合国印度洋特设委员会的建立以及一系列以印度洋命名的国际组织都表明区域内和区域外都将印度洋地区作为一个相对独立的地区对待。汤姆逊提出的第二个条件，即各行为体之间具有一定的相似性在印度洋地区是否存在是最有争议的一条。在印度洋地区，该地区除了地理上都位于印度洋沿岸、经济上都依赖于印度洋提供交通通道外，区域层次的相似性并不多。印度洋地区的相似性主要体现在次区域层次，南亚地区国家之间存在一定的相似性，中东地区、北非地区和东非地区这些次区域内部之间的相似性较多。相似性是一个程度问题，因此可以说各国间存在相似性，但程度不高。如果以汤姆逊的4

---

[1] William R. Thompson, "The Regional Subsystem—A Conceptual Explication and a Propositional Inventory", *International Studies Quarterly*, Vol. 17, No. 1, 1973, pp. 89–117.

个条件来衡量,印度洋地区应该是一个相对独立的地区。

巴里·布赞认为,"试图想象出一个印度洋地区的概念,其带来的困扰比解决的问题更多。尽管印度洋地区作为一个分析框架会使不同议题之间产生一定的联系,但印度洋地区覆盖范围广、地区内的多样性会导致对该区域问题的分析有很多疏漏和流于肤浅"。[1]布赞对印度洋地区范围大、差异性巨大的批评尽管有一定道理,但这是所有地区研究都面临的问题。从还原主义的视角出发,所有的地区研究都面临着有很多疏漏和流于肤浅的问题。亚太地区、北大西洋地区甚至中东地区作为一个地区都存在着较大的内部差异。印度洋地区在国际问题研究中并不经常被当作一个地区进行研究,这可能是由于印度洋地区只有区域性强国,而没有大国的存在。[2]因此,是否需要印度洋地区这一概念,关键取决于这一概念对于地区研究是否有用,应该采用什么样的方法、研究哪些议题以使对这一地区的研究更为有效。

二 印度洋地区的国家和地区

研究印度洋地区的首要难题是哪些国家属于印度洋地区国家,这似乎是一个显而易见的问题,但对这一问题的回答却是不同的。这是因为目前学术界和各国的政策界对哪些国家属于印度洋地区国家的认知存在着一些差异。在早期的关于印度洋的研究著作中,印度洋地区国家的数量也没有确切的说法,美国学者菲利普·艾伦(Phillip M. Allen)在其著作《印度洋地区的安全与民族主义》中认为印度洋地区包括36个国家。[3]美国战略与国际问题研究中心(Center for Strategic and International Studies)2014年发表的《印度洋地区战略评估报告》认为印度洋地区的国家有36个。[4]澳大利亚智库"未来国际"

---

[1] Barry Buzan, "The Indian Ocean in Global Politics", *Survival*, Vol. 24, Feb. 1982, p. 44.

[2] Manoj Gupta, *Indian Ocean Region: Maritime Regimes for Regional Cooperation*, New York: Springer, 2010, pp. 50 – 51.

[3] Phillip M. Allen, *Security and Nationalism in the Indian Ocean*, London: Westview Press, 1987, p. 7.

[4] Anthony H. Cordesman and Abdullah Toukan, *The Indian Ocean Region: A Strategic Net Assessment*, Center for Strategic and International Studies, July 2014, p. 4.

在其发表的《印度洋地区到2020年的关键问题》研究报告中认为，印度洋地区的国家包括了两部分，分别是印度洋沿岸36个国家和地区（不含约旦和以色列）和受印度洋影响较大的18个国家，因此印度洋地区有54个国家和地区。①澳大利亚另外一个智库"澳大利亚战略政策研究所"（Australian Strategic Policy Institute）在其发表的《西部边疆：澳大利亚与印度洋》研究报告中则认为印度洋地区包括了48个国家和分属英法的3个群岛，共计51个国家和地区。②印度学者马努基·古谱塔（Manoj Gupta）在其著作中认为地缘政治概念下的印度洋应该包括沿岸的36个主权国家、13个位于印度洋沿岸但并不毗邻印度洋的内陆国家③和分属英法的3个群岛。④印度洋海军论坛（Indian Ocean Naval Symposium）的章程规定，印度洋海军论坛的成员国必须为印度洋沿岸国家，现有成员国36个。⑤国内对哪些国家属于印度洋国家也没有统一的看法，国内出版的《印度洋地区蓝皮书：印度洋地区发展报告》认为印度洋地区包括了38个国家和地区。⑥由此可见，关于哪些国家属于印度洋地区至少有5个不同的版本。在上述5个版本中，都包括了以下的34个国家，即对于下述34国属于印度洋地区国家是没有争议的：澳大利亚、巴林、孟加拉国、科摩罗、吉布提、埃及、厄立特里亚、印度、印度尼西亚、伊朗、伊拉克、肯尼亚、科威特、马达加斯加、马来西亚、马尔代夫、毛里求斯、莫桑比克、缅甸、阿曼、巴基斯坦、卡塔尔、沙特、塞舌尔、新加坡、索马里、南非、斯里兰卡、苏丹、坦桑尼亚、泰国、东帝汶、阿联酋、也门。

---

① Future Directions International, *Critical Issues in the Indian Ocean Region to* 2020, Strategic Analysis Paper, Sep. 2010, pp. 2–3.

② Sam Bateman and Anthony Bergin, *Our Western Front: Australia and The Indian Ocean*, Australian Strategic Policy Institute, March 2010, pp. 8–9.

③ 这13个内陆国家分别为：阿富汗、不丹、博茨瓦纳、布隆迪、埃塞俄比亚、莱索托、马拉维、尼泊尔、卢旺达、斯威士兰、乌干达、赞比亚、津巴布韦。

④ Manoj Gupta, *Indian Ocean Region: Maritime Regimes for Regional Cooperation*, New York: Springer, 2010, pp. 58–59.

⑤ Indian Ocean Naval Symposium, http://ions.gov.in/（访问时间：2014年9月5日）。

⑥ 汪戎、万广华主编：《印度洋地区蓝皮书：印度洋地区发展报告》（2013），社会科学文献出版社2013年版，第2页。

本书界定的印度洋地区国家/地区是指印度洋沿岸国家，即直接毗邻印度洋的国家和地区，因此首先要确定印度洋的地理边界。世界上各大洋的地理边界由国际水文组织（the International Hydrographic Organization）确定，根据该组织的界定，印度洋的地理边界应由以下A到G共7个切割点来界定，其地理边界如下图（见图2.1）。

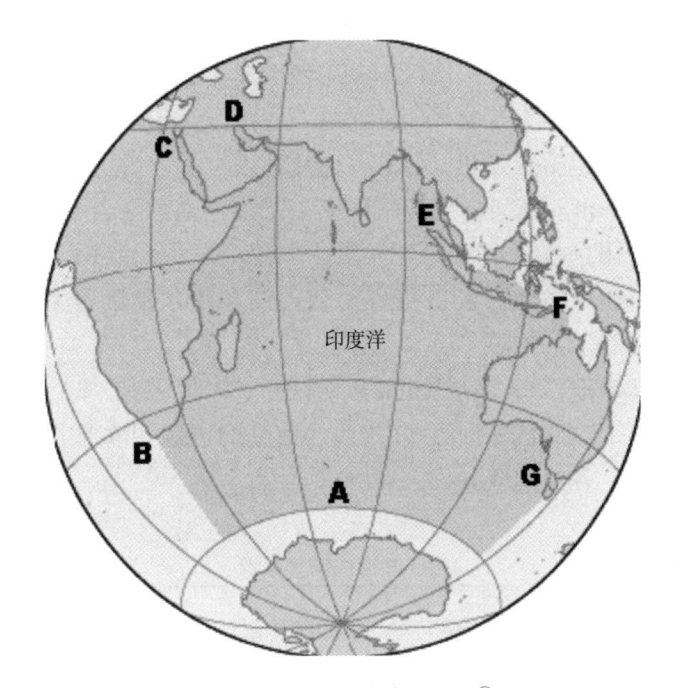

图2.1 印度洋的地理边界①

注：A：南纬60度（南极洲的北边界）；
B：厄加勒斯角（Cape Agulhas），非洲大陆最南端；
C：苏伊士运河；
D：波斯湾最北端；
E：马六甲海峡
F：新加坡海峡到帝汶海东部
G：澳大利亚塔斯马尼亚岛东海岸（Tasmania）印度洋包括安达曼海、阿拉伯海、孟加拉湾、大澳大利亚湾、阿曼湾、莫桑比克海峡、波斯湾、红海、帝汶海等海域。

资料来源：The International Hydrographic Organization, *Limits of Oceans and Seas* (*Special Publication* 23), 3rd edition, 1953, pp. 19-23.

---

① Future Directions International, *Critical Issues in the Indian Ocean Region to 2020*, Strategic Analysis Paper, Sep. 2010, p. 2.

分布在印度洋的岛国及毗邻这些海域的国家就是印度洋沿岸国家。按照这一地理边界印度洋地区的国家应为 38 个、国家和地区为 39 个，即除了上述 34 国外，还包括约旦、以色列、留尼旺（法国）、马约特岛（法国）、英属印度洋领地。美国战略与国际问题研究中心版本的 36 个印度洋地区国家除了包括没有争议的上述 34 个国家外，还包括了黎巴嫩和叙利亚，这两国已经属于苏伊士运河以西的地中海沿岸，不应该属于印度洋地区国家。两个澳大利亚版本的印度洋地区国家都包括了并不直接毗邻印度洋的一些国家。印度洋海军论坛现有成员国中并不包括约旦和以色列，而从地理上讲，约旦和以色列属于亚喀巴湾（Gulf of Aqaba）沿岸国家，亚喀巴湾属于红海的一部分，因此这两个国家应该属于印度洋沿岸国家。国内出版的《印度洋地区蓝皮书：印度洋地区发展报告》认定的印度洋地区国家没有包括英属印度洋领地。

在印度洋地区的 39 个国家和地区中，25 个是二战后独立的国家，其中有 17 个是 20 世纪 60 年代才独立的国家。[1]多数国家的发展阶段都不高。各国的概况见下表。

表 2.1　　　　　　　　印度洋沿岸国家概况

国家	国土面积（km²）	人口（百万人）	国内生产总值（亿美元）	人均国内生产总值（美元）	发展阶段	建国时间	是否为环印联盟成员	是否为印度洋海军论坛成员
澳大利亚	7682300	23.13	15603	67458.4	高收入	1901	是	是
巴林	760	1.33	329	24689.1	高收入	1971	否	是
孟加拉国	130170	156.60	1450	957.8	低收入	1971	是	是
科摩罗	1861	0.74	6.36	815	低收入	1975	是	是
吉布提	23180	0.87	5.99	1668.3	中低收入	1977	否	是
埃及	995450	82.06	2720	3314.5	中低收入	1952	否	是
厄立特里亚	101000	6.33	34	543.8	低收入	1993	否	是

---

[1] Philip M. Allen, *Security and Nationalism in the Indian Ocean*, London: Westview Press, 1987, p. 7.

续表

国家	国土面积（km²）	人口（百万人）	国内生产总值（亿美元）	人均国内生产总值（美元）	发展阶段	建国时间	是否为环印联盟成员	是否为印度洋海军论坛成员
印度	2973190	1291.13	18768	1498.9	中低收入	1947	是	是
印尼	1811570	249.90	8683	3475.3	中低收入	1945	是	是
伊朗	1628550	77.45	3689	4763.3	中上收入	1979	是	是
伊拉克	434320	33.42	2293	6862.5	中上收入	1932	否	是
约旦	88780	6.46	337	5214.2	中上收入	1946	否	否
以色列	21640	8.06	2905	36051.5	高收入	1948	否	否
肯尼亚	569140	44.35	553	1245.5	低收入	1963	是	是
科威特	17820	3.37	1758	52197.3	高收入	1961	否	是
马达加斯加	581795	22.92	106	463	低收入	1960	是	是
马来西亚	328550	29.72	3132	10538.1	中上收入	1957	是	是
马尔代夫	300	0.35	23	6665.8	中上收入	1965	否	是
毛里求斯	2030	1.30	119	9202.5	中上收入	1968	是	是
莫桑比克	786380	25.83	156	605	低收入	1975	是	是
缅甸	653290	53.26	560.8	1113	低收入	1947	否	是
阿曼	309500	3.63	797	21929	高收入	1650	是	是
巴基斯坦	770880	182.10	2323	1252.4	中低收入	1947	否	是
卡塔尔	11610	2.17	2032	93714.1	高收入	1971	否	是
沙特	2149690	28.83	7484	25961.8	高收入	1932	是	是
塞舌尔	460	0.09	14	16185.9	中上收入	1976	是	是
新加坡	700	5.40	2979	55182.5	高收入	1965	是	是
索马里	627340	10.50	9.17	600（2010）	低收入	1960	否	是
南非	1213090	52.98	3506	6617.9	中上收入	1994	是	是
斯里兰卡	62710	20.48	672	3279.9	中底收入	1948	是	是
苏丹	2376000	37.96	666	1753.4	中低收入	1956	否	是
坦桑尼亚	885800	49.25	332	694.8	中低收入	1964	是	是
泰国	510890	67.01	3873	5779	中上收入	1238	是	是

续表

国家	国土面积（km²）	人口（百万人）	国内生产总值（亿美元）	人均国内生产总值（美元）	发展阶段	建国时间	是否为环印联盟成员	是否为印度洋海军论坛成员
东帝汶	14870	1.18	12.7	1105.3（2012）	中低收入	2002	否	是
阿联酋	83600	9.35	4023	43048.9	高收入	1971	是	是
也门	527970	24.41	340	1473.1	中低收入	1990	是	是
留尼旺、马约特岛（法国）	547461	0.66	28064	43503.3	高收入	1957	否	是
英属印度洋领地	241930	0.640	26785	41787.5	高收入	1924	否	是

注：国内生产总值和人均国内生产总值采用的是2013年的数据，部分国家缺乏2013年的数据，以最新数据代替，计价单位为现价美元；法属印度洋领地（留尼旺和马约特岛）、英属印度洋领地的数据以法、英两国的数据替代。

资料来源：世界银行数据库，http：//data.worldbank.org/indicator，CIS Factbook：https：//www.cia.gov/library/publications/the-world-factbook/geos/uk.html。

三 与"印度洋地区"接近的其他概念

尽管可以从地理意义上严格定义印度洋地区，但在学术界取得明确共识之前，印度洋地区还是一个"主观地图"，学者会根据其研究的需要对印度洋地区的范围和构成进行调整。

鉴于推动印度洋地区整体合作的巨大难度和各国自己的利益考量，一部分学者在政策研究中提出了以东印度洋地区和印太地区替换现有的印度洋地区，并以这两个概念重新规划政策。这两个概念的提出都有澳大利亚的身影。东印度洋地区概念是希望建立以澳大利亚为轴心、以印度—澳大利亚—印度尼西亚为核心的东印度洋合作机制，将中东和非洲地区排除在外。[1]印—太地区这一概念也在澳大利亚国防白皮

---

[1] Dennis Rumley, "Timothy Doyle and Sanjay Chaturvedi, Securing the Indian Ocean? Competing Regional Security Constructions", *Journal of the Indian Ocean Region*, Vol. 8, No. 1, 2012, pp. 1–20.

书中有大段论述，印太概念的政策意涵在于将美国纳入其中，并希冀美国能更多地参与，摆脱美国属于印度洋的"域外国家"这一身份。

第二节 国际制度的概念辨析

一 制度与国际制度

对国际制度（International Institution）多年的研究使学术界产生了一系列与国际制度相关的概念，如国际机制（International Regimes）、国际组织（International Organization）、国际规范（International Norms）、国际秩序（International Order）等。国际关系中的国际制度理论最初是从制度经济学得到启发而逐渐形成的[1]，要厘清这些概念之间的关系，我们首先可以对制度的原有含义进行一个简单的回顾。

制度（Institutions）是经济学的核心概念之一。制度经济学大师诺思将制度定义为"制度是一个社会的博弈规则，或者更规范地讲，他们是一些人为设计的、型塑人们互动关系的约束"。[2]他认为制度由3个基本部分组成："正式的规则、非正式的约束（行为规范、惯例和自我限定的行事准则）以及它们的实施特征[3]（Enforcement Characteristics）。"[4]经济学中的制度强调的是对行为的规范和对违反制度的惩罚，强调制度的有效性。因此制度经济学对制度进行分类的一种

---

[1] 国际制度理论的早期代表作之一是《霸权之后》一书，作者基欧汉就直言《霸权之后》提供了一种以制度经济学为基础的理论视角。
[2] ［美］道格拉斯·C. 诺思：《制度、制度变迁与经济绩效》，杭行译，格致出版社、上海三联书店、上海人民出版社2014年版，第1页。
[3] 中国学者韦森认为enforcement characteristics是一个很难被准确翻译的词汇，既可以将其直译为实施特征，也可以译为强制性。他认为在诺思的语境中，这一词汇是指一种社会现实对象性：正式规则和非正式约束在社会现实中得以实现的一种社会机制或一种社会过程，或者更精确地说是介于社会机制和社会过程中间的一种社会状态、一种现实情形和现实结果。详情见韦森《社会秩序的经济分析导论》，上海三联书店2001年版，第84页。
[4] ［美］道格拉斯·C. 诺思：《制度、制度变迁与经济绩效》，杭行译，格致出版社、上海三联书店、上海人民出版社2014年版，第43—73页。

方式就是根据制度的执行机构进行分类，将其分为正式制度和非正式制度。正式制度由法律强制执行，而非正式制度不需要政府作为控制者来执行。① 广义的非正式制度又可以分为3类：作为自我监察制度的惯例、以个人作为第一方控制者的道德、由社会群体的成员执行的社会规范。②在制度的构成中，尽管正式规则非常重要，但在制度中的数量占比并不高。正式规则即便是在最为发达的经济中，也只是型塑选择的约束的很小一部分，非正式约束是普遍存在的。③亨廷顿从政治学角度对制度进行了定义，他认为"制度就是稳定的、受珍重的和周期性发生的行为模式"，④ 组织和程序是制度的主要变现形式，"组织和程序与其制度化水平成正比例"。⑤

国际制度是国际问题研究的核心概念之一，对这一概念的定义一直是存在争议的。为了对这一概念的定义进行明确，国际问题的主流学术期刊《国际组织》（*International Organization*）在1982年举行了研讨会，斯蒂芬·克莱纳斯提出的国际机制定义得到了较广泛的认可。"国际机制是一系列围绕行为体的预期所汇聚到一个既定国际关系领域而形成的隐含的或明确的原则、规范、规则和决策程序。原则是指对事实、因果关系和诚实的信仰；规范是指以权力和义务方式确立的行为标准；规则是指对行动的专门规定和禁止；决策程序是指流行的决定和执行集体选择政策的习惯。"⑥国内学者刘宏松认为克莱纳斯的定义存在方法论问题，在理论构建过程中渗入了循序推理的因

---

① ［美］C. 曼特扎维诺斯：《个人、制度与市场》，梁海音等译，长春出版社2009年版，第66页。
② ［美］C. 曼特扎维诺斯：《个人、制度与市场》，梁海音等译，长春出版社2009年版，第66页。
③ ［美］道格拉斯·C. 诺思：《制度、制度变迁与经济绩效》，杭行译，格致出版社、上海三联书店、上海人民出版社2014年版，第43页。
④ ［美］塞缪尔·P. 亨廷顿：《变化社会中的政治秩序》，王冠华、刘为等译，沈宗美校，上海世纪出版集团2008年版，第10页。
⑤ ［美］塞缪尔·P. 亨廷顿：《变化社会中的政治秩序》，王冠华、刘为等译，沈宗美校，上海世纪出版集团2008年版，第10页。
⑥ Stephen D. Krasner, ed., *International Regimes*, Ithaca: Cornell University Press, 1983, p.2。转引自［美］罗伯特·基欧汉《霸权之后——世界政治经济中的合作与纷争》，苏长和等译，上海世纪出版集团2006年版，第57页。

素；他在此基础上提出从形式学标准对这一概念进行校对，将国际机制界定为国际关系特定问题领域中得到共同认可的管制型国际协议或安排。他进一步认为国际机制包括事务领域、成员国范围和管制型规则三大要素。①

基欧汉对国际制度的含义进行了界定，认为国际制度是"规定行为体的角色、约束行为体的活动并塑造预期的一整套持久并相互联系的规则。他认为国际制度包括了国际组织（International Organization）、国际机制（International Regime）和国际惯例（International Convention）"。②国际机制主要指正式的、明确的规则，而国际惯例主要指非正式的规则。在这里，国际组织是国际制度的一部分。诺思则认为制度和组织还是有差别的，是规则和参与者的关系。③但在国际关系研究中，国际制度与国际组织的关系是互相交织的。④ 国际组织虽然也是一种行为体，但它是一种凝聚了规则体系的特殊实体，它内在地包含着或潜在地孕育着国际规则，因此国际组织是一种特殊的制度安排。⑤

基欧汉对国际制度的定义就将正式与非正式的、有形和无形的国际制度全部包括在内，因此前文所提到的国际机制、国际组织等都是国际制度的组成部分。

二 国际制度概念的操作化

从国际制度概念操作化的角度出发，本研究所讨论的国际制度将主要包括正式而有形的国际组织和正式的国际协议。正式的国际协议

---

① 刘宏松：《国际防扩散体系中的非正式机制》，上海人民出版社2011年版，第32—33页。

② Robert O. Keohane, *International Institutions and State Power: Essays on International Relations Theory*, Colorado: Westview Press, Inc., 1989, pp. 3-4.

③ [美]道格拉斯·C. 诺思：《制度、制度变迁与经济绩效》，杭行译，格致出版社、上海三联书店、上海人民出版社2014年版，第43—73页。

④ 关于在国际关系中国际组织与国际制度的关系的详细论述，可参见王玮《跨越制度边界的互动——国际制度与非成员国关系研究》，上海人民出版社2012年版，第25—31页。

⑤ 王玮：《跨越制度边界的互动——国际制度与非成员国关系研究》，上海人民出版社2012年版，第31页。

又包括需要通过签署国立法机构批准的条约（Treaty）[①]和不需要签署国立法机构批准，只需签署即产生约束力的协定（Agreement）[②]。从国际法的角度来看，按照约定必须遵守的国际法原则[③]，条约和协定都对国家产生约束力。本研究所涉及的国际组织主要是指政府间国际组织，一般不包括国际非政府组织（INGO）。

有形的国际组织和正式的国际协议，尽管其在国际制度中的数量占比可能并不大，但从研究的角度看，对有形的国际组织和正式的国际协议的评估相对容易实现，具有较高的可操作性。因此本研究讨论的对象主要是有形的国际组织和正式的国际协议。

第三节　印度洋地区的国际制度构成

从印度洋地区的地理范围和国家的构成就可以看出，印度洋是一个地理范围巨大的地区。提及印度洋地区及印度洋地区的国际制度，更多人首先想到的是构成印度洋地区的几个区域及这些区域组织，如南亚地区及南亚区域合作联盟（SAARC）、波斯湾地区及海湾合作委员会（GCC）、南部非洲及南部非洲发展共同体（SADC）、东南亚地区及东盟（ASEAN）。这4个国际组织包括了印度洋地区的20个沿岸国家和2个海岛国家。[④]在国际问题研究领域，这些次区域国际组织都比印度洋地区的国际组织更为"出名"，但这些组织并不是本书的研究对象，本书所指的印度洋地区的国际制度包括两类对象：第一类是指覆盖范围包括印度洋所有地区和绝大多数国家的区域性国际制度；

[①] 称条约者，谓国家间所缔结而以国际法为准之国际书面协定，不论其载于一项单独文书或两项以上相互有关之文书内，亦不论其特定名称如何。见1969年《维也纳条约法公约》，中国外交部网站：http://www.fmprc.gov.cn/chn.htm。

[②] 条约签署后一般都要得到一国立法机构的批准，协定一般情况下不需要各国立法机构的批准。见朱文奇、李强《国际条约法》，中国人民大学出版社2008年版，第101页。

[③] 王铁崖主编：《国际法》，法律出版社2004年版，第8页。

[④] 没有包括在这四个组织中的印度洋国家为，三个岛国：科摩罗、马达加斯加、塞舌尔；中东地区的伊朗和伊拉克、马格里布地区的吉布提、埃及、厄立特里亚、以色列、约旦、索马里、苏丹、也门；非洲的肯尼亚。

第二类是指虽然可能并未包括绝大多数印度洋地区国家，但致力于印度洋地区某类问题解决的区域性国际制度。因此，本书所涉的印度洋地区国际制度并不包括印度洋地区所有国家都参与的全球性制度，如联合国，也不包括只服务于次区域的国际制度，如服务于南亚国家的南盟。

目前，印度洋地区的国际制度按照所涉及的主要议题可以分为3类：安全领域的国际制度、海洋领域的国际制度和经济领域的国际制度。当然，这样的分类不是绝对的，很多国际制度都会扩展自己的范围，由专业性的国际制度变成综合性的国际制度。此处我们的分类主要是根据这些区域性国际组织目前涉及的主要领域及其发挥作用的实际领域来进行划分的。

这一节对印度洋地区国际制度的分析都是描述性的，主要是勾勒出现存印度洋地区国际制度的基本状况，为我们后文对印度洋地区国际制度进行有效性与合法性的评估提供背景。

一 政治领域的区域性国际制度

印度洋地区的36个国家（不含英法两国）中有25个国家是二战后才独立的，因此印度洋地区安全领域的国际制度也与发展中国家的主要舞台——联合国、77国集团、不结盟运动等有着一定的渊源。印度洋地区安全领域国际制度中曾经或目前有着重要影响的有3个，分别是印度洋和平区、印度洋无核区和印度洋海军论坛。

（一）印度洋和平区

1. 印度洋和平区的产生

在美苏争霸的冷战背景下，印度洋和平区（Declaration of the Indian Ocean as a Zone of Peace）的概念应运而生。印度以不结盟运动为舞台，成为印度洋和平区的代言人。在印度的支持及斯里兰卡时任总理班达拉奈克夫人的倡议下，1970年在赞比亚首都卢萨卡召开的第三次不结盟国家首脑会议上通过了《卢萨卡宣言》，宣言要求"所有国家都尊重印度洋为和平区，超级大国不应该寻求在印度洋地区建立陆海空军基地"。[①]

[①] B. Vivekanandan, "The Indian Ocean as a Zone of Peace: Problems and Prospects", *Asian Survey*, Vol. 21, No. 12, 1981, pp. 1237–1249.

1971年联合国大会通过了第2832号决议，宣布印度洋地区为和平区。1972年联合国大会又通过了第2992号决议，宣布成立印度洋特设委员会（Ad Hoc Committee on Indian Ocean）。此后，联合国大会几乎每年都会通过与此相关的决议。[1]目前联合国印度洋特设委员会仍然在运作，且是联合国10个特设委员会之一。[2]联合国印度洋特设委员会现有43个成员国：澳大利亚、孟加拉国、保加利亚、加拿大、中国[3]、吉布提、埃及、埃塞俄比亚、德国、希腊、印度、印度尼西亚、伊朗、伊拉克、意大利、日本、肯尼亚、利比里亚、马达加斯加、马来西亚、马尔代夫、毛里求斯、莫桑比克、荷兰、挪威、阿曼、巴基斯坦、巴拿马、波兰、罗马尼亚、俄罗斯、塞舌尔、新加坡、索马里、斯里兰卡、苏丹、泰国、乌干达、阿联酋、坦桑尼亚、也门、赞比亚、津巴布韦；3个观察员国：尼泊尔、南非、瑞典。目前在印度洋沿岸拥有永久领土的两个联合国常任理事国（英国、法国）和在印度洋设有军事基地的美国都没有参加这一委员会。[4]

---

[1] 与印度洋和平区相关的决议包括1973年联合国大会通过的第3080号决议、1974年联合国大会通过的第3259号决议、1975年联合国大会通过的3468号决议；1976年、1977年、1978年联合国大会都有关于该问题的决议通过。

[2] 联合国大会现有的10个特设委员会分别为：联合国内部司法特设委员会（Ad Hoc Committee on the Administration of Justice at the United Nations）、追究联合国官员和特派专家刑事责任问题特设委员会（Ad Hoc Committee on Criminal Accountability of United Nations Officials and Experts on Mission）、根据联合国大会第51/201号决议成立的特设委员会（Ad Hoc Committee established by General Assembly resolution 51/210）、为联合国难民事务高级专员自愿捐助的大会特设委员会（Ad Hoc Committee of the General Assembly for the Announcement of Voluntary Contributions to the Programme of the United Nations High Commissioner for Refugees）、为联合国近东巴勒斯坦难民救济和工程处提供自愿捐款的大会特设委员会（Ad Hoc Committee of the General Assembly for the Announcement of Voluntary Contributions to the United Nations Relief and Works Agency for Palestine Refugees in the Near East）、保护和促进残疾人权利和尊严的全面综合国际公约特设委员会（Ad Hoc Committee on a Comprehensive and Integral International Convention on Protection and Promotion of the Rights and Dignity of Persons with Disabilities）、联合国反腐败公约谈判工作特设委员会（Ad Hoc Committee on the elaboration of a Convention against corruption）、印度洋特设委员会、联合国人员和有关人员安全公约所规定的法律保护范围问题特设委员会（Ad Hoc Committee on the Scope of Legal Protection under the Convention on the Safety of United Nations and Associated Personnel）。

[3] 中国是联合国印度洋特设委员会的创始成员国。

[4] United Nations, AD HOC COMMITTEE ON INDIAN OCEAN ADOPTS REPORT TO GENERAL ASSEMBLY, http://www.un.org/press/en/2005/gaio4.doc.htm（访问时间：2014年9月1日）。

2. 印度洋和平区的发展现状

1971年印度洋和平区正式提出之后,印度洋沿岸及毗邻国家于1979年7月召开会议通过了《建立印度洋和平区的原则宣言》,原则宣言的内容包括:大国撤出其在印度洋的军事基地、大国放弃在印度洋的军事存在、不使用武力原则等。1979年联合国大会通过了34/80B号决议,决定于1981年在斯里兰卡首都科隆坡举办印度洋会议,但由于联合国印度洋特设委员会采用的是全体一致同意的决策方式,各方对两年后召开的国际会议的主题无法形成共识,特设委员会成了一场场辩论赛,所以原定于1981年召开的印度洋国际会议不得不推迟到1982年,到了1982年仍然没有达成共识,不得不再次宣布将会议推迟到1984年。到1983年11月,印度洋特设委员会向联合国大会提交的报告中,称各方对1984年会议的具体日期没有达成共识。[1]由于采用全体一致同意的原则,任何国家都有否决权,联合国大会通过的原定于1981年举行的印度洋国际会议在经过了3次延期后,各方对会议的时间和主题都无法取得共识,最终无果而终。

1971年通过的联合国决议及1972年设立的联合国印度洋特设委员会在建立印度洋和平区及减少大国在印度洋的争夺方面并没有大的建树,冷战期间,其没有对美苏在印度洋地区的争夺起到制约作用,冷战结束后,也没有发挥相应的作用,40多年过去了,取得的成绩非常有限。但沿岸各国力求在印度洋地区建立某种制度安排的努力并没有停止。根据联合国印度洋特设委员2007年发布的报告,联合国2/3的成员国支持建立印度洋和平区,其中包括联合国常任理事国——中国和俄罗斯,中国和俄罗斯也分别是联合国印度洋特设委员会的成员国,但联合国安理会另外3个常任理事国——美国、英国和法国对此表示反对。[2]

---

[1] Chandra Kumar, "The Indian Ocean: Arc of Crisis or Zone of Peace?", *International Affairs*, 1984, pp. 233–246.

[2] UN General Assembly 62nd session, Report of the First Committee, "Implementation of the Declaration of the Indian Ocean as a Zone of peace", UN Document A/62/382 dated 8 Nov 2007.

（二）印度洋无核区

1. 印度洋无核区的产生

20 世纪 60—80 年代，全球都出现了反对利用核能的运动，反核运动不仅反对发展核武器，也反对利用核能和开发铀矿。反核运动的中心在西欧，特别是德国。[1]西欧的反核运动以民间力量为主，存在各类科学团体和民间激进反核力量。发达国家之间的各类反核民间力量存在着跨国的联系，并建立了跨国网络，通过知识的扩散而形成了跨国反核的非正式民间网络。[2]受西欧反核运动的启示，20 世纪 60 年代第三世界国家也掀起了无核化的浪潮。与发达国家不同的是，第三世界国家反核以各国官方力量为主。印度洋无核区的倡议也在此时出现，每年联合国大会及印度洋特设委员会召开的会议中，都会有众多国家（特别是印度洋沿岸的中小国家）要求建立印度洋无核区，要求各国不要在印度洋地区部署核武器。但建立印度洋无核区的建议最后也是无果而终。

2. 印度洋无核区的现状

20 世纪 70 年代，与印度洋和平区几乎同步出现了印度洋无核区的概念，提出无核区的概念主要是针对当时美国在迭戈加西亚部署核武器。从反核的发展来看，建立印度洋无核区的努力是失败的。

1974 年，印度进行了核试验，标志着无核区的建设遭遇重大挫折。同期拉美地区的无核化却产生了成果。目前，印度洋地区内国家已经有 4 个半核武器国家，即印度、巴基斯坦、以色列和伊朗[3]；这事实上已经宣布了印度洋无核区的破产。与印度洋无核区同时发起的拉美无核区到 20 世纪 60 年代中期就发挥了作用，21 个拉美国家发起并签署了《拉丁美洲禁止核武器条约》，建立了拉美无核区。以西

---

[1] Astrid Mignon Kirchhof and Jan‑Henrik Meyer, "Global Protest against Nuclear Power: Transfer and Transnational Exchange in the 1970s and 1980s", *Historical Social Research*, Vol. 39, No. 1, 2014, pp. 165 – 190.

[2] Astrid Mignon Kirchhof and Jan‑Henrik Meyer, "Global Protest against Nuclear Power: Transfer and Transnational Exchange in the 1970s and 1980s", *Historical Social Research*, Vol. 39, No. 1, 2014, pp. 165 – 190.

[3] 以色列尽管不承认自己拥有核武器，但其拥有核武器的事实已经人所共知，伊朗是否已经有了核武器目前尚不得而知，但至少具备了部分发展核武器的能力，因此称其为半个核武器国家。

欧为主的草根反核力量最终迫使西欧各国大大提高了核能利用的安全标准，也实现了核废料的安全处置，同时反核民间力量在德国及西欧其他国家还演变成了目前的绿党（Green Party），绿党目前仍是西欧各国政坛中的活跃力量。[①]

印度洋无核区的倡议既没有在国内形成有力的推动，提高国内的核能安全标准或发展成为任何政治力量，也没有最终形成禁止核武器的条约，阻止沿岸各国发展核武器。

（三）印度洋海军论坛

1. 印度洋海军论坛的成立

1988年成立的西太平洋海军论坛和1989年成立的亚太经合组织为印度洋地区的合作带来了一些启示。1997年环印度洋联盟（以下简称环印联盟）的前身环印度洋地区合作联盟（The Indian Ocean Rim Association for Regional Cooperation—IOR-ARC）成立。环印联盟主要聚焦于经济领域，安全领域的国际合作制度在印度洋地区一直缺失。

印度洋海军论坛（The Indian Ocean Naval Symposium）是由印度发起成立的。一直以来，印度都力图在印度洋地区发挥更大的作用，但在具体行动和倡议上没有太大的建树。印度洋海军论坛的成立与印度海军的智库印度海事基金会（National Maritime Foundation）有着很大的关系。

印度海事基金会成立于2005年，是印度海洋和海上安全问题的最重要的智库之一。印度海事基金会现任主席为印度退役海军上将、印度海军前司令穆萨（Sureesh Mehta）。印度海事基金会从2006年开始，每年的2月都举办一次与海洋问题有关的国际研讨会。2008年是该机构举办的第三届研讨会。在筹办第三届研讨会的过程中，印度海事基金会决定与印度海军共同举办一个更大规模的研讨会，举办研讨会的目的就是要彰显印度海军在印度洋地区扮演的"地区平衡者"

[①] Astrid Mignon Kirchhof and Jan-Henrik Meyer, "Global Protest against Nuclear Power: Transfer and Transnational Exchange in the 1970s and 1980s", *Historical Social Research*, Vol. 39, No. 1, 2014, p. 179.

的地位,将二轨和一轨层面相结合。随后印度海事基金会、印度海军与印度国防部对该问题经过多次讨论后,决定学习西太平洋海军论坛(Western Pacific Naval Symposium)的经验,建立印度洋海军论坛。印度国防部决定邀请所有印度洋沿岸国家的海军司令参加这一论坛,同时在论坛期间举办二轨层面的学术研讨会。随后,印度海军与印度海事基金会共同主办了2008年的印度洋海军论坛,印度海事基金会负责邀请参会学者和组织论坛,而海军则负责论坛的行政和后勤事务,同时印度海军还负责组织沿岸海军司令的闭门会议。

决定举办印度洋海军论坛之后,印度海军向所有印度洋沿岸国家的海军都发出了邀请,有27国的海军(海岸警卫队)司令参加了第一次海军论坛,包括26个域内国家和一个域外国家巴西。[①]本次会议的召开标志着印度洋海军论坛的正式成立。

2. 印度洋海军论坛的目标

印度洋海军论坛成立于2008年,现有成员国36个。[②]根据2014年制定的《印度洋海军论坛章程》,印度洋海军论坛的目标有4个:即增进印度洋沿岸国家对海洋问题的共同理解,形成沿岸国家增强海上安全的战略;增强印度洋沿岸国家应对海上安全的能力;建立多边的海洋合作机制以减轻成员国之间对海上安全问题的忧虑;提高沿岸国家在人道主义与灾害救援流程方面的适用性,提高人道主义与灾害救援方面的效率。[③]

印度洋海军论坛的基本原则是所有相关的议题的决策必须由成员国一致同意才能通过;同时,印度洋海军论坛寻求的是多边解决方案。[④]

---

① 这27个国家为:澳大利亚、印度、巴西、缅甸、吉布提、埃及、厄立特里亚、法国、印度尼西亚、肯尼亚、科威特、马达加斯加、马来西亚、马尔代夫、毛里求斯、莫桑比克、阿曼、卡塔尔、沙特、塞舌尔、新加坡、南非、斯里兰卡、苏丹、坦桑尼亚、泰国、阿联酋。伊朗和巴基斯坦未参加。

② 这36个国家为:澳大利亚、巴林、孟加拉国、科摩罗、吉布提、埃及、厄立特里亚、法国、印度、印度尼西亚、伊朗、伊拉克、肯尼亚、科威特、马达加斯加、马来西亚、马尔代夫、毛里求斯、莫桑比克、缅甸、阿曼、巴基斯坦、卡塔尔、沙特、塞舌尔、新加坡、索马里、南非、斯里兰卡、苏丹、坦桑尼亚、泰国、东帝汶、阿联酋、也门、英国。

③ 见《印度洋海军论坛章程》。

④ 见《印度洋海军论坛章程》。

印度洋海军论坛的成员国有两种，即正式会员国和观察员国。按照《印度洋海军论坛章程》的规定，该机构的正式会员国必须满足两个条件：一是在印度洋或其沿岸有永久领土，且在《印度洋海军论坛章程》生效的12个月内签署该章程；二是支持印度洋海军论坛的宗旨、建设性参与论坛的各项活动。①两种类型的国家可以成为印度洋海军论坛的观察员国：一是在印度洋或其沿岸拥有永久领土，但在章程生效后的12个月内没有签署章程；二是非印度洋沿岸的国家，但在印度洋有着重要战略利益的国家可以申请成为印度洋海军论坛的观察员国。成为观察员国的申请必须向印度洋海军论坛秘书处提出申请并经现有成员一致同意。②

3. 印度洋海军论坛发展现状

印度洋海军论坛目前举行的常规活动有5项：

一是印度洋海军论坛。印度洋海军论坛每两年举办一次，参加人员为各成员及观察员国的海军司令。与海军论坛同期举行的是各成员国海军司令参加的闭门会议（Conclave of Chiefs），观察员国的代表如若要参加闭门会议必须经成员国一致同意。印度洋海军论坛每两年举办一次，由轮值主席国主办。轮值主席由各成员国轮流担任，每两年轮换一次。2008年的轮值主席国为印度，2010年的轮值主席国为阿联酋，2012年的轮值主席国为南非，2014年的轮值主席国为澳大利亚。论坛的轮值主席国需由论坛成员国一致同意产生。③2016年和2018年的轮值主席国分别是孟加拉国和伊朗④。

二是印度洋海军论坛预备会议（IONS Preparatory Workshops）。预备会议一般是在海军论坛会议召开的前一年召开，主要是为次年召开的印度洋海军论坛确定议程。前三届预备会议的主题分别是人道主义与灾害救援、打击海盗、信息共享与合练。2015年和2017年的预备会议分别由巴基斯坦和南非主办。⑤

---

① 见《印度洋海军论坛章程》。
② 见《印度洋海军论坛章程》。
③ 见《印度洋海军论坛章程》。
④ The Indian Ocean Naval Symposium, *Communiqué*, Perth Australian, 15 May 2014.
⑤ The Indian Ocean Naval Symposium, *Communiqué*, Perth Australian, 15 May 2014.

三是专业研讨会。专业研讨会属于不定期召开的会议，成员国可商讨确定研讨会的内容。截至目前，印度洋海军论坛共举办了两次专业研讨会，第一次专业研讨会于2009年由斯里兰卡海军在科隆坡主办，研讨会的主题是"印度洋地区技术支持的现实合作机制"，共有来自18个成员国的31名代表参加了本次研讨会。第二次专业研讨会是2010年由孟加拉国海军主办的"人道主义与灾害救援"研讨会。

四是计划并开展海军沙盘推演或实兵演习。类似演习主要集中于以下领域：人道主义援助与灾害救援、反海盗、打击海上犯罪。

五是其他领域的海上合作，包括海洋调查、潜艇救援、搜寻与救援。

自2008年成立以来，印度洋海军论坛的发展并不理想，主要表现为：第一，印度洋海军论坛组织松散、发展缓慢。印度洋海军论坛2008年创立，直到2014年1月第四届论坛期间才最终确定了论坛的章程（Business Charter）。第二，印度洋海军论坛实质性合作较少。自2008年印度洋海军论坛创立以来，除了每两年举办一次的年会外，举办的其他活动包括两次专业研讨会和两次论文竞赛。第一次专业研讨会是2009年由斯里兰卡海军在科隆坡主办；第二次专业研讨会是2010年由孟加拉国海军主办的"人道主义与灾害救援"研讨会。与西太平洋海军论坛举办的多次关于扫雷、救灾、信息共享等专业研讨会相比，可以看出印度洋地区海军论坛举办的这些活动（特别是论文竞赛）象征意义大于实质意义。

2014年澳大利亚担任印度洋海军论坛的轮值主席国后，论坛的发展取得了一些进展。在2014年澳大利亚珀斯举行的第四届印度洋海军论坛中，《印度洋海军论坛章程》得以通过，这意味着印度洋海军论坛成立8年后，终于有了这一组织的"宪法"，印度洋海军论坛的制度化建设取得了进展。此外，中国、日本被批准成为印度洋海军论坛的观察员国，这意味着论坛的开放性得到进一步提高。

比较前文所述的三项安全领域的国际制度，可以发现印度洋无核区的倡议已经消失，尽管印度洋和平区原有的制度安排还在，但取得实质性进展的难度较大。印度洋海军论坛制度化程度与前两者相比较高，其未来有可能发挥较大作用。

二　海洋领域的区域国际制度

印度洋地区存在多个海洋领域的区域国际制度，大部分海洋领域的区域国际制度与全球性的制度安排存在一定的联系，是全球海洋制度在印度洋地区的具体化。

（一）印度洋海事合作委员会

1. 印度洋海事合作委员会的成立

在联合国海洋法公约框架下，1985年印度洋地区各国在科隆坡发起了"印度洋海事合作委员会"（Indian Ocean Marine Affairs Cooperation Council）。[①] 该机制的目的是促进各国在印度洋海洋资源开发中的协调与合作，利用海洋资源促进各国的经济发展。其成员国包括6个，分别是印度尼西亚、肯尼亚、毛里求斯、莫桑比克、巴基斯坦和斯里兰卡。印度洋海事合作委员会成立之后，一直止步不前，1990年各方在坦桑尼亚召开了第二阶段会议，35个印度洋沿岸国家和38个国际组织及联合国系统代表参加了会议，会议公布了《印度洋海事合作组织阿鲁沙协议》（*Arusha Agreement on the Organization for Indian Ocean Marine Affairs Cooperation*，以下简称《阿鲁沙协议》），但目前只有上述6国签署并批准了《阿鲁沙协议》，伊朗、尼泊尔和坦桑尼亚3国虽然签署了《阿鲁沙协议》，但还没有批准，《阿鲁沙协议》还需要再有8个国家批准才能生效。[②] 印度洋地区的大国印度、澳大利亚、南非都没有加入印度洋海事合作委员会。

印度洋海事合作委员主要关注海洋科学与服务、海洋生物资源与非生物资源、海洋法、海洋管理、海上交通、海洋环境等。

2. 印度洋海事合作委员会的发展现状

印度洋海事合作委员在斯里兰卡科隆坡设有常设秘书处和秘书长，1987年建立了常设委员会，一般每年召开一次会议。印度洋海

[①] 这一制度最初名称为印度洋海事合作委员会，1985年通过了建立印度洋海事合作组织的协议，但目前协议只有6个国家签署并批准，还未生效，因此本书中还将其称为"印度洋海事合作委员会"。

[②] http://archive.unu.edu/unupress/unupbooks/uu15oe/uu15oe0n.htm（访问时间：2014年10月6日）。

事合作委员成立以来在海洋管理方面也有一些举措，如建立了印度洋金枪鱼管理委员会（Indian Ocean Tuna Management Commission），发布了《新世纪印度洋开发宣言》（Declaration of a New Era of Indian Ocean Exploration）。但从实际效果来看，《阿鲁沙协议》1995 年制定后，到现在都未生效，其他方面的合作也没有实质性进展。

（二）印度洋海洋观测体系区域联盟

1. 印度洋海洋观测体系区域联盟的成立

印度洋海洋观测体系区域联盟（Indian Ocean Global Ocean Observing System Regional Alliance）是一个海洋科学研究领域的合作机制，是受全球海洋观测体系（Global Ocean Observing System）引导而成立的一个区域性合作制度。早在 1973 年，海洋科学家就呼吁建立全球海洋观测体系并进行了一些初步的研究，但其正式成为一个国际制度则是在 1991 年。1991 年，第十六届政府间海洋学委员会（Intergovernmental Oceanographic Commission，IOC）[①] 决定支持科学家关于建立全球海洋观测体系的工作，1992 年在政府间海洋学委员会、国际海事组织（IMO）和联合国环境署（UNEP）的共同资助下，政府间理事会成立了，该理事会主要用来支持全球海洋观测体系的建立。1998 年全球海洋观测体系理事会将全球海洋观测体系的宗旨定位为研究和预测气候变化对海洋的影响。[②]

在全球海洋观测体系的推动下，1994 年，经合组织（OECD）支持建立了欧洲海洋观察体系区域联盟。随后，全球共建立了 7 个区域联盟。2001 年，印度洋沿岸 7 国（澳大利亚、印度、肯尼亚、马来西亚、毛里求斯、塞舌尔、南非）在印度新德里召开了第一次会议，强调要加强海洋观测的合作；2002 年，在第一次签约会议中，参会的 16 个印度洋沿岸国家中有 10 个签署了建立印度洋海洋观测体系区

[①] 政府间海洋学委员会是联合国教科文组织的下设机构，成立于 1960 年，总部设在巴黎，现共有 136 个成员国。

[②] 目前全球海洋观测体系对自身的定位包括：观察、理解、预测气候变化；描述、预测海洋的状态（包括海洋生物的状态）；改善海洋和海岸生态系统的管理；减轻自然灾害和污染的危害；保护沿海居民的生命和财产安全。见"全球海洋观测体系"官网：http://www.ioc-goos.org/content/view/12/26/（访问时间：2013 年 12 月 20 日）。

域联盟的备忘录，这10个国家分别为：澳大利亚、印度、伊朗、肯尼亚、马达加斯加、毛里求斯、莫桑比克、留尼旺（法属）、斯里兰卡、南非。随后，坦桑尼亚也签署了备忘录。2003年印度洋海洋观测体系区域联盟正式成立。印度尼西亚于2005年，马尔代夫、泰国于2007年也分别加入了印度洋海洋观测体系区域联盟，使成员国的数量达到了14个。全球海洋观测体系为印度洋海洋观测体系区域联盟提供建议，两者并不存在直接的隶属关系。

2. 印度洋海洋观测体系区域联盟的发展现状

印度洋海洋观测体系区域联盟自成立以来，主要致力于获取相关海洋数据，并对环境变化做出准确的预测。2004年印度洋大海啸[①]后，这一工作的重要性更加凸显。但区域联盟成立后，尽管有2004年印度洋大海啸的惨痛教训，但区域联盟在海洋监测和研究合作方面取得的进展不多。区域联盟主要依靠原有各国的设备和机构来获取相关数据，数据的共享也处于谈判过程中，区域联盟自身获取数据的能力并没有提高。尽管各类科学团体对区域联盟的研究投入较高的热情，但区域联盟作为国际制度的缺陷是致命的：第一，各国对海洋研究的侧重点各有不同，无法统一；第二，各国对区域联盟的资源投入严重不足；第三，区域联盟缺少资源和权威使其倡导的海洋监测体系落地。[②]由于合作缺乏实质性进展，到了2006年，建立区域性海洋监测体系的设想已经遥不可及，合作只能局限于少数几个机构之间进行，区域内国家（印度尼西亚、澳大利亚、毛里求斯等）也纷纷建立自己独自的海洋监测体系。[③]印度洋海洋观测体系区域联盟从2003年成立以来，虽然没有实质性进展，但也没有解体。

[①] 2004年12月26日，印度洋海域发生9.3级地震，并引发大海啸，成为史上第二大地震。根据各方的统计，此次地震和海啸共造成约29.2万人死亡，51万人受伤，300万—500万人无家可归，当时联合国及国际红十字会等机构都宣布启动史上最大规模的救援。事后分析认为，印度洋海啸之所以造成如此大的危害与该地区缺乏系统的灾害监测和预警系统有关。

[②] Indian Ocean Global Ocean Observing System (IOGOOS) IAppendix 2. Cited from Manoj Gupta, *Indian Ocean Region: Maritime Regimes for Regional Cooperation*, New York: Springer, 2010, pp. 142–143.

[③] Manoj Gupta, *Indian Ocean Region: Maritime Regimes for Regional Cooperation*, New York: Springer, 2010, pp. 144–145.

(三) 印度洋港口国监督协定

1. 印度洋港口国监督协定的成立

港口国监督 (Port State Control) 制度是各国为了加强对船舶的管理而实行的制度,对船舶监督的主要内容是检查船舶是否符合国际海事组织关于船舶安全航行的规定和国际劳工组织 (ILO) 的关于劳工待遇的相关规定。这一制度首先于 1982 年在欧洲建立,当时欧洲 14 国签署了《巴黎协定》(Pairs MoU),现有成员国 26 个,规定港口国每年要对 25% 的船舶进行检查。时至今日,世界上已经建立了 9 个地区性港口国监督的国际合作机制。[①]印度洋地区国家也于 1998 年签署了《印度洋港口国监督协定》,目前共有 13 个签署国,[②] 分别是澳大利亚、厄立特里亚、印度、肯尼亚、马尔代夫、毛里求斯、阿曼、南非、斯里兰卡、伊朗、苏丹、坦桑尼亚和也门;协定规定每三年对船舶的检查率要达到 10%。《印度洋港口国监督协定》的观察员包括了国际海事组织、国际劳工组织、埃塞俄比亚、世界船舶数据库 (EQUASIS)、《黑海协定》、《阿布扎协定》、《东京协定》、美国海岸警卫队。[③]

2. 印度洋港口国监督协定的发展现状

印度洋港口国监督协定作为一个国际制度,其有效性是值得怀疑的。目前,其主要活动是召开会议和获取成为其他地区协定的观察员身份。与其他 8 个地区协定相比,《印度洋港口国监督协定》设定的目标是最低的,只要求三年间对 10% 的船只进行检查。《印度洋港口

[①] 1992 年,拉美地区国家签署了《拉美协定》,规定每三年对 15% 的船舶进行检查,成员国共有 13 个。1993 年,亚太地区国家签署了《东京协定》,规定每年检查 75% 的船舶,成员国共有 18 个。1994 年,美国也发布了自己的港口国监督法规,规定可以检查任意船舶。1996 年,加勒比国家签署了《加勒比协定》,有 12 个成员国,规定每三年对 15% 的船舶进行检查。1997 年,地中海国家签署了《地中海协定》,共有 11 个成员国,规定每三年对 15% 的船舶进行检查。1999 年,中非和西非地区签署了《阿布扎协定》,共有 17 个国家签署,规定每三年对 15% 的船舶进行检查。2000 年,黑海沿岸国家签署了《黑海协定》,共有 6 个国家签署,规定每三年对 15% 的船舶进行检查。2004 年,海湾国家签署了《利雅得协定》,共有 6 个国家签署,规定每三年对 10% 的船舶进行检查。

[②] 澳大利亚同时也是《东京协定》成员国,阿曼也是《利雅得协定》成员国,南非也是《阿布扎协定》成员国。

[③] Indian Ocean Memorandum of Understanding on Port State Control, *Annual Report*, 2008.

国监督协定》的核心职能对船舶进行检查这一目标的实现程度，目前无法获得数据支撑。古普塔博士对这一目标的完成率曾进行过研究，发现虽然无法获得准确的数据，但他分析了印度洋港口国监督协定的13个成员国2001—2006年船舶检查数量，发现澳大利亚一国每年检查的船舶数量占13个成员国总数的50%—60%，其次，印度、南非和伊朗3国各占10%左右，也就是有9个成员国从2001年到2006年几乎没有对任何船舶进行检查。①这就意味着，有13个成员国的《印度洋港口国监督协定》只有4个国家在履行这一协定规定的义务；其中澳大利亚还同时是《东京协定》的成员国，对船舶的检查率为65%—70%，《东京协定》要求对75%的船舶进行检查，因此也很难区别澳大利亚到底是基于《东京协定》还是基于《印度洋港口国监督协定》对船舶进行检查，如果剔除澳大利亚的数据，那么《印度洋港口国监督协定》成员国船舶检查的数量将是非常少的。因此，从目标完成的角度来看，《印度洋港口国监督协定》的有效性是非常低的，有近2/3的成员国不执行协定。此外，按照《印度洋港口国监督协定》的要求，要逐步减少非标准船舶的使用，但在印度洋地区，大量非标准船舶仍在使用，这大大增加了海上非法活动的可能性，也增加了船舶被海盗劫持的可能性。因为大量海上的非法活动使用的是非标准船舶，而非标准船舶也更易被劫持。②

除了上述国际制度，印度洋地区海洋领域还有一些其他的区域国际制度。但印度洋地区的海洋领域的国际制度由于缺乏国家的积极参

---

① 2006年，13个成员国共检查船只5125艘，其中澳大利亚检查3080艘，占60.1%，印度检查653艘，占12.74%，南非检查654艘，占12.76%，伊朗检查579艘，占11.3%，四国合计占比为96.9%。2005年，13个成员国共检查船只5205艘，其中澳大利亚检查3072艘，占59.02%，印度检查912艘，占17.52%，南非检查508艘，占9.76%，伊朗检查666艘，占12.8%，四国合计占比为99.1%。2004年，13个成员国共检查船只5689艘，其中澳大利亚检查3201艘，占56.27%，印度检查878艘，占15.43%，南非检查222艘，占3.9%，伊朗检查1230艘，占21.62%，四国合计占比为97.22%。详细的指标设置和数据说明请参见：Manoj Gupta, *Indian Ocean Region: Maritime Regimes for Regional Cooperation*, New York: Springer, 2010, pp. 201 – 256。

② Sam Bateman, "Maritime Security and Port State Control in the Indian Ocean Region", *Journal of the Indian Ocean Regin*, Vol. 8, No. 2, 2012, pp. 188 – 201.

与和强有力的领导，其有效性是有限的。①

三 经济领域的区域国际制度

经济领域的区域国际制度是目前全球各地区域合作制度的主体，但印度洋地区经济领域的国际制度并不多，这可能是由于构成印度洋地区的各个次区域都建立了大量的次区域经济合作制度，如南亚地区的南盟、波斯湾地区的海合会等，因此印度洋地区整体的区域性经济国际制度发展相对滞后。目前，印度洋地区经济领域的国际制度主要有环印联盟和印度洋委员会。

（一）环印联盟（IORA）

1. 环印联盟的成立

环印联盟（The Indian Ocean Rim Association，IORA）②成立于1997年，是第一个以促进印度洋地区经济合作为宗旨的区域性国际组织。

最早提出环印联盟构想的是南非，20世纪90年代初，冷战结束后，世界其他地区的区域合作机制纷纷成立，受此影响，南非提出印度洋沿岸国家应该建立更密切的合作关系。1991年印度经济改革后，印度也提出要融入世界市场，因此，印度也有意加强与区域国家的合作。1993年南非时任外交部长布萨（Botha）访问印度，双方同意印度洋沿岸国家应建立更紧密的合作关系。1995年，南非时任总统曼德拉访问印度，建议在印度洋地区建立贸易同盟（Trading Allience），印度对此表示欢迎。

真正为环印联盟的成立奠定基础的是毛里求斯和澳大利亚。1995年3月，毛里求斯政府发起召开了第一次"印度洋倡议"（the Indian Ocean Rim Initiative）会议，以探讨印度洋沿岸国家的合作前景。来自印度洋沿岸的澳大利亚、印度、肯尼亚、毛里求斯、阿曼、南非、新加坡等7国参加了会议。这7个国家后来都成为环印联盟的成员

---

① Manoj Gupta, *Indian Ocean Region: Maritime Regimes for Regional Cooperation*, New York: Springer, 2010, p.271.

② 环印联盟的原名称为环印区域合作联盟，2013年在澳大利亚珀斯举行的第十三届环印联盟部长理事会上决定将环印区域合作联盟改名为环印联盟。

国。1995年7月，澳大利亚在珀斯组织召开了印度洋国际论坛（the International Forum for the Indian Ocean Region），共有23国的代表参加，[①] 还有大量的商业界和学术界的人士参加了此论坛。1995年毛里求斯政府召开的"印度洋倡议"会议和澳大利亚召开的印度洋国际论坛为环印联盟的成立奠定了基础。

1997年，环印联盟成立，共有14个成员国，[②] 随后又有孟加拉国、科摩罗、塞舌尔[③]、伊朗、泰国和阿联酋6国加入，总部设在毛里求斯的数码城易必尼（Ebene）。目前，环印联盟共有20个成员国，6个对话伙伴国（埃及、日本、中国、法国、英国、美国），2个观察员（印度洋旅游组织、印度洋研究集团）。环印联盟成员国的总人口为19.6亿人，约占世界总人口的30%。环印联盟成员国之间的政治、经济、文化都有着较大的差异。

2. 环印联盟的目标、原则和组织架构

环印联盟的目标是促进成员国可持续、均衡的发展，为此，环印联盟致力于创造"有效的、实用的"区域经济合作模式。环印联盟章程中规定的环印联盟的基本原则包括：主权平等、领土完整、政治独立、不干涉内政、和平共处、互利。[④]

环印联盟设置了较为完整的组织架构，负责日常协调工作的常设秘书处于1998年被批准设立，设在毛里求斯。环印联盟的机构包括了部长委员会（Council of Minister）、高官委员会（Committee of Senior Officials）、印度洋商务论坛（Indian Ocean Business Forum）、印度洋学术研究组（Indian Ocean Academic Group）、贸易与投资工作组（the Working Group on Trade and Investment）、大使工作组（Working Group of Heads of Mission）。部长委员会是最高决策机构，自2010年以来每年召开一次会议，部长委员会选举产生一个主席国和一个副主

[①] 这23个国家为：澳大利亚、巴林、孟加拉国、印度、伊朗、肯尼亚、科威特、马达加斯加、马来西亚、马尔代夫、毛里求斯、莫桑比克、阿曼、巴基斯坦、沙特、塞舌尔、新加坡、南非、斯里兰卡、泰国、阿联酋、也门。

[②] 这14个国家为：澳大利亚、印度、印度尼西亚、肯尼亚、马达加斯加、马来西亚、毛里求斯、莫桑比克、阿曼、新加坡、南非、斯里兰卡、坦桑尼亚、也门。

[③] 塞舌尔2003年退出了环印联盟，2011年又重新加入。

[④] 见《环印度洋联盟章程》。

席国，任期两年（部长委员会一般由各国的外交部长组成）。为保证连续性，环印联盟也有类似 20 国集团的"三驾马车"（Troika）设置，即由现任主席国、副主席国（候任主席国）和前任主席国组成的议事机构。① 环印联盟秘书长由部长委员会任命，对部长委员会负责，任期 3 年，可连任一届。现任秘书长为印度大使巴吉拉特（K. V. Bhagirath），2012 年 1 月上任。高官委员会负责审查环印联盟各项活动的执行。按照《环印度洋联盟章程》的规定，印度洋商务论坛和印度洋学术研究组负责确定经济合作的重点，研究、协调并监督已有项目，为新项目寻求资金。②

3. 环印联盟的主要工作

1997 年环印联盟成立初期，将其重点领域定位为：贸易自由化、贸易与投资便利化、经济与技术合作、贸易与投资对话。2012—2013 年在印度担任轮值主席国期间，环印联盟的重点领域扩展为 7 个：贸易与投资便利化、海上安全、渔业管理、灾害风险管理、学术与科技合作、旅游与文化合作、女性赋权（Gender Empowerment）。③

在贸易与投资便利化方面，目前环印联盟开展的主要活动有两项。第一项是由印度和毛里求斯共同牵头的环印联盟经济与商业会议（IORA Economic and Business Conference），第一次会议于 2013 年在毛里求斯举行，第二次会议于 2015 年举行。第二项活动是由印度牵头的贸易便利化与海关互通性研讨会（Workshop on Trade Facilitation and Customs Harmonisation），第一次研讨会于 2012 年在印度举行，第二次由印度和澳大利亚共同主办。环印联盟在海上安全方面目前开展的活动主要有两项，第一项活动是环印联盟与印度

---

① 2010 年 8 月 5 日，环印联盟第十届部长理事会会议在也门首都萨那举行。会议强调要加强机制建设，由部长理事会现任、候任及前任主席组成"三驾马车"主持常务，由成员国驻南非使节组成"使团工作组"定期开会协调检查后续工作。

② 见《环印度洋联盟章程》，Indian Ocean Rim – Assocaition for Regional Co – operation, Charter, http：//www.iorarc.org/charter.aspx（访问时间：2014 年 1 月 9 日）。

③ 见环印联盟网站，http：//www.iora.net/about – us/priority – areas/（访问日期：2014 年 1 月 9 日）。

洋的战略稳定研讨会（The Workshop on IORA and Strategic Stability in the Indian Ocean），该研讨会由环印联盟秘书处和新加坡拉惹勒南国际问题研究院主办；第二项活动是印度洋沿岸非洲国家的经济政治会议（The Conference on the Political Economy of Maritime Africa in the Indian Ocean Region），由环印联盟秘书处和印度洋研究集团共同主办。在渔业管理方面，环印联盟目前主办了两个研讨会，分别是2013年由印度承办的渔业管理研讨会和2014年由坦桑尼亚主办的"印度洋可持续捕捞与个体渔业的发展与管理"研讨会。在灾害风险管理方面，环印联盟2013年在澳大利亚召开了减灾会议。在学术与科技合作方面，环印联盟开展的活动较多，主要包括了召开气候变化研究的会议、建立开放大学体系、海洋科学研究等。在旅游与文化合作方面，环印联盟开展的主要活动有2014年塞舌尔举办的第一次旅游部长会议，此外斯里兰卡也于2014年举办了文化遗产管理研讨会。在女性赋权方面，2014年澳大利亚在马来西亚首都吉隆坡举办了环印联盟女性经济赋权会议（Women's Economic Empowerment）。

环印联盟的常规工作包括每年一次的部长理事会、每年两次的高官委员会。环印联盟大使工作组是由环印联盟成员国驻南非首都比勒陀利亚的大使或高级专员组成，不定期召开会议，跟进部长理事会决定事项的进展，并根据需要审议其他机构的事项。目前，环印联盟开展的工作有10项，每一项都由某个或某几个国家牵头负责。科技合作（Science and Technology Cooperation）在伊朗取得进展，伊朗在首都德黑兰设立了印度洋区域科技转让中心。其他正在开展的项目还包括：投资促进与便利化项目（Investment Facilitation and Promotion Program）、贸易促进项目（Trade Promotion Program）、人力资源开发合作（Human Resource Development Cooperation）、印度洋沿岸大学交流项目（University Mobility in the Indian Ocean Rim）。

尽管环印联盟貌似组织严密，但与其他印度洋地区的国际制度一样，成立以来在实质性合作方面进展甚微。所以，部分成员国高官对环印联盟的评价是"环印联盟正在经历自然死亡"。[①] 本书随后也将对环印联盟的核心功能"促进区域内贸易便利化和自由化"的实现程度进行评估。

(二) 印度洋委员会

1. 印度洋委员会的成立

印度洋委员会 (Indian Ocean Commission) 于 1982 年在毛里求斯成立,致力于促进印度洋岛国的经济合作,目前的成员国共有 5 个,分别是科摩罗、毛里求斯、马达加斯加、塞舌尔和留尼旺(法属)。由于印度洋委员会的成员国都是岛国,因此在国际和地区舞台上,其经常以小岛国的利益代言人的身份积极参与各类活动。印度洋委员会的秘书处设在毛里求斯,最高决策机构为部长委员会,一般一年召开一次会议。5 个成员国轮流担任轮值主席国。印度洋委员会还会举行成员国首脑峰会,但峰会举办是不定期的。

2. 印度洋委员会的发展现状

印度洋委员会最初确定的合作重点是贸易与旅游合作。2005 年,成员国首脑峰会将印度洋委员会的合作领域扩展为 4 个:政治与外交合作;经济和商业合作;农业、渔业等的可持续发展;科学、教育、文化合作以强化共同体意识。[②] 从实际进展来看,5 国的经济合作并没有大的进展,目前只有马达加斯加与毛里求斯之间实现了关税互免。另一个取得进展的合作领域是海洋生态保护合作,这主要得益于欧盟对其的资助。欧盟已将印度洋委员会列为合作伙伴。截至 2013 年,欧盟共向印度洋委员会提供了约 1 亿欧元的各类资助,主要用于生态环境保护;2011 年欧盟还向印度洋委员会提供 200 万欧元资助,设立区域海洋安全项目 (MASE) 以支持各国打击海盗。[③]

---

① Statement by deputy minister Aziz Pahad, South Africa, at the 7th meeting of the IOR – ARC council of ministers, 7 Mar. 2007, viewed 20th Dec 2013, http://www.info.gov.za/seeches-es/2007/07031511451003.htm.

② Indian Ocean Commission, http://www.commissionoceanindien.org/accueil/(访问时间:2014 年 9 月 5 日)。

③ http://eeas.europa.eu/delegations/mauritius/regional_integration/indian_ocean_commission/index_en.htm(访问时间:2014 年 9 月 5 日)。

第四节　印度洋地区国际制度评估标准的缺失

总结上面的分析可以发现，从印度洋地区的国际制度发展情况来看，印度洋地区已经建立了各种类型的国际制度（见表2.2）。

表2.2　　　　　　　　印度洋地区的国际制度

序号	名称	成立时间	秘书处	涉及议题	成员国	与印度关系	与中国关系
1	印度洋和平区	1972	无	地区安全	43国	成员国	成员国
2	印度洋无核区	1972	无	核武器	—	曾参加	—
3	印度洋海军论坛	2008	无	海军合作	36国	发起国	观察员国
4	印度洋海事合作委员会	1985	斯里兰卡	海洋合作	6国	—	—
5	印度洋海洋观测体系区域联盟	2003	—	海洋环境	14国	发起国	—
6	印度洋港口国监督协定	1998	—	船舶管理	13国	成员国	—
7	环印联盟	1997	毛里求斯	经济合作，安全问题	20国	成员国	观察员国
8	印度洋委员会	1982	毛里求斯	全面合作	5国	—	—

资料来源：收集编译整理自各组织的门户网站。

与其他地区相比，印度洋地区国际制度的数量并不少，但为什么"印度洋地区会成为冷战后区域合作发展最落后的地区，也是合作前景最黯淡的地区"。[①] 这应该与该地区国际制度的数量无关，而与质量有关。对印度洋地区国际制度的研究如果要超越单纯的现状描述，就必须对其进行较为合理的评估。只有通过较为合理、量化的评估我们才能对印度洋地区国际制度的效果进行较为准确的认定。因此，我们需要对印度洋地区国际制度的质量进行"体检"，但在体检之前，

---

① Peter Lehr, "Prospects for Multilateral Security Cooperation in the Indian Ocean: A Skeptical View", *Indian Ocean Survey*, Vol. 1, No. 1, 2005, pp. 1–15.

首先应该确定体检的"指标"和评价标准。

如何对印度洋地区的国际制度进行评估，涉及几个必须回答的问题：第一，评估什么，即评价国际制度的哪个维度；第二，评估的标准，即国际制度评价的指标体系是什么；第三，评估的操作化，即如何合理选择操作化指标实现对国际制度评估的量化。目前对区域性国际制度进行量化评估的标准是缺失的。因此本书将首先尝试建立一个对国际制度进行评估/效果评估的体系，分别选取不同的案例对印度洋地区的国际制度进行评估。根据评估的结果给出对印度洋地区国际制度的效果评价，同时根据评估结果给出对印度洋地区国际制度效果不彰的新解释。

第五节　小结

本章包括了3个方面的内容。首先对印度洋地区的范围和所包括的国家进行了明确的界定；其次对涉及国际制度的诸多概念进行了解析，厘清了国际制度的含义及国际制度与相关概念的嵌套关系；最后，描述了印度洋地区3个领域的8个国际制度，对这8个国际制度的成立及现状都进行了说明。确定印度洋地区和国际制度的含义是整个论文的基础。对印度洋地区8项国际制度进行描述后我们也发现，似乎印度洋地区的国际制度效用都不够明显，没有发挥实质性的作用。这实际上就引出了本书的核心内容：是否可以尝试建立一个对印度洋地区国际制度的评价体系，进而对印度洋地区国际制度进行量化和精确的评估；这一评估体系能否为我们解释印度洋地区国际制度的低效提供新的解释。显然，要回答这两个问题，需要我们从现有国际制度的理论中寻找对国际制度评估的合适维度和标准。

第 三 章

国际制度有效性评估框架的构建

对印度洋地区国际制度进行评估的第一步就是要有量化和理性的评估标准。目前，如何对国际制度进行评估已经有了一些较为深入的讨论，但在我们将这些理论应用于具体的评估过程中的时候，就需要明确两个问题，第一，从哪个维度对国际制度进行评估；第二，如何对评估的标准进行操作化，即将评估的指标具体化为可以量化操作并进行计算和评估的指标。本书认为，对国际制度的评估可以从制度的有效性（effectiveness）与合法性（legitimacy）两个维度进行。

第一节 从有效性与合法性的维度对国际制度进行评估

在选择评估国际制度的维度时，一个有启发性的思路就是回顾一下人们一般是如何对国内制度进行评估的。

亨廷顿对国内政治制度进行研究时，认为制度化是政治制度的评价标准之一。[1] 他认为制度化是组织和程序获取价值观和稳定性的一种进程。政治制度的制度化水平可以从 4 个方面来衡量：适应性、复

---

[1] 亨廷顿认为复杂社会里的政治共同体依赖于该社会组织和政治程序的力量。而这种力量的强弱则又取决于这些组织和程序获得支持的广度及其制度化程度。所谓广度指的是这些政治组织和程序所能包容社会活动的范围。如果仅有少数上层集团包办各种政治组织并依据一套固定的程序行事，所谓广度就是有限的。相反，如果大部分人口都加入政治组织并遵循政治程序行事，其广度就很可观了。详见［美］塞缪尔·P. 亨廷顿《变化社会中的政治秩序》，王冠华、刘为等译，沈宗美校，上海世纪出版集团 2008 年版，第 10—19 页。

杂性、自主性和内聚力。制度的适应性越强，其制度化程度就越高。组织的寿命大致可以用来衡量组织的适应力，衡量组织寿命的方法有3种：组织存在年代的长短、组织领导人换代的次数、职能的多样性和适应性。一个组织越复杂，其制度化程度越高。复杂性表现在两点：具有庞大的下属组织，且隶属明确、职责不同；下属组织具有高度的专门化水平。自主性主要看它是否有区别于其他机构和社会势力的利益和价值。一个组织越有内聚力、越团结则制度化水平越高。[1]

西摩·马丁·李普赛特从国内政治系统的稳定性角度提出了政治系统的有效性与合法性问题，他认为"任何一种特定民主的稳定性，不仅取决于经济发展，而且取决于它的政治系统的有效性和合法性"。[2]

李普赛特提出的制度有效性与合法性的两个维度不仅抓住了国内制度判断的根本标准，而且也适用于对国际制度的评估。

一 国际制度是工具属性与价值属性的统一体

国际制度具有工具和价值的双重属性。国际制度的工具属性是指国际制度尽管是历史发展的产物，但国际制度总是包含着人们解决某方面问题的良好期望，国际制度应该具有能够解决某些问题并为人们带来一定益处的能力。国际制度的价值属性是指国际制度包含着价值判断的内容，人们并不会仅仅因为有效而对国际制度表示认可，国家也不会仅仅因为国际制度有效而参与国际制度。有些国际制度对解决某类问题可能是有效的，但如果其不符合特定的价值观，则这类国际制度可能并不会产生，或即使产生之后也不会有国家去执行。

从本质上来讲，国际制度是一个中介，国际制度的一端是国家及其他非国家行为体，另一端是某类或某些共同面对的问题或共同的良好愿望。国际制度是一种中介，或是利益的体现，或是价值观的体

---

[1] [美]塞缪尔·P.亨廷顿：《变化社会中的政治秩序》，王冠华、刘为等译，沈宗美校，上海世纪出版集团2008年版，第10—19页。

[2] [美]西摩·马丁·李普赛特：《政治人——政治的社会基础》（第二版），张绍宗译，上海世纪出版集团2011年版，第47页。

现，或是二者共同的体现。①国际制度作为一种既有的存在，为国家间交往提供了一种经验法则；与此同时，它是一个历史性的产物，是由成员国协商而来的。因此在适用于跨界互动的过程中，国际制度这种双重属性决定了它具有一定的有效性与合法性。②

衡量国际制度工具属性与价值属性的具体标准就是国际制度的有效性与合法性。按照基欧汉的国际制度理论，当国家面对本国无力解决或无力单独解决的问题时，才会利用既有的国际制度或创造新的国际制度，而这些国际制度应该能够降低交易成本，使相应的问题得到缓解或解决。③因此，任何国际制度都应该具有解决某方面问题的能力，具有有效性。

在当代，不管国家的真实意图如何，都通过宣称自己遵守了国际制度而为自己行为的正当性进行辩护；即使是某些国家的某些行为并没有符合国际制度的要求，其也会宣称该国际制度的某个方面不具有合法性，而很少全盘否定这一国际制度。从这一意义上讲，国际制度的合法性成为各国共同争取和套用的理由，也成为各国行为的终极评判标准，尽管各国对合法性的不同解释又会成为新一轮各自争取的价值武器。当代的国际实践已经表明，几乎所有国家的所有行为都会宣称是符合国际制度及其所代表的国际合法性的。朝鲜的行为如此，恐怖组织的行为也是如此，只是他们都有着自己对合法性的不同解释体系。某种意义上讲，国际制度的合法性已经成为一种"政治正确"，每个人都宣称其具有合法性但却有着不同的解读，即使真的违背了，也会用另外一套合法性的解读方案来替代原有的解读。因此代表国际制度价值属性的合法性也成为衡量国际制度的另一个维度。

二 国家对国际制度的态度是工具主义与价值主义的结合

在当前的国际关系中，国家依然是国际制度主要的服务对象，可

---

① 周丕启：《合法性与大战略——北约体系内美国的霸权护持》，北京大学出版社2005年版，第72页。
② 王玮：《跨越制度边界的互动——国际制度与非成员国关系研究》，上海人民出版社2012年版，第287页。
③ [美] 罗伯特·基欧汉：《霸权之后——世界政治经济中的合作与纷争》，苏长和等译，上海世纪出版集团2001年版。

以说通过国家的权力让渡和授权才产生了国际制度。从国际关系的实践来看，国家对国际制度的态度虽然可能是不连贯的，但国家对待国际制度的根本性态度有两种，"即所谓的原则性制度主义（principled institutionalism）和工具性制度主义（instrumental institutionalism），前者强调国际制度的价值理性，后者强调国际制度的工具理性"。①工具性制度主义就是国家以有效性作为出发点来看待国际制度，这种有效性既可能体现在国际制度对该国国家利益的增进是否有效上，也可能体现在国际制度对问题的解决是否有效上，并根据这种有效性决定国家对国际制度的态度。原则性制度主义是指国家以某种自认为具有合法性的原则作为出发点来看待国际制度，这种情况下，国家可能会根据这一原则对国际制度是否合法进行判断，国家对这一国际制度是否参与也会依据是否符合其原则，而不依据是否符合其利益。国家对国际制度的支持也可能是由于这一国际制度符合其原则，而不是这一制度是否有效。这也就解释了为什么当前的国际社会中很多有效性不高的国际制度仍能够得到国家的支持，这可能就与国际制度的合法性和国家对国际制度采取的原则性制度主义态度有关。

温特认为国家对国际规范的遵守有三种不同的解释，分别是强迫、利己和合法性。②20世纪后期，合法性因素是大部分国家遵守国际法的原因。完全凭借强迫或自我利益因素来解释当代国际政治的理论实际上是以洛克文化③所产生的合法效应为先决条件的，也就是说国家对国家自我利益的界定、对强迫手段的使用都是建立在合法性考虑基础之上的。

不同国家对国际制度的态度在不断发展变化，这种变化可能是由于国际制度的有效性与合法性的变化，也可能是由于国家态度中工具

---

① 门洪华：《霸权之翼：美国国际制度战略》，北京大学出版社2005年版，第53页。
② 温特认为强迫、利己和合法性分别对应了现实主义、理性主义/自由主义、建构主义对国家遵守规范的解释。详细解释参见［美］亚历山大·温特《国际政治的社会理论》，秦亚青译，上海人民出版社2001年版，第357—360页。
③ 温特认为国际关系的无政府状态至少存在三种不同的结构/文化，即霍布斯结构、洛克结构和康德结构，在这三种结构中，占主导地位的角色是敌人、竞争对手和朋友。详细解释参见［美］亚历山大·温特《国际政治的社会理论》，秦亚青译，上海人民出版社2001年版，第313—381页。

性和原则性所占的比例发生变化。国家对国际制度的态度将是自身工具性与原则性、有效性与合法性的统一。因此从这个角度讲，从有效性与合法性的角度来衡量国际制度也回应了国际制度主要对象国的关切。

三 问题的解决是有效性与合法性的统一

国际制度的产生都有其对应的需要解决的问题。对于国际制度如何解决这些问题、这些问题是否解决的判断标准都是有效性与合法性的统一。对于同一个问题，不同的国际制度可能会给出不同的解决方案、同一国际制度也可能会提供不同的解决方案。在这些不同方案中，如何确定采用哪个方案来解决这一问题呢？显然有效性是一个主要的考量因素，但并不是全部因素，合法性也是各方考虑的问题。对于难民问题、非法移民问题等全部遣返显然是一个非常有效的方案，但所有国家和国际组织都不会采纳这一方案，这就是合法性发挥作用的结果。如果不考虑其他因素，对于很多国家的内战，最有效的解决方案是外部国家直接军事干预，但军事干预措施一般非常谨慎，这也是因为合法性的因素在发挥作用。只具有有效性而没有合法性的解决方案不会成为国际制度对所面临问题进行解决的方案。

同时，对于国际制度所要解决的问题是否解决，判断的标准也是有效性与合法性。不具有合法性的问题解决方案只是问题的压制和转移，而并不构成真正的问题解决。成员国、非国家行为体及其他国际制度都会按照各自的有效性与合法性标准对该问题的解决进行判断。

国际制度是联系国家和国际社会共同面临的问题的中介，国家是国际制度的服务对象，共同面临的问题是国际制度发挥作用的客体。从前文的分析中我们可以看到，国际制度本身具有工具属性与价值属性，国家对国际制度的态度是工具主义与价值主义的结合，问题的解决是有效性与合法性的统一，也就是说国际制度本身、其服务对象、客体都同时在寻求有效性与合法性，因此我们也就可以将有效性与合法性作为评估国际制度的两个维度。这样的评估维度并不排斥其他评估维度的存在，只是提供了评估国际制度的一个思路。

第二节　国际制度的有效性评估标准

一　国际制度有效性的定义

（一）国际制度有效性的相关概念

在对国际制度有效性进行定义之前，需要首先介绍一下与有效性经常混淆使用的其他术语，这有利于我们更好地理解有效性。

与有效性有关联的概念还有效率、绩效（performance）、效果（outcome）。

有效性涉及的是国际制度产生前后的对比。效率涉及的是同样成本不同制度所产生的收益之间的对比，是程度问题。具体而言是指对同一个问题的不同解决方案的比较，两个同时有效的制度，一个制度的效率可以高于另一个。从成本收益角度来看，一个制度的收益是90%，一个制度的收益是20%，前者就更有效率。绩效是将现状与设定的目标之间进行对比，是目标的实现程度。所以，即使国际制度是有效的，但绩效可能仍然较低。效果/结果是对结果的描述，不涉及与其他对象的比较。亨廷顿所提到的用制度化水平对国内政治制度进行评估就是在进行效果评估，本书用有效性与合法性的两个维度进行评估也是对国际制度的效果/结果进行评估。

（二）国际制度有效性的定义

国际制度在不同领域所能发挥的作用是不同的，因而人们试图通过对国际制度所涉及的领域进行分类，根据不同的类别分类给出有效性的定义。

图宾根大学沃尔克·利特伯格和他的同事提出按冲突的强度和严重程度对议题进行分类的标准。奥兰·扬将其称为图宾根学派。还有一个分类标准——奥斯陆/西雅图学派是根据行为体的偏好进行分类。这个分类标准试图建立一个体系，在这个体系里，问题从良性环境（容易得到解决）到恶性环境（对那些想寻求解决办法的人来说挑战越来越大）依序排列。这个分类标准将注意力集中在行为体的利益和偏好上，并且尝试对这些利益的分歧程度进行评估，确立一个问题排列体系。

前文所提到的学者都试图通过建立统一的标准,对国际制度所面临的问题进行分类,进而制定出不同类别国际制度的有效性的定义。但奥兰·扬也承认建立一个统一的议题衡量标准尽管有着很大的学术意义,但却是很难成功的。这是因为任何议题都是一个多维度的现象,要建立一个综合的国际问题难度衡量的标准是很难的。①因此奥兰·扬将有效性的定义聚焦于行为后果,聚焦于国际制度所作用对象的行为改变。按照这一思路,以行为改变作为核心,本书将国际制度的有效性定义为国际制度与行为变化之间存在因果关系,且行为改变趋势与制度预期的趋势是一致的。

明确了国际制度有效性的定义之后,我们将进一步分析如何对国际制度的有效性进行评估。

二 国际制度有效性评估的对象

国际制度有效性的概念被提出之后,对国际制度有效性的研究目前经历了三个阶段:第一个阶段是研究作为解决国际冲突和环境问题工具的国际制度兴起的原因;第二个阶段是研究国际制度的执行和遵守;第三个阶段是研究因特定原因而成立的国际制度是否真的有效。②因此,建立合适的评价框架对制度是否真实有效进行评估就是当前学者研究的热点之一。对国际制度有效性的衡量要建立在对以下三个要素进行明确界定的基础上:评估的对象、评估的标准、评估标准的操作化。

根据国际制度有效性的定义,国际制度有效性的评估对象是制度所产生的行为后果。研究国际制度有效性的难点在于确定行为体行为的改变与制度之间的因果关系,即影响国家行为体行为的因素是多元的,国际制度创立之后会产生一系列的后果,国家行为体的行为可能因国际制度的创立而改变;但与此同时,影响国家行为体行为的其他

---

① [美]奥兰·扬:《世界事物中的治理》,陈玉刚、薄燕译,上海世纪出版集团2007年版,第66页。

② Carsten Helm and Detlef Sprinz, "Measuring the Effectiveness of International Environmental Regimes", *Journal of Conflict Resolution*, Vol. 44, No. 5, 2000, pp. 630–652.

因素也在发生变化,而且也在同时影响行为体的行为,因此,国家行为的改变是因为国际制度发挥作用还是因为其他因素的影响是较难区别开来的。①事实上,这也正是国际问题研究中很多议题都存在的问题,要在两个变量之间建立严格的因果关系就必须排除或者控制其他变量的干扰,但这一点在大多数情况下都是无法实现的。基于这种短期内无法克服的困难,部分研究者开始从对国际制度有效性的研究转向了遵约研究。

遵约是国际法的核心概念之一,遵约是指国家事实上坚守协议的义务及在国内实施的措施。②由于"遵约具有相当的系统性,易于把握,同时又相对容易获取遵约的数据",③因此遵约研究成了国际制度有效性研究的一种重要载体,但"遵约与国际制度有效性之间并不具有必然的联系,遵约不等于有效性,不是有效性的前提条件,影响遵约的因素也不等于影响有效性的因素"。④遵约与国际制度有效性之间存在着很大的差别,对国际制度中遵约的研究仅仅是研究国际制度有效性的"前奏",遵约也仅仅是国际制度有效性因果链条中的一环。体制是否成功运作取决于行为体是否愿意来改变自己的行为,⑤而且行为改变带来的后果与国际制度的预期相符。

衡量国际制度有效性的目的在于确定国际制度是否有效,而判断国际制度是否有效的最终依据是制度的后果,即制度有没有产生后果,产生的后果是否与其预期所发挥的效果是同方向的。因此,尽管遵约作为有效性衡量标准有很大的优势,但却并不是有效性衡量的对

---

① Oran R. Young, "Inferences and Indices: Evaluating the Effectiveness of International Environmental Regimes", *Global Environmental Politics*, Vol. 1, No. 1, 2001, pp. 99–121.

② Edith Brown Weiss, "Rethinking Compliance with International Law", in Eyal Benvenisti and Moshe Hirsh, eds., *The Impact of International Law on International Cooperation: Theoretical Perspectives*, Cambridge University Press, 2004, p. 140。转引自王明国《遵约与国际制度的有效性:情投意合还是一厢情愿》,《当代亚太》2011年第2期,第6—28页。

③ 王明国:《遵约与国际制度的有效性:情投意合还是一厢情愿》,《当代亚太》2011年第2期,第6—28页。

④ 关于遵约与国际制度有效性的详细分析请参见王明国《遵约与国际制度的有效性:情投意合还是一厢情愿》,《当代亚太》2011年第2期,第6—28页。

⑤ [美]奥兰·扬:《世界事物中的治理》,陈玉刚、薄燕译,上海世纪出版集团2007年版,第68页。

象；有效性的评估标准和方法的选取必须是以能衡量行为改变为中心。

三　国际制度有效性评估的标准

国际制度有效性的评估，特别是国际环境制度有效性的评估是国外学者研究较多的问题。目前，对国际制度有效性评估的思路主要有3个，第一是反事实分析，即制度产生之后与没有该制度时的情况进行对比；第二是集体最优，即制度产生的效果与预期的理想效果进行对比；第三是所谓的奥斯陆—波茨坦方案，即将上述两者结合，将制度产生的效果在没有制度和制度最优的两种极端情况下进行定位。

比较理想的国际制度有效性分析不仅需要确定是否有效，如果有效的话还应该确定有效性的程度，即要确定两个事实，第一，国际制度是否有效；第二，有效性的程度。这两个维度的有效性衡量实际上对应的是两个不同的有效性标准。国际制度是否有效对应的是没有制度时的情况；国际制度有效性程度对应的是与其他制度有效性相比或与理想状态相比。国际制度是否有效就可以以这两个维度量确定。是否有效对应的是反事实分析，即将国际制度产生后与不存在制度的情形进行对比。

有效性程度的衡量标准则有不同的思路。目前学术界归纳出的标准有3个：目标完成型、问题解决型和集体最优型。[①]这3个标准都有各自的优缺点。目标完成型是指将制度的行为后果与制度自身设定的目标进行对比。制度创建者可能会在制定目标时考虑会对目标产生约束作用的政治、经济和社会条件，制定较为温和的目标。[②]目标完成型的优点是评估有效性的标准是清晰的、可衡量的，国际制度与目标完成之间的因果关系较为明确；缺点是目标由国际制度自己设定，

[①] Arild Underdal, "Methodological Challenges in the Study of Regime Effectiveness", in Arild Underdal and Oran R. Young ets., *Regime Consequences: Methodological Challenges and Research Strategies*, Netherlands: Kluwer Academic Publishers, 2004, pp. 27–49.

[②] ［美］罗纳德·米歇尔：《评价环境制度的绩效：评价什么以及如何评价》，载［美］奥兰·扬、［加］莱斯利·金、［英］汉克·许洛德主编《制度与环境变化——主要发现、应用及研究前沿》，廖玫主译，高等教育出版社2012年版，第60—87页。

即便其完成了这样的目标也不一定意味着问题的解决，此外从操作化的角度出发，有些国际制度会以问题的复杂性为由，并不制定清晰的目标。如果没有制定清晰的目标，则无法以此对国际制度有效性进行衡量。问题解决型是将制度的行为后果与制度创立者所确定的问题的解决程度进行对比。这种方法承认制度创立者在如何定义及目标设定上是有局限性的[1]，制度设定的目标可能与问题的解决之间存在着较大的差距，甚至方向都是不一致的。问题解决作为衡量国际制度有效性的标准，其优点是直接切中了国际制度有效性的根本性因素，因为国际制度成立的目的就是解决某一或某些问题，那么问题解决则是国际制度有效性的最根本的体现，也是国际制度有效性的最终评价标准。但其缺点则是对什么才是问题的解决很难有清晰的界定，人们对国际制度所需要解决的问题是什么，可能最初并没有清晰的认识，常见的情况是人们只认识到了某一现象，而这一现象的本质是什么还不确定，也就是说国家对成立国际制度所要解决的问题是不确定的。国家经常会把一些自己无力解决且尚不确定的问题交给国际制度去研究和解决。国家经常把那些自己解决不了和所掌握知识有限的任务委托给国际组织。[2] 正如迈克尔·巴尼特和玛莎·芬尼莫尔在考察国际货币基金组织时所指出的，国际货币基金组织成立之初的目的是促进成员国的国际收支平衡，后来随着布雷顿森林体系和西方石油危机的出现，发现收支平衡根本做不到而且也没有必要去做，其目标就发生了转化。[3] 最有可能的情形是，在国际制度建立之后，随着客观技术的进步和国际制度的主观努力，问题和问题背后的解决方案在不断变化，因而要对问题是否得到解决进行评估也是非常困难的。集体最优型是根据经济学家奥尔森的集体行动的困境而发展出的概念，指在集体选择中，做出的选择和决策与个人偏好的差距最小即是集体

---

[1] [美]罗纳德·米歇尔：《评价环境制度的绩效：评价什么以及如何评价》，载[美]奥兰·扬、[加]莱斯利·金、[英]汉克·许洛德主编《制度与环境变化——主要发现、应用及研究前沿》，廖玫主译，高等教育出版社2012年版，第60—87页。

[2] [美]迈克尔·巴尼特、玛莎·芬尼莫尔：《为世界定规则：全球政治中的国际组织》，薄燕译，上海人民出版社2009年版，第31—32页。

[3] [美]迈克尔·巴尼特、玛莎·芬尼莫尔：《为世界定规则：全球政治中的国际组织》，薄燕译，上海人民出版社2009年版，第70—87页。

最优。①在运用于对国际制度有效性进行衡量时，是指将国际制度的行为后果与在理论上设计出来的理想或完美国际制度所产生的后果进行对比。②集体最优的标准是鉴于前两者的缺点而演化来的，其优点是"用狭义的或有限制的方法对问题加以定义，防止出现因使用扩展性和整体性定义而产生的问题"。③但其缺点则是不同的群体从各自的背景出发对什么是集体最优是存在分歧的，这一点即便是在目前对国际制度有效性研究最为深入的国际环境制度中也是无法克服的。《联合国气候变化框架公约》就是这样的例子，识别集体最优的下限是需要确定温室气体排放的合适目标水平，以及实现这一水平的年份，而上限则是需要确定实现这些结果逐年的和逐一的气体轨迹。④

鉴于这3个标准的实际情况，本书在对国际制度有效性进行评估时，借鉴奥斯陆—波茨坦方法的思路，以反事实分析确定国家的行为是否改变，进而确定国际制度的有效性，即按照反事实分析的思路将制度成立前与制度成立后的状态进行对比，同时按照集体最优和目标完成作为参考标准来衡量行为改变的程度，即将国家的行为改变与集体最优或国际制度的目标进行对比，从而确定有效性的程度。这样的评估标准就既考察了行为改变，也考察了行为改变的程度，进而实现了对国际制度有效性的系统评估。

第三节　国际制度有效性评估标准操作化

确定了国际制度有效性的评估标准之后，接着就需要对评估标准中

---

① ［美］曼瑟尔·奥尔森：《集体行动的逻辑》，陈郁等译，上海三联书店2014年版，第58页。
② Carsten Helm and Detlef Sprinz, "Measuring the Effectiveness of International Environmental Regimes", *Journal of Conflict Resolution*, Vol. 44, No. 5, 2000, p. 635.
③ ［美］罗纳德·米歇尔：《评价环境制度的绩效：评价什么以及如何评价》，载［美］奥兰·扬、［加］莱斯利·金、［英］汉克·许洛德主编《制度与环境变化——主要发现、应用及研究前沿》，廖玫主译，高等教育出版社2012年版，第60—87页。
④ ［美］罗纳德·米歇尔：《评价环境制度的绩效：评价什么以及如何评价》，载［美］奥兰·扬、［加］莱斯利·金、［英］汉克·许洛德主编《制度与环境变化——主要发现、应用及研究前沿》，廖玫主译，高等教育出版社2012年版，第60—87页。

所涉及的概念给予操作化。概念操作化是指"将抽象概念转化为具体可观察指标的过程"。① 概念操作化的过程就是将抽象的概念与可观察的经验事实建立联系，一个或一组特定的指标能够反映可观察的经验事实。因此将有效性评估标准操作化后，有效性的评估过程可以通过指标的量化计算实现，有效性评估的结果也将以量化的结果予以呈现。

一 国际制度有效性评估操作化的思路

对某一概念的界定有两种方法，一种方法是用构成该定义的下级变量进行定义，如人的"社会经济地位"这一概念可以用人的受教育程度和收入水平进行定义；另一种方法是用这一定义的同级或上级概念对其进行定义，如汽车是一种交通工具。②根据这一思路，对某一概念进行操作化有两个方法：构成性评估指标（Constitutive Indicators）和替代性评估指标（Substitutive Indicators），两种方法各具优势，一般而言构成性评估指标是比较经典的评估方法。③很多学者通过数量化的处理方法，在评估时既采用构成性评价指标也采用替代性评价指标，如捷克学者兰卡开创性地对人道主义干涉的合法性进行了实证的研究，其选择的评估指标中的一级指标主要是构成性评估指标，如人道主义干涉是否具有正当的理由、正当的目的、适当的权威、是否是最后的选择，但由于社会科学量化研究的困难性，在实际操作过程中，一级指标下面的二级指标主要是选择了替代性评估指标，如以民主化水平、国际组织的参与等作为"适当权威"的替代性评估指标。④

在对国际制度有效性进行评估时，指标的选取主要基于以下几个标准：第一，相关性，选取的指标是国际制度有效性构成性评估指标

---

① 阎学通、孙学峰：《国际关系研究实用方法》，人民出版社 2007 年版，第 86 页。

② K. A. Bollen and R. Lennox, "Conventional Wisdom on Measurement: A Structural Equation Perspective", *Psychological Bulletin*, Vol. 110, 1991, pp. 305 – 314.

③ Bruce Gilley, "The Meaning and Measure of State Legitimacy: Results for 72 Countries", *European Journal of Political Research*, Vol. 45, 2006, pp. 503 – 504.

④ Lenka Kinclová, "Legitimacy of the Humanitarian Military Intervention: An Empirical Assessment", *Peace Economics, Peace Science, & Public Policy*, Vol. 21, No. 1, 2015, pp. 111 – 152.

或是替代性评估指标,即选取的指标是国际制度有效性的来源或者是有效性的结果。第二,相关数据的可靠性与可获得性。

国际制度包括国际组织、国际协定、国际惯例等。要对国际制度的有效性进行评估就需要分别对国际组织、国际协定和国际惯例等进行评估。但由于国际协定和国际惯例包括了非正式的惯例、原则等,要对其进行全面统计难度较大。国际组织有着较为固定的形式和明确的会员国制度。[1]因此我们对国际制度有效性的评估主要是以国际组织为例,在后文的分析中,也是选取了印度洋地区的国际组织作为分析的案例。

对国际组织的定义千差万别,不同学者根据研究需要对国际组织都有相应的定义。本书采纳 2011 年联合国国际法委员会审议的关于国际组织的定义。根据国际法委员会的定义,国际组织是指"通过协议或其他国际法认可的形式建立的组织,而且这些组织应该具有其自身的国际法主体地位(International Legal Personality);国际组织的成员不仅包括国家,也可以包括其他实体"。[2]

根据前文所述,本书对国际制度有效性、合法性评估的操作化主要将选取国际组织作为研究对象。对国际组织有效性的评估指标主要选取替代性评估指标。

二 国际制度有效性评估的操作化

根据前文的分析,我们现在尝试构建一个衡量国际制度有效性的操作化模式。并将以国际组织为例,说明如何计算国际组织的有效性。我们认为国际制度有效性的衡量可以由以下 3 个要素构成:国际制度的反事实分析、国际制度目标的实现程度、国际制度现状与集体最优情势的比较。

---

[1] 刘鹏:《孟中印缅次区域合作的国际机制建设》,《南亚研究》2014 年第 4 期,第 47—66 页。

[2] "Text of the Draft Articles on the Responsibility of International Organizations (Draft Articles)", in International Law Commission, *Report of the International Law Commission on Its Sixty-Third Session*, UN GAOR, 66th sess, Supp No. 10, UN Doc A/66/10 (2011) ch V (E).

（一）国际制度的反事实分析

反事实对比，即将国际制度产生后的情况与不存在国际制度的情况进行对比，权重50%，分值区间为0—1。从国际制度的现实出发，大部分国际制度的有效性是不高的，因此只要国际制度发挥了相应的正效应，即国际制度建立后产生了预期的效应，不论这种效应的大小，我们认为这都是国际制度有效性的主要表现，因此将反事实对比在有效性中所占比重设定为50%。为了增强国际制度与行为后果的相关性，我们在进行反事实分析的时候，需要具体涉及三组数量关系：同一成员国加入国际组织前后的相关数据是否有变化；同一成员国在国际组织成立前后数据变化的方式是否一致；成员国与非成员在国际组织成立前后的数据变化方式是否一致。这样做的目的是排除国际制度建立后，虽然国家行为有变化，但这种变化是国家自身或其他因素作用的结果，或者虽然国家行为有变化，但却是由于能够影响到制度内国家和制度外国家的全球性因素，与区域性国际制度无关。美国两位学者就实证研究了1985年欧盟国家签署的《赫尔辛基议定书》[1]的有效性。他们认为，虽然根据统计，截至1995年各议定书签署国的二氧化硫减排量都达到或超过了30%，但还是不能认为《赫尔辛基议定书》是有效的，因为他们在详细分析后发现，《赫尔辛基议定书》的签署国与未签署国、签署国在签署议定书前后的减排的速度没有明显的变化，也就是说即使没有《赫尔辛基议定书》，二氧化硫依然会按照既定的速度减少。[2]这一案例说明了要判断制度的有效性需要对同一成员国在国际组织成立前后数据变化的方式是否一致；成员国与非成员国在国际组织成立前后的数据变化方式是否一致进行分析。

国际制度有效性表现在国家行为的改变上，从可观察性的角度出

---

[1]《赫尔辛基议定书》全称为《长距离跨界空气污染公约赫尔辛基议定书》（CLRTAP）共有欧洲21个国家签署，其目的是减少硫化物排放量，要求各签署国1993年的排放量至少要在1980年排放量的基础上减少30%，根据统计截至1995年，各议定书签署国的减排量都达到或超过了30%。

[2] Evan J. Ringquist and Tatiana Kostadinova, "Assessing the Effectiveness of International Environmental Agreements: The Case of the 1985 Helsinki Protocol", *American Journal of Political Science*, Vol. 49, No. 1, 2005, pp. 86 – 102.

发，国家行为改变比较容易观察到的行为有国内立法、部门规章的制定、口头宣示的增多；也可能表现为对相关问题科学研究的重视并增加对相关问题的资助；或者表现为新的社会规范的塑造。

假设区域性国际组织 A 以促进区域贸易自由化为宗旨，国家 B 在加入国际组织 A 之前，关税以每年平均1%的速度在下降，如果其加入国际组织 A 之后，关税还是以每年平均1%的速度下降，则很难说国际组织 A 是有效的；如果国家 B 加入国际组织 A 后，对组织的成员国和非成员国的关税都以每年平均2%的速度下降，也很难说国际组织 A 是有效的，只有在国家 B 加入国际组织 A 后，对成员国的关税平均以每年2%的速度下降，对非成员国关税不再下降或者仍以1%的速度下降，这种情况才能说国际组织 A 是有效的。在第三种情况下，国际组织 A 的有效性计为 1（分值区间 0—1）。

（二）国际制度目标的实现程度

目标的实现就是指将国际制度的现实与国际制度设定的目标之间进行对比。我们设定该项在有效性中的权重为25%，分值区间为0—1。

1. 国际制度设定了明确的目标

如果国际制度和国际组织设定了明确的可衡量的目标，则可以根据各会员国或各国的平均完成情况测算国际组织的目标完成率。根据前文所述，有可能出现国际制度或国际组织的目标虽然实现了，但却与国际制度无关，而是其他因素作用的结果的现象。因此我们设定，只有在"反事实对比"部分得分，即证明了国家行为后果是国际制度作用的结果，才会将"目标实现"项的得分计入国际制度有效性的总分。

还以国际组织 A 为例，假设国际组织 A 设定了会员国间在 5 年内将平均关税水平降低 10%，即年均将成员国间的关税水平降低 2%。经数据分析对比，国际组织 A 成员国间年均关税降低 1.5%，5 年累计降低了 7.5%，则其目标实现程度为 75%，该项的分值记为 0.75 分（分值区间 0—1）。如果国际制度有效性的第一项内容"反事实分析"得分为 1 分，即国家的行为改变是国际制度导致的，则应将第二项"目标实现"的得分与第一项的得分相加，计算国际制度有效性的总得分，国际组织 A 有效性的前两项要素的得分为 0.69 分（1×50% + 0.75×25%）。如果国际制度有效性的第一项内容"反事实分析"得分为 0，即国家的行为改变不是因国际制度的原因而导致的，则应将第二项"目标实现"的得分也不计入国际组织有效性的得分，据此国际组织 A 有效性的前两项要素的得分为 0，即 0×50% +（0.75×25%）/0。

2. 国际制度没有设定明确的目标

除了部分国际制度和国际组织设定了明确的目标之外，还有很多国际组织由于对所应对的具体议题并不明确，所以没有设定明确的目标，因此也就无法通过将制度现实与国际组织所设定的目标进行比对而确定国际组织的有效性。在这种情况下，我们以国家行为的趋同（Behavior Convergence）与趋异（Behavior Divergence）作为衡量国际制度有效性的替代性指标。

将国家行为的趋同与趋异作为衡量国际制度有效性的替代性指标是基于这样的思路：国家作为理性行为体，通常会把自身无力解决或者解决不好的问题委托给国际制度和国际组织来处理，在国际组织有效的前提下，应对同样的问题，成员国的行为尽管可能会有程度上的不同，但国家行为的总趋势应该是趋同的。一旦政策上升到国际层次，国家行为就会趋同，国际制度内的成员就会倾向于采纳同样的货币、贸易与防务政策。[1]如以解决全球变暖为宗旨的国际组织，其成员国的国家行为的趋势应该都是逐步减少温室气体的排放量；以区域经济贸易一体化为目标的国际组织，其成员国的国家行为的总趋势应该是逐步降低成员国之间的关税水平。国际制度内不同国家的行为趋异通常意味着不同国家对国际制度的遵守和执行出现了完全不同的情形。莉莎·马丁和贝思·西蒙斯以经合组织为例对此进行了说明。在 20 世纪 70 年代，经济合作与发展组织国家同意把它们 GDP 的 0.7%

---

[1]《世界政治理论的探索与争鸣》一书的译者将 convergence 翻译为"汇合效应"，将 divergence 翻译为"分离效应"，笔者认为翻译成行为趋同和行为趋异更为准确，因此在引用中将原文中的汇和效应替换为了行为趋同。[美] 丽莎·马丁、贝思·西蒙斯：《国际制度的理论与经验研究》，载 [美] 彼得·卡赞斯坦、罗伯特·基欧汉、斯蒂芬·克拉斯纳编《世界政治理论的探索与争鸣》，秦亚青等译，上海世纪出版集团 2006 年版，第 130 页。

用于发展援助，尽管有些国家按照接近这个水平进行对外援助，但是其他国家则完全忽视这个数字，相反却减少其对外援助的份额。[1]根据国家行为趋同、趋异来判断国际制度是否有效，具有显著的特色与方法论上的优点，可以在不同的条件下灵活考察制度的有效性。[2]当然国际制度要使国家行为产生趋同与趋异也是有条件的。[3]

考察某一国际组织内所有成员国行为的趋同与趋异的操作难度是较大的，特别是当国际组织成员国较多时。从易于操作的角度出发，本书在对印度洋地区国际制度进行考察时只考察两组共4个国家的行为趋同，即分别考察在国际制度成立前在某一领域差异最大的两个国家和在国际制度成立前在某一领域差异最小的两个国家。这是因为选择具有极端值的案例进行检验是一种"强检验"，具有较高的可信性。[4]

还以前文所提到的国际组织A为例，共有25个成员国，假设其并没有设定具体而明确的目标，其宗旨只是笼统地概括为促进区域经济一体化。我们以其区域内国家的关税水平作为判断其在促进区域经济一体化时是否有效的标志。在进行国家行为趋同与趋异检测时，我们从25个国家中抽选出两组共4个国家，分别是国际组织A成立之前关税最高和关税最低的国家（B国和C国），以及关税最接近的两国（D国和E国）。如果B、C、D、E四国对国际组织A的成员国关税都在下降，则可以认定4国行为是趋同的，国际组织A在促进经济一体化上是有效的。我们将上述4国的行为的趋同率取平均数就可以得到国际组织A的趋同率，并可以将此设定为国际组织A的有效

---

[1] ［美］莉莎·马丁、贝思·西蒙斯：《国际制度的理论与经验研究》，载［美］彼得·卡赞斯坦、罗伯特·基欧汉、斯蒂芬·克拉斯纳编《世界政治理论的探索与争鸣》，秦亚青等译，上海世纪出版集团2006年版，第133页。

[2] 王明国：《因果关系与国际制度有效性研究》，世界知识出版社2014年版，第144—145页。

[3] 王明国认为国际制度要使国家行为产生趋同，必须符合两个条件：国家认识到它们的行为有持续的外部因素限制；设立对于国家行为进行强有力监督的机制。国际制度使国家行为趋异也有两个条件：国家没有意识到存在持续的外部因素，或不存在持续的外部因素限制；国家内部各部门和利益集团参与对外政策制定。详细说明请参见王明国《因果关系与国际制度有效性研究》，世界知识出版社2014年版，第139—145页。

[4] 关于强检验与弱检验的详细说明及案例选取的原则可参见［美］斯蒂芬·范埃弗拉《政治学研究方法指南》，陈琪译，北京大学出版社2006年版，第28—84页。

性要素之一。即国际组织 A 的成员国行为趋同率 = 1 ÷ {[(B2 − C2) / (B1 − C1) + (D2 − E2) / (D1 − E1)] /2}，B1、C1、D1、E1 分别代表 4 国在加入国际组织 A 之前的关税水平，B2、C2、D2、E2 分别代表 4 国在加入国际组织 A 之后的关税水平。

（三）国际制度现状与集体最优情势的比较

集体最优就是指将国际制度的行为后果与在理论上设计出来的理想或完美国际制度所产生的后果进行对比。我们设定该项在有效性中的权重为 25%，分值区间为 0—1。集体最优作为国际制度有效性的衡量标准，是一个非常高的标准，绝大多数有效的国际制度只能达到带来正面效应的程度，离集体最优的标准还很远。就操作层面来讲，国际制度的集体最优面临着巨大的技术挑战：第一，对于国际社会的问题而言，确定什么方案才是最优的方案，哪个方案与各国的偏好最接近是一个短期内很难取得共识的问题；第二，即便确定了什么方案是最优的方案，要确定集体最优的效果需要应用复杂的模型，预设一系列的前提条件并获取大量的数据，这需要大量的技术处理。[1]研究国际环境制度有效性的最主要的学者乌代尔和奥兰·扬都指出，正是由于集体最优标准面临巨大技术挑战，因此采用这一方法对国际制度有效性进行研究的成果很少，即使出现了少量的成果，也很容易受到其他学者的批驳。[2]

鉴于这种技术上的挑战性，本书拟用同类型的国际制度的有效性替换集体最优标准。即在评估国际制度有效性时，不是将某一国际制度与"理想的国际制度"的有效性（集体最优）进行对比，而是将某一国际制度与同类型的国际制度进行有效性对比。将两个同类型的"现实"的国际制度有效性进行对比，较之于将理想的国际制度有效性与现实的国际制度有效性相比，反差虽然没那么强烈，但现实感更

---

[1] Arild Underdal, "Methodological Challenges in the Study of Regime Effectiveness", In Arild Underdal and Oran R. Young eds., *Regime Consequences: Methodological Challenges and Research Strategies*, Netherlands: Kluwer Academic Publishers, 2004, pp. 27 – 49.

[2] Arild Underdal and Oran R. Young, "Conclusion: Research Strategies for the Future", In Arild Underdal and Oran R. Young eds., *Regime Consequences: Methodological Challenges and Research Strategies*, Netherlands: Kluwer Academic Publishers, 2004, pp. 361 – 380.

强，其比较的结果也可能具有更高的可借鉴性。如果存在两个或以上同类型国际制度，将其有效性进行对比也具有较强的可操作性。

在研究区域性国际制度有效性中，将同类型的国际制度在不同地区的有效性进行对比是可行的。尽管不同地区的情况有着较大的差别，但很多区域性国际组织都有着相同或相似的宗旨，它们之间本来就是相互学习的结果，因此将不同地区同类型国际组织的有效性进行对比是具有可比性的。

以前文举例的区域性国际组织 A 为例，该组织致力于区域经济一体化，如果仔细梳理，我们就可以发现世界上很多区域性和次区域的国际组织都致力于实现区域经济一体化，因此，对于同类型的国际组织，选取同样的衡量标准、采用同样的方法来衡量它们的有效性，并将两者的有效性进行比照，这将为国际组织 A 确立一个现实的参照系，可以相对地确定国际组织的有效性，达到类似于与集体最优比较的效果。如果国际组织 A 在降低区域内关税水平的成效优于其他地区的同类国际组织，则根据两者在降低关税水平的比值可以得出国际组织 A 的该项分值。

将衡量国际制度有效性的 3 个构成要素，即国际制度的反事实分析、国际制度目标的实现程度、国际制度现状与集体最优情势的比较的操作化指标的分值进行汇总则可以得出某一国际制度的有效性得分（见表 3.1）。

表 3.1　　国际制度有效性的评估框架（分值区间：0—1）

要素	构成	操作化指标	计算方法	分值区间
反事实对比权重 50%	国际制度产生前后行为的变化	加入国际制度前后的相关数据是否有变化；国际制度成立前后数据变化的方式是否一致；成员国与非成员在国际制度成立前后的数据变化方式是否一致	三者同时满足，权重 50%	0—1

续表

要素	构成	操作化指标	计算方法	分值区间
目标的实现权重25%	国际制度的现实与国际制度设定的目标之间进行对比	根据各会员国或各国的平均完成情况测算国际组织的目标完成率	在第一项不为 0 的情况下,按目标完成率计算得分	0—1
	当国际制度没有设定明确的目标时,根据国家行为趋同或趋异进行判断	分别考察在国际制度成立前在某一领域差异最大的两个国家和在国际制度成立前在某一领域差异最小的两个国家(共 4 个国家)在国际组织成立后行为是否趋同	$1 \div \{[(B2-C2)/(B1-C1) + (D2-E2)/(D1-E1)]/2\}$; B1、C1、D1、E1,B2、C2、D2、E2 分别代表 4 国在加入国际组织前后的数值	
集体最优权重25%	国际制度的行为后果与完美国际制度所产生的后果进行对比	同类型的国际制度在不同地区的有效性进行对比	CO = ES/EO(若 CO 大于 1,则视同为 1,若 CO 小于 1,则取其实际值)。CO、ES、EO 分别代表集体最优的分值、被评估国得分和同类型其他国际组织得分	0—1

注:根据前文分析结构归纳整理。

  需要承认的是国际制度有效性的评估是一项非常复杂的任务,其困难之处不仅在于研究对象国际制度的复杂性和确定国际制度与行为后果因果关系的困难性,而且在于对国际制度有效性进行研究的学者必须具备多学科的知识背景,而这一点对于在学科分割体系下训练出来的大部分学者是较为困难的。以近年来国外研究最多的国际环境制度的有效性为例,要研究气候变化、生物多样性保护、水资源保护等议题,都需要自然科学的学科训练,即便是多年研究这些问题的专家都会感叹力不从心。[①]因此本书提出的对国际制度有效性进行衡量的

[①] Arild Underdal, "Methodological Challenges in the Study of Regime Effectiveness", In Arild Underdal and Oran R. Young eds., *Regime Consequences*: *Methodological Challenges and Research Strategies*, Netherlands: Kluwer Academic Publishers, 2004, pp. 27-49.

框架是一个初步框架，仍需要根据具体的评估对象进行更为精细的分析。

第四节 小结

国际制度本身具有工具属性与价值属性，国家对国际制度的态度是工具主义与价值主义的结合，问题的解决是有效性与合法性的统一，也就是说国际制度本身、其服务对象、客体都同时在寻求有效性与合法性，因此我们将对国际制度评估的维度确定为有效性与合法性。

本章认为国际制度有效性的核心因素是行为的改变，因此把国际制度有效性定义为国际制度与行为变化之间存在因果关系，且行为改变趋势与制度预期的趋势是一致的。按照这一定义确定了国际制度评估的对象是国家行为的改变、评估的标准是反事实对比和目标的实现程度。

根据概念操作化的需要，我们将国际制度有效性的衡量确定为3个构成要素，即分别是国际制度的反事实分析、国际制度目标的实现程度、国际制度现状与集体最优情势的比较，并分别给出了这3个要素的操作化指标和操作化方法。这样我们就完成了对国际制度有效性案例分析的理论准备，可以将这一标准应用于对印度洋地区国际制度有效性的分析。

下一章，我们将对国际制度的合法性和如何评估国际制度的合法性进行分析。

第 四 章

国际制度合法性评估框架的构建

本书对国际制度的评估选取了有效性与合法性两个维度，上一章分析了国际制度的有效性并构建了评估框架，这一章我们将试图构建对国际制度合法性的评估框架。合法性是一个充满着思辨色彩的概念，政治学与法学对合法性的研究有着多年的历史，相对而言，国际问题研究中对合法性的研究则起步较晚。比较典型地反映这一现状的是主流期刊论文的刊发。2000年，国际问题的主流期刊《国际组织》专门推出了一期由朱迪斯·戈德斯坦（Judith Goldstein）、迈尔斯·凯勒（Miles Kahler）、罗伯特·基欧汉（Robert O. Keohane）等4人组稿的"合法化与世界政治"专刊，2011年，另一本国际问题的主流期刊《国际政治经济评论》也推出了一期关于"合法性与世界治理"的专刊。因此，从国际问题研究的视角对国际制度合法性进行评估面临着更大的挑战。

第一节 国际制度合法性的界定

合法性问题首先出现在国内政治的讨论中，是政治学的核心概念之一。自从人类进入政治社会以来，合法性的问题就一直是一个重要的问题，人类历史上的任何一种政治统治和大规模的社会管理形式，都在谋求合法性上做出了努力。[1]但目前有关合法性的研究情况却非常

---

[1] 张康之：《合法性的思维历程：从韦伯到哈贝马斯》，《教学与研究》2002年第3期，第63页。

混乱：合法性概念的重要性已被承认，并已经被这一事实证明——所有的政治生活观察家都情不自禁地引用它，但与此同时，在谈论政治判断这一问题时他们保持缄默。①

一 合法性的界定

对于合法性的探讨首先是在国内政治中进行的，学者探讨的主要是以政府为代表的国内政治统治制度的合法性，即哪种类型或在什么情况下国内政治统治制度才能被认为具有合法性。

马克斯·韦伯第一次对合法性问题进行了系统的研究。对于政治统治而言，"统治的正当性与对统治的认同的综合构成了统治的合法性"。② 今天，流传最广的合法性形式是对合法律性的信仰，换句话说，即接受形式上正确的、按照与法律的一致性所建构的规则。③这种合法性的定义"依赖于被统治者是否相信、是否赞同某种统治，来确认合法还是非法"。④ 韦伯对合法性的定义是一种事实判断，依据的是对现存秩序的认同的事实。韦伯对合法性的定义只涵盖了合法性的规范属性。

早在1932年，德国著名学者卡尔·施密特就在其名著《合法性与正当性》一书中对韦伯的合法性提出批评，认为韦伯将合法性视为正当性，正当性与合法性这两者被归结为一个共同的正当性概念，而事实上合法性只是从正当或权威派生出来的，合法性本来恰恰意味着与正当性的对立。⑤

哈贝马斯对合法性的定义首次将规范属性与价值属性都纳入其

---

① [法]让-马克·夸克：《合法性与政治》，佟心平、王远飞译，中央编译出版社2008年版，第2页。
② 张康之：《合法性的思维历程：从韦伯到哈贝马斯》，《教学与研究》2002年第3期，第63页。
③ [德]马克斯·韦伯：《经济与社会：解释社会学概况》，加州大学出版社1978年版，第890页。转引自[法]让-马克·夸克《合法性与政治》，佟心平、王远飞译，中央编译出版社2008年版，第23页。
④ 周丕启：《合法性与大战略——北约体系内美国的霸权护持》，北京大学出版社2005年版，第65页。
⑤ [德]卡尔·施密特：《合法性与正当性》，冯克利等译，上海人民出版社2014年版，第101—102页。

中。哈贝马斯对合法性的定义是"合法性意味着某种政治秩序被认可的价值",① 一种统治必须至少满足两个条件才可以说是合法的。"第一,必须从正面建立规范秩序;第二,在法律共同体中,人民必须相信规范秩序的正当性,即必须相信立法形式和执法形式的正确程序。"② 这一定义超越了对合法性的事实判断,而将其提升到了价值判断层面。也就是说对政治秩序的认可是基于对其正当性的认可,是与人们的价值判断紧密联系的。哈贝马斯要求对一种政治统治是否具有合法性做出价值提问,即一种政治是否包含着被认可的价值,才是有无合法性的最好证明。③哈贝马斯将韦伯对合法性定义中的正当性发展成为价值观,即符合一定的价值观且得到认可是合法性的两个要件。

法国学者让-马克·夸克认为合法性要符合3个要件,④ 第一是赞同,只有赞同才能建立起普遍意义的权利义务关系;第二是规范,即政治合法性的内容必须符合规范,符合社会价值观念和社会认同;第三是合法性与合法化的一致性。⑤

从上述分析中可以看出,国内制度的合法性具有3个要件,第一,行为体对国内制度的赞同;第二,赞同是自愿的;第三,赞同是基于某种规范性标准的,这种规范性标准主要是特定的价值观和正当性。

二 合法性、公正性及合法化之间的关系

(一) 合法性与公正性

公正性是人类的一种道德追求,是一个只有更好没有最好的过程。人们对合法性与公正性关系的认识是一个逐渐发展的过程。韦伯的正当性观念中最终没有考虑到合法性与正当性的紧张关系;事实上对韦伯来说,如果法律秩序的现状还过得去,就不必拒绝赋予其正当

---

① [德]哈贝马斯:《交往与社会进化》,张博树译,重庆出版社1989年版,第188页。
② [德]尤尔根·哈贝马斯:《合法化危机》,刘北成、曹卫东译,上海世纪出版集团2009年版,第106—107页。
③ 张康之:《合法性的思维历程:从韦伯到哈贝马斯》,《教学与研究》2002年第3期,第67页。
④ [法]让-马克·夸克:《合法性与政治》,佟心平、王远飞译,中央编译出版社2008年版,第10—30页。
⑤ 合法性与合法律性的关系后文还将详细分析,此处不再展开说明。

性的名义。①哈贝马斯主张合法性与公正性之间存在着内在紧张。② 罗尔斯在其《正义论》和随后出版的《政治自由主义》一书中是这样定义行为是否公正/正当的："只有当我们履行政治权利的实践符合宪法时，该实践行为才是完全正当的，当然，其前提是，该宪法的本质是由自由平等的公民根据他们共同的人类理性所认可的原则和理想，以合理的方式批准的。"③罗尔斯定义的公正/正当在于符合宪法，而宪法必须是符合特定原则并由自由平等的公民制定的。这里面再次涉及了价值观问题。

加拿大学者大卫·戴岑豪斯指出合法性与公正性之间存在着矛盾，在分析了罗尔斯的正义观之后，认为罗尔斯的正义观在试图调和两者的矛盾，即"一方是对所有价值都保持中立的中立性，是一种真正的中立；而另一方则是一种伪装的中立性，因为其实际上对自由主义的片面的善好观念赋予了特权"。④ 合法性虽然追求真正的价值中立，但事实上是无法实现的。因此合法性是实现公正性的一种手段；但"合法性与公正是两个不同的概念，或者说合法性并不表示公正"。⑤ 合法性有助于实现公正性，但合法性与公正性还相差甚远。合法性最多只能说是实现公正性的一个过程。

（二）合法性与合法化

合法性与合法化（Legitimation/legitimization）的关系也是容易让人迷惑的。2000 年国际问题研究的主流期刊《国际组织》推出了一

---

① ［加］大卫·戴岑豪斯：《合法性与正当性：魏玛时代的施米特、凯尔森与海勒》，刘毅译，商务印书馆 2013 年版，第 279 页。

② ［加］大卫·戴岑豪斯：《合法性与正当性：魏玛时代的施米特、凯尔森与海勒》，刘毅译，商务印书馆 2013 年版，第 280 页。

③ John Rawls, *Political Liberalism*, New York: Columbia University Press, 1993, p.137. 转引自［加］大卫·戴岑豪斯《合法性与正当性：魏玛时代的施米特、凯尔森与海勒》，刘毅译，商务印书馆 2013 年版，第 262 页。

④ ［加］大卫·戴岑豪斯：《合法性与正当性：魏玛时代的施米特、凯尔森与海勒》，刘毅译，商务印书馆 2013 年版，第 276 页。

⑤ ［美］阿拉斯泰尔·伊恩·约翰斯顿、罗伯特·罗斯主编：《与中国接触——应对一个崛起的大国》，黎晓蕾等译，新华出版社 2001 年版，第 23—24 页。转引自门洪华《论国际机制的合法性》，载孙学峰主编《国际合法性与大国崛起——中国视角》，社会科学文献出版社 2012 年版，第 26 页。

期专刊"合法化与世界政治",在该期的首篇论文中,肯尼斯·阿伯特(Kenneth W. Abbott)、基欧汉等5人在通读整期论文后对合法性进行了定义,他们认为合法性是一种特殊形式的制度化,具有3个特征,分别是义务(Obligation)、精确性(Precision)与授权(Delegation)。[1]根据这一定义,国际制度合法化就是将国际制度向严格意义上的法律靠拢。合法性涉及国家与国际制度之间的关系,而合法化则完全专注于国际制度是否具有法律的特征。

三 国际制度合法性与国内制度合法性的差别

对于国内制度与国际制度的异同,国内的很多学者或者没有进行区分,或者默认两者本质是相同的,[2]差别只是层次上的,即前者适用于国内内部,后者适用于国家之间。[3]如果把国内制度合法性的3个要件直接应用于国际制度,那么国际制度合法性的3个要件则是:第一,国家行为体对国际制度的赞同;第二,国家的赞同是自愿的;第三,国家的赞同是基于某种规范性标准的,这种规范性标准主要是特定的价值观和正当性。在国内制度中,个人不同的价值观和对正当性的判断标准尽管是不同的,但个人的价值观通过一定的机制可以实现汇聚,同时个人的价值观在一定的时期内能够形成共识,产生共同的价值观体系和判断标准。共同价值观和偏好的汇聚可以通过程序合法性实现,而实质合法性也就反映了共同价值观和标准的实现程度。在国际制度中,要实现不同国家价值观的汇聚是困难的,要形成共同

---

[1] Kenneth W. Abbott, Robert O. Keohane, Andrew Moravcsik, Anne-Marie Slaughter, and Duncan Snidal, "The Concept of Legalization", *International Organization*, Vol. 54, No. 3, Summer 2000, pp. 401–419.

[2] 如简军波就认为基于国内政治之合法性条件乃程序、价值和功能三方面,国际霸权合法性的条件也不例外。见简军波《权力的限度——冷战后美国霸权合法性问题研究》,上海辞书出版社2011年版,第87页。

[3] 类似的情况是国内学者在研究国际制度问题时经常出现的,如刘青建教授在研究发展中国家与国际制度关系时,就没有对国际制度与国内制度进行性质的区分,国际制度与国内制度尽管存在不兼容性,但这种不兼容性主要是因为国际制度主要是由发达国家设计的,直接套用发展中国家的国内制度会使发展中国家的国内制度与发达国家设计的国际制度不兼容;这种逻辑的基本前提是两个制度本质上是一样的。详见刘青建《发展中国家与国际制度》,中国人民大学出版社2010年版。

的价值观体系和判断标准则几乎是不可能的，即便是有一些共同的价值观，各国对这些价值观的解读也很可能是不同的。国际社会唯一没有争议的共同标准是利益标准，即各国都服务于自身的国家利益，如果国际制度能够使各国收益都相对改善，则有助于实现实质合法性。因此，国际制度的合法性在共识性价值观很难达成的情况下，需要通过增加共同获益这一标准来提高实质合法性。

一种理想的自由民主政体享受着两种类型的合法性（程序合法性与实质合法性）。[1]就程序合法性而言，国际制度与国内制度的合法性相比，存在着明显的差异。几乎没有什么国际组织按照标准的民主投票程序运作，许多国际制度的加权投票制度反映了对权力的考虑；即便是按照一国一票的表决制度运作，中国的所有人口和塞舌尔的所有人口获得同样的投票权也是有问题的。[2]这就是国际制度所面临的"民主赤字"问题，这导致了各国的价值观和偏好无法实现有效的汇集。就实质合法性而言，国际社会的各个行为体对什么是共同的价值目标是没有共识的，即便是有一些概念（如发展、民主、人权）都得到认可，但对这些概念的解读也没有共识。

以国内制度合法性的标准来衡量任何国际制度都会发现其合法性是微不足道的，也是不具有可比性的。将国内制度合法性类比和推导为国际制度合法性是导致国际制度合法性这一概念产生困惑的根源。以国际制度发展最为成熟的欧盟为例，"因为人们以民族国家合法性的概念和标准来衡量欧盟的合法性，欧盟自成立以来就面临着合法性不足的问题，2008年以来部分欧洲国家的经济危机更增加了这种对欧盟合法性的质疑"。[3] 以国内制度合法性的标准来衡量国际制度的合法性得出的结论将是所有国际制度都没有合法性。[4] 这种衡量标准

---

[1] ［美］迈克尔·巴尼特、玛莎·芬尼莫尔:《为世界定规则：全球政治中的国际组织》，薄燕译，上海人民出版社2009年版，第241页。

[2] ［美］迈克尔·巴尼特、玛莎·芬尼莫尔:《为世界定规则：全球政治中的国际组织》，薄燕译，上海人民出版社2009年版，第242页。

[3] Daniel Innerarity, "What Kind of deficit?: Problems of Legitimacy in the European Union", *European Journal of Social Theory*, Vol. 17, No. 3, 2014, pp. 307–325.

[4] Robert O. Keohane, "Global Governance and Legitimacy", *Review of International Political Economy*, Vol. 18, No. 1, 2011, p. 100.

的迁移是不恰当的。这是因为国际和国内制度合法性的土壤是完全不同的。国内制度的土壤是民族国家体制，政治制度和政治认同是存在高度共识的。国际制度的土壤是国际社会，国际社会的本质是无政府状态。两者合法性的差别不仅存在量的差别，也存在质的差别。

国内制度合法性基本上与合法化实现了同步，而且绝大多数国家的国内制度的合法性都超出了合法化的要求，而与本国的主流价值观、民族特点、历史传统等紧密联系。国际制度合法性则与合法律性相差甚远，将合法的判断转变为法律并使其实施是一个漫长而反复的过程。

国际制度合法性的要件包括了国内制度合法性的3个要件，即，对国际制度的赞同、赞同是自愿的、赞同是基于某种规范性标准的，同时，对国际制度的赞同除了依据共识性价值观标准，也可以依据国家共同获益的标准。

因此，国际制度的合法性包括了国家形式上的自愿赞同和国家对国际制度价值观或共同获益的认可。公正性与合法化分别代表了国际制度合法性的两个极端值，公正性是强调了国际制度的实质内容，代表了为所有人造福的理想状态；合法化是强调国际制度的形式，代表了国际制度从非正式向正式、从政治语言到法律语言的转变，代表了合法性形式上的理想状态。将公正性与合法化的要求和标准适用于国际制度，都包含着一个隐含的前提，国内制度的合法性可以适用于国际制度的合法性，但国内制度与国际制度的合法性是有差别的，将国内制度合法性的标准适用于国际制度的合法性是不严谨的。

第二节 国际制度合法性的来源

本书对国际制度合法性进行的一个重要补充是将共同获益纳入国家对国际制度合法性的判断标准。因此，国际制度合法性形式上的表现是国家及其他国际关系行为主体对国际制度的自愿认可，国家对国际制度自愿认可可能是因为价值观因素也可能是因为利益因素。

国际制度合法性的来源就是要回答国家认为哪些因素能为国际制度带来合法性,从而使国家对该国际制度自愿认可。这些因素包括了国际制度所具有的以价值观为主要内容的规范性标准、国际制度为国家带来的相对获益、国家形式上对国际制度的认可、其他国际制度对该制度的认可。

一 以价值观为主要内容的规范性标准

(一) 国际共享价值观

不附着价值观的国际制度是不存在的。对合法性的分析必须要摆脱狭隘的经验主义和实证主义;现象与价值的分离,无论是在理论层面上还是在方法论层面上,都是既不可能,也不是我们所希望的。[①]制度所代表的价值观是国际制度合法性的实质性来源之一。国际制度所代表的价值观应该是国际共享价值观。

对于共享价值观的认识是存在差异的。西方学者提出了所谓的普适价值,具体包括:个人免受恐惧和强制的自由,这表现为大量的民事自由权和经济自由权;公正,即对在同样的环境中的人一视同仁;安全,即人们认为不会受到暴力和非法的干预;和平,即没有强加的纷争和暴力;经济福利,即宜人的自然环境和人工环境。[②]也有西方学者认为"民主理论和民主实践的各种变体是合法权威仅有的两种可能来源"。[③]美国学者弗朗西斯·福山也认为民主是合法性的来源,他在为亨廷顿的著作所作的序言中写道:"苏联表面上强而有力,但生活在其下的人,包括许多最终爬到共产党高层的人,最终并不相信它的合法性。如此看来,尽管民主在短期可能会是不稳定的,在长期会赋予政体以生命力。"[④]实际上,许多这样的目标和价值具有确定的

[①] [法] 让-马克·夸克:《合法性与政治》,佟心平、王远飞译,中央编译出版社2008年版,第3页。

[②] [德] 柯武刚、史漫飞:《制度经济学:社会秩序与公共政策》,韩朝华译,商务印书馆2000年版,第85—86页。

[③] [加] 斯蒂文·伯恩斯坦、威廉·科尔曼主编:《不确定的合法性:全球化时代的政治共同体、权力和权威》,丁开杰等译,社会科学文献出版社2011年版,第1页。

[④] [美] 弗朗西斯·福山:《序言》,载 [美] 塞缪尔·P. 亨廷顿《变化社会中的政治秩序》,王冠华、刘为等译,沈宗美校,上海世纪出版集团2008年版,第11页。

自由主义的性质，尤其是自冷战结束以来更是如此。①将西方自由主义价值观直接套入国际制度，认为国际制度必须为这些价值观服务，不符合这些标准的国际制度就不具有合法性是典型的削足适履。国际制度所代表的价值观必须是国际共享价值观。

国际社会应该遵循一定的国际共享价值，对这一判断本身各国是没有争议的。20世纪以来，国际共同价值观念的流行和认同范围急剧扩展，国家合法性的一大标准——西方文明标准至少在形式上被消除殆尽。②各国有争议的是对国际共享价值观的内容和对同一内容的不同解读。

简军波认为当前的国际共享价值包括了文化多元化和宽容原则、主权平等与独立原则、人权原则和人道主义干涉③、国际民主价值。④时殷弘教授从大时段的历史观出发，考察了国际社会共有价值观。他认为国际共同价值的根本来源大致有三项：第一是共处的必需，以避免无休止的战争状态，以维持独立自主；第二是世界各文明相同的最基本伦理传统；第三是国际社会所在区域或文化范围内的伦理、宗教和法律传统。⑤他认为国际社会共有价值经历了基督教国际社会、欧洲国际社会和全球国际社会的演变。新的国际共享价值观念包括了民族自决、人民自决、种族平等、民族平等和国家间平等，除此之外，

---

① [美]迈克尔·巴尼特、玛莎·芬尼莫尔：《为世界定规则：全球政治中的国际组织》，薄燕译，上海人民出版社2009年版，第243页。

② 时殷弘：《现代国际社会共同价值观念——从基督教国际社会到当代全球国际社会》，载孙学峰主编《国际合法性与大国崛起——中国视角》，社会科学文献出版社2012年版，第44页。

③ 简军波所说的人道主义干涉的合法性是指霸权国单独设定的人权是否恶化的标准不具有合法性，只有当事国民众及其权威而公正的独立国际机构的判断才具有合法性；同时没有经过国际社会共同确认对当事国外部主权的暂时否认前，霸权的人道主义干预或人权干涉将违背主权原则。见简军波《权力的限度——冷战后美国霸权合法性问题研究》，上海辞书出版社2011年版，第101—102页。

④ 简军波：《权力的限度——冷战后美国霸权合法性问题研究》，上海辞书出版社2011年版，第94—104页。

⑤ 时殷弘：《现代国际社会共同价值观念——从基督教国际社会到当代全球国际社会》，载孙学峰主编《国际合法性与大国崛起——中国视角》，社会科学文献出版社2012年版，第41页。

还有国家间分配正义①、个人正义②和世界正义。③

任何国家和行为体对这些价值本身都是不会反对的，起码不会公开反对；但对这些价值的解读却是一个政治问题。事实上国际社会不同行为体的差异也体现在了对这些价值观的解读上。国际制度通过符合代表共享的国际价值来获得合法性，而国际制度反过来也能够利用自身的权利来确定社会类别的含义，进而影响国家的合法性和行为范围。事件本身并没有客观的含义，但行为体必须使它具有含义，并且行为体竞相给这些事件附加含义，因为这样做能够设定可以接受的行动的界限。④例如，国际制度可以将某类行为认定为不符合共同价值观，进而限制国家的行动范围。

对于什么是国际共享价值观尽管取得了一些形式上的共识，如平等、独立、和平共处等，但对这些概念的解读却是不同的。但这并没有影响国际制度和国家继续以这些概念来肯定自己的合法性。具体表现就是国际制度获得了国家广泛的支持。以价值观为后盾，支持国际制度几乎成为"政治正确性"的问题。这是因为国际组织和国际制度的扩展有助于解决集体行动的困境，为相互依赖的世界提供解决方案，推动国际合作并带来一个更加理性的世界。这样的世界将围绕着根本的自由价值组织起来，即自由、自治、市场、民主和非暴力的冲

---

① 国家间分配正义主要指在贸易条件、资源开发、投资分配、技术转让、债务处理等方面穷国有充分的优惠权力，即得到公正的权利，同时富国应承担帮助穷国的足够义务。详见时殷弘《现代国际社会共同价值观念——从基督教国际社会到当代全球国际社会》，载孙学峰主编《国际合法性与大国崛起——中国视角》，社会科学文献出版社 2012 年版，第 46—49 页。

② 个人正义是指实现关于个人作为人的权利与义务的平等和公正。在这方面，虽然人权问题上的激烈争执表明足够的国际共识仍属遥远，但关于个人的生命、自由、财产、福利和政治参与权利的基本纲要在当今差不多已被普遍公认，只是在具体的解释和这些权利的先后顺序确定上有重要分歧。详见时殷弘《现代国际社会共同价值观念——从基督教国际社会到当代全球国际社会》，载孙学峰主编《国际合法性与大国崛起——中国视角》，社会科学文献出版社 2012 年版，第 46—49 页。

③ 世界正义就是人类共同体之正义或世界社会之正义，它意味着所有人类群体之间以及人类与自然物之间的平等和公正。详见时殷弘《现代国际社会共同价值观念——从基督教国际社会到当代全球国际社会》，载孙学峰主编《国际合法性与大国崛起——中国视角》，社会科学文献出版社 2012 年版，第 46—49 页。

④ ［美］迈克尔·巴尼特、玛莎·芬尼莫尔：《为世界定规则：全球政治中的国际组织》，薄燕译，上海人民出版社 2009 年版，第 45—46 页。

突解决方案。①在争论这些概念含义的同时，国际制度也因这些概念的形式上的广泛接受而获得了合法性。

（二）传统与科学权威

国际制度合法性的意识形态来源还可以表现为宗教、传统、科学权威等。②韦伯引进了与合法性关系密切的权威这一概念，并区分了三种不同形式的权威，即传统型权威、魅力型权威和法理性权威。传统型权威和魅力型权威曾是历史上各国统治合法性的来源。当前尽管传统和个人魅力的影响力大不如前，但传统和个人魅力仍然能够为国际制度带来合法性。

传统和宗教因其强大的惯性而成为合法性的来源之一。这一点在人文领域的国际制度中表现得较为明显。世界文化遗产保护制度、罗马天主教廷等都是这种国际制度的代表。此外，传统与宗教对国际制度合法性的影响还表现在制度的"路径依赖"这一现象上。既存的国际制度会形成一种传统，在现有传统仍然是在可以接受的限度内，人们一般会在既存制度内寻求解决方案和改进方案，"既存的规则和文化强烈地塑造了有关未来的决策，从而把一些选项排除在外"，③改善旧制度的难度要比创立一个新制度的难度小得多。传统和宗教既是国际制度合法性的来源之一，也是抵消国际制度合法性的手段。很多对国际制度的违反都是以保护传统或宗教的名义出现的，典型的如日本以自身的所谓鲸文化的传统与国际鲸鱼保护制度的对抗，传统为其提供了赦免于国际鲸保护制度的合法性。

对于国际制度而言，部分国际惯例和很多国际法的合法性就是源于历史渊源。个人魅力也能为合法性加分，在国内制度中如此，在国际制度中也如此。历史如果可以假设的话，我们可以预计曼德拉担任

---

① ［美］迈克尔·巴尼特、玛莎·芬尼莫尔：《为世界定规则：全球政治中的国际组织》，薄燕译，上海人民出版社2009年版，第229页。

② Jacqueline Best, "Legitimacy Dilemmas: The IMF's Pursuit of Country Ownership", *Third World Quarterly*, Vol. 28, No. 3, 2007, pp. 469–488.

③ ［美］迈克尔·巴尼特、玛莎·芬尼莫尔：《为世界定规则：全球政治中的国际组织》，薄燕译，上海人民出版社2009年版，第59页。

秘书长的非盟其合法性可能会略高于其他领导人领导下的非盟。尽管理性越来越成为人们思考合法性的方式，但是非理性的传统和个人魅力依然具有产生合法性的能力。

当代理性和科学精神的普及使人们对科学产生了较强的信赖感，因此一个具有科学精神的国际制度也可以得到国家的认可。现实中，很多国际组织，特别是专业性国际组织和国际制度都是通过强调其科学性、宣称自己的价值中立而获得国家对其合法性的认可。国际组织的行动被认为是有合法性的，这是因为国际组织被视为理性的、技术的和相对客观的。[①]

但目前科学所带来的合法性在国际制度的实践中也受到了挑战。这是因为尽管专家和科学合法性的中立性受到一些学者和机构的认可，但是就国际制度的合法性而言，专家/科学作为合法性来源面临的问题是专家由谁来选定，又是根据什么程序和标准选出来的。专家/科学作为国际制度合法性来源的根本挑战还在于存在的根本假设："国际制度面临的问题有中立客观的解决方案，而且专家/科学能够提供这样的解决方案。"[②] 这种假设存在的问题是显而易见的。专家/科学对于国际制度而言可能可以提供一些数据分析和同一问题的不同政策选项及其利弊分析，但最终采取哪个方案将主要是出于价值观和政治的考量。

二　国际制度为国家带来的相对获益

对于国际制度而言，国家建立国际制度的目的是希望其能解决某方面的问题，为国家带来相对获益。即国家对国际制度的自愿赞成包含着利益期待，预期国际制度能为其带来相对获益，这是国际制度得以建立和存在的基础之一，因此相对获益是国际制度合法性的来源之一。国际制度的合法性基础之一是为国际社会（或国际体系）提供公共物品的能力以及国际社会（或国际体系）中各行为体对之赞同

[①] ［美］迈克尔·巴尼特、玛莎·芬尼莫尔：《为世界定规则：全球政治中的国际组织》，薄燕译，上海人民出版社2009年版，第229页。

[②] Jacqueline Best, "Legitimacy Dilemmas: The IMF's Pursuit of Country Ownership", *Third World Quarterly*, Vol. 28, No. 3, 2007, pp. 469 – 488.

的程度。①从长期来看，长期的有效性也可以产生持续而强大的合法性，"几代人时间的长期持续的有效性，也可以给予政治系统合法性；在现代世界，这种有效性主要是指持续不断的经济发展"。②相对获益的表现形式因不同的领域而存在较大的不同，有的表现为收益的直接增加，如经济发展等；有的表现为隐形的收益，如国防支出减少等。

三　国家形式上对国际制度的认可

国际制度合法性在形式上表现为国家对国际制度的自愿认可。国家对国际制度认可的实质是国家让渡自身的治理权和合法性于国际制度，因而使其具有合法性。国家对国际制度的认可有时是明确的支持，有时是含蓄的支持，甚至中立和含蓄的反对也可以认为是国家对国际制度的某种认可。国家的认可可以是事前的授权和支持，也可以是事后的接受和确认。

国家认可的关键是经适当的程序予以认可，这就涉及程序合法的问题。程序合法对于国际制度合法性的重要体现在两个方面，第一是程序合法是解决制度非中性的关键。国际制度的建立和变迁的过程是各利益集团博弈的结果，博弈的结果并不必然满足各方的利益诉求或者说对各方利益诉求的实现程度是存在差异的，有些利益集团的利益实现得较为充分，而一些利益集团的利益实现得不是非常充分。同一制度安排造成的不平等结果，被称为制度非中性。③国际制度内各行为体博弈结果的不平等是所有制度都存在的一个难题，国内的政治制度或法律制度也存在着这一难题，解决这一难题的关键是具有程序合法性，也就是说国际制度在经过一定的合法程序后不管结果如何都将产生国际制度的合法性。这实际上也是借鉴了国内法律制度设计的思路，国内法律制度在解决程序正义和结果正义的过程中，逐步形成了

---

①　叶江、谈谭：《试论国际制度的合法性及其缺陷——以国际安全制度与人权制度为例》，《世界经济与政治》2005年第12期，第42—49页。
②　[美]西摩·马丁·李普赛特：《政治人——政治的社会基础》（第二版），张绍宗译，上海世纪出版集团2011年版，第50—51页。
③　张宇燕：《美国宪法的经济学含义》，《社会科学战线》1996年第4期，第46页。

通过程序正义来逐步实现结果正义。第二是程序合法性有助于回应新加入者对国际制度合法性的质疑。国际制度的新加入者出于各种原因可能并未参与到国际制度规则的制定过程中，而只能接受国际制度规则的结果。由于在制度设计的过程中，可能会有一部分国家并没有加入或者被排斥在进程之外，国际制度因而具有"合法性赤字"。①但新加入者加入国际制度的过程是一个双方互相调适的过程，不论其背后的动机是什么，新加入者的加入行为本身就是确认了其对国际制度的接受和认可，也就使其对国际制度的合法性给予了背书。而且新加入者加入国际制度后即可利用国际制度的成员国身份而对自身的利益进行主张和实现。此外，国际制度作为历史遗留下来的累积物，它记录的是老问题的解决之道。② 以新出现的问题和新加入的成员来指责原有国际制度的合法性本身在逻辑上也是无法成立的。因此程序上对国际制度合法性的认可就代表了国家对国际制度合法性的认可。

国际制度合法性的根源在于，国际制度的建立、实施、修改、完善都是由众多国家参与的，国际制度的确定得到了参与国家的认可，并通过国内法定程序得到了确认。③因此，经过适当的程序，国家对国际制度予以认可是赋予国际制度合法性的关键一步。

四 其他国际制度对该制度的认可

合法性在形式上的表现之一就是行为遵循了法律。在国际社会中的法律就是以国际法为代表的国际制度。国际制度是创造国际法的主体之一。国际制度本身也包括国际规范，国际规范也是国际法的表现形式之一。此外，国际制度也是所谓人类共享价值观的载体之一。因此其他国际制度对该国际制度的确认，特别是具有较大合法性国际制度的确认是该国际制度具有合法性的指数之一，保证了形式上符合法

---

① 王玮：《跨越制度边界的互动——国际制度与非成员国关系研究》，上海人民出版社2012年版，第97页。
② [美]詹姆斯·马奇、马丁·舒尔茨、周雪光：《规则的动态演变——成文组织规则的变化》，童根兴译，上海世纪出版集团、上海人民出版社2005年版，第158页。转引自王玮《跨越制度边界的互动——国际制度与非成员国关系研究》，上海人民出版社2012年版，第100页。
③ 门洪华：《霸权之翼：美国国际制度战略》，北京大学出版社2005年版，第43页。

律的规定。

在现实中，国际制度之间存在着密切的联系，国际制度之间的嵌套关系形成了互相支持的价值和实体网络。国际制度服务于目标、发挥作用并不是靠其单独地得到遵守，而是靠其形成相互支持的规则群。[①]国际制度的存在都是以相互支持或排斥的制度群的形式而存在。一个国际制度如果能融入国际制度群，其合法性也就得到了整个国际制度群的确认。

第三节　国际制度合法性评估的思路

对国际制度有效性进行评估，评估的思路是结果导向的，即对国际制度有效性的评估是以国际制度的结果为评估对象，其评估的标准是将国际制度的结果与某一标准进行对比，进而确定国际制度的有效性。对国际制度合法性进行评估的难度则要更大，这是因为合法性是一个更为难以量化的概念。如果以结果导向的思路对合法性进行评估，则首先需要确定合法性的结果是什么，显然对这一问题的回答是不容易的。对合法性进行评估的另一个难点是缺少比照的标准，评估都需要找某个参照系，而国际制度合法性的参照系是什么也是很难确定的。

本书对国际制度合法性的评估思路是过程导向的，即在国际制度合法性产生过程的各个环节分别对其合法性进行评估，并分别确定各个环节合法性的评估标准。下面我们将对这一思路进行详细的介绍。

一　国际制度合法性评估的对象

对于国际制度需要进行评估，各方是有共识的。合法性亟须接受规则的经验标准（检测）。[②]但对于如何进行合法性的评估，却是存在

[①] ［德］柯武刚、史漫飞:《制度经济学：社会秩序与公共政策》，韩朝华译，商务印书馆2000年版，第162页。

[②] ［加］尼萨·莎赫:《国际都市或者帝国？——全球化的隐喻以及对合法政治共同体的描述》，载［加］斯蒂文·伯恩斯坦、威廉·科尔曼主编《不确定的合法性：全球化时代的政治共同体、权力和权威》，丁开杰等译，社会科学文献出版社2011年版，第75页。

不同思路的。首先需要确定的是合法性评估的对象，即合法性评估对应的实体是什么。

结果导向的评估思路以合法性的结果作为评估对象。李普赛特将合法性评估的对象确定为政治文化，他认为对合法性的主要检验，是看特定国家形成一种共同的"长期政治文化"的程度，主要是指全国性典礼和节日。① 刘丰认为霸权合法性的程度可以从3个方面进行判定，第一是公益供给的规模，国际关系领域常见的公益有自由贸易、经济援助、冲突调节、安全保护等；第二是规制建设水平，遵循普遍接受的规制并能维护这些规制的公信力；第三是价值共享程度，提供一套让追随者都接受的价值和秩序是霸权国能否得到接受和认可的理念基础。② 对合法性评估的另一个思路是以国家的行为作为合法性的评估对象。合法性的操作过程是行为体将外部的标准内化为自身的标准。③ 内化后影响国家对自身利益的界定，即国家利益受到了合法性的界定和限制；国家的政策偏好也相应地受到了合法性的限制和界定。合法性的作用主要体现在国家在合法性与自身利益发生冲突时的选择，即所谓的国家利益与合法性发生冲突时国家的政策选择。事实上这个问题是一个伪问题，因为合法性界定和限制国家利益，在将合法性内化后，不合法的国家利益在国家看来就不是国家利益，因此也不存在合法性与国家利益的冲突问题。

过程导向的思路是将国际制度的过程作为合法性评估的对象。莎普夫（Scharpf）在研究欧洲一体化问题时，提出了合法性的两个维度：输入合法性（Input Legitimacy）与输出合法性（Output Legitimacy）。④ 张睿壮教授从程序和绩效两个维度提出了三项操作性指标：国际社会的决策机制是多边而非单边的；规则、规范、国际法制定的执

---

① ［美］西摩·马丁·李普赛特：《政治人——政治的社会基础》（第二版），张绍宗译，上海世纪出版集团2011年版，第49页。

② 刘丰：《结构压力、霸权正当性与制衡行为》，载孙学峰主编《国际合法性与大国崛起——中国视角》，社会科学文献出版社2012年版，第123—125页。

③ Ian Hurd, "Legitimacy and Authority in International Politics", *International Organization* 53, 2, Spring 1999, p. 388.

④ F. W. Scharpf, *Governing in Europe: Effective and Democratic*, Oxford: Oxford University Press, 1999.

行程序公正合理；霸权国能够提供一定的公益。①

以国际制度的过程作为合法性评估的对象，尽管面临较大的操作难度，但却是合适的。这是因为国际制度是否具有合法性体现在过程中，而无法体现在结果中，结果是否合法也是无法判断的。多数国家都满意的结果不一定具有合法性，所有国家都满意的结果也不一定意味着实现这一结果的过程具有合法性。

二 国际制度合法性评估的标准

在确定了国际制度合法性的评估对象是国际制度的过程之后，我们需要明确国际制度合法性的评估标准。

2011年荷兰阿姆斯特丹大学教授丹尼尔·穆格在输入合法性与输出合法性的基础上进一步提出了评价国际制度输入、输出合法性的5个标准。判断输入合法性的具体标准有两个，第一，民主控制的有效性；第二，利益相关者可以直接参与政策制定，即各类利益相关者及其团体直接参与政策制定过程中的可能性（absolute level of access）及各团体参与程度的差异性（relative level of access）。②判断输出合法性是根据形成的实际政策，具体的标准有3个，第一，纳入考虑意见的范围和政策审议的范围；第二，专家的独立性，即参与政策制定的专家应该不受特殊利益团体的影响；第三，相对收益，即应对同一议题，该国际制度产生的收益要大于其他国际制度或其他方法产生的收益。③他应用这一标准对欧盟的金融制度进行了案例分析，发现欧盟金融制度的输入合法性很低，输出合法性则无法进行实证判断。

基欧汉曾在2011年提出了一个评价国际制度合法性的框架，他认为国际制度的合法性的评价可以从以下6个方面进行：第一，符合

---

① 张睿壮教授认为 legitimacy 应该翻译为正当性，详见张睿壮《美国霸权的正当性危机》，《国际问题论坛》2004年夏季号，第56—58页。
② Daniel Mügge, "Limits of Legitimacy and the Primacy of Politics in Financial Governance", *Review of International Political Economy*, Vol. 18, No. 1, 2011, pp. 52–74.
③ Daniel Mügge, "Limits of Legitimacy and the Primacy of Politics in Financial Governance", *Review of International Political Economy*, Vol. 18, No. 1, 2011, pp. 52–74.

最低限度的道德要求（minimal moral acceptability）；第二，包容性（inclusiveness）；第三，认知的质量（epistemic quality），具体包括制度的诚信和透明（institutional integrity and transparency）；第四，可问责性（accountability）；① 第五，国际制度与民主国家的政府兼容（最好是能促进民主）；第六，相对受益，即对于整个国际社会而言，有了国际制度比没有这一国际制度要好。②基欧汉也承认这6条标准是一个初步的框架，而且是基于国内政治的自由民主理论引申而来的。

笔者认为，就合法性过程而言，国际制度合法性可以分为输入合法性、过程合法性与输出合法性。输入合法性是指国际制度在建立过程中所具有的合法性；过程合法性是国际制度在运作过程中所具有的合法性；输出合法性是国际制度产生的结果所具有的合法性。因为国际制度的合法性的来源有4项，因此输入合法性、过程合法性与输出合法性的评估标准就可以定义为他们从这4项合法性来源中汲取的合法性的多少。输入合法性是指国际制度在建立的过程中是否从合法性的4个来源中获得了合法性，即国际制度的建立过程是否得到了国家的自愿认可、是否符合了特定的价值观和其他规范性标准、是否得到了其他国际制度的确认。③过程合法性是指国际制度在运作的过程中从合法性的4个来源中获得的合法性，即国际制度的建立过程是否得到了国家的自愿认可、是否符合了特定的价值观和其他规范性标准、是否得到了其他国际制度的确认。④输出合法性是指国际制度产生的结果所具有的合法性，即国际制度所产生的结果是否得到了国家的自愿认可、是否符合了特定的价值观和其他规范性标准、是否具有相对获益、是否得到了其他国际制度的确认。

---

① 基欧汉认为国际制度的可问责性包括3个具体要求：第一，需要有相关负责人是否实现目标的明确标准；第二，负责追求责任的人可以获取被问责人的相关信息；第三，负责追求责任的人有能力对被问责人施加制裁措施。
② Robert O. Keohane, "Global Governance and Legitimacy", *Review of International Political Economy*, Vol. 18, No. 1, 2011, pp. 99 – 109.
③ 国际制度建立的过程中还没有产生相对获益，因此，此时合法性的来源只有3项。
④ 国际制度运作的过程中还没有产生相对获益，因此，此时合法性的来源只有3项。

第四节　国际制度合法性评估的操作化

根据前文所述，对国际制度合法性的研究已经将国际制度合法性从构成性的角度划分为输入合法性、过程合法性和输出合法性。对这3个合法性进行具体分析后，我们将按照简单的统计方法将这些指标赋值。对上述3个合法性进行衡量时，在量化指标的选取上，我们主要基于3个方面的考量，一是量化指标与输入合法性、过程合法性和输出合法性的相关性，二是这些量化指标的相对客观性，三是这些量化指标的可获得性和作为量化指标的可操作性。

一　输入合法性

根据前文的界定，输入合法性是指国际制度在建立的过程中是否从合法性的4个来源中获得了合法性，即国际制度的建立过程是否得到了国家的自愿认可、是否符合了特定的价值观和其他规范性标准、国家是否相对获益、是否得到了其他国际制度的确认。由于国家是否相对获益是国际制度的结果，在国际制度建立过程中这一来源的作用不明显，因此我们不将该项的考核纳入输入合法性的考察。

（一）国家的支持

对于国际制度而言，国家的支持是其合法性的来源。国家对国际制度的支持可以表现为言语上的非正式承认、言语上的正式承认、有保留地签署相关协议、无保留地签署相关协议、遵守并将相关协议交给立法机构等有权机构批准，将相关协议内化为本国的法律。国家对国际制度支持的实质是国家对国际制度让渡部分主权，使其自身置于被治理之下。

对于国际组织而言，国家的支持就体现为国家加入国家组织，因此可以根据国家对某一国际组织的参与率来衡量国家对国际组织的认可度。对于国际组织的合法性而言，域内国家明确表示反对的国际组织其合法性会受到负面影响，而域外国家以某种形式参与区域性国际组织表明对国际组织合法性的认可，因而对国际组织的合法性有正面

效应。据此,可以得出该项的计算公式为:

国家的支持 = 参与国际组织国家的数量/总的国家数量 + 参与国际组织的域外国家数量/域外国家总量

如某国际组织 A,其域内国家为 30 个,其中 25 个参与了该国际组织,域外国家中有 7 个国家为该国际组织观察员国,则国家的承认得分 = 25/30 + 7/(193 − 30) = 0.88①

(二) 规范性标准

规范性标准的主要内容是价值观,但也包括了传统与科学权威。

1. 最低道德要求的价值标准

绝大多数国际制度的成立都旨在保护和服务某种原则,都会宣称自己是国际社会利益的代表或社会价值观的捍卫者。②但从实际情况来看,大多数价值观标准都无法成为国际共享价值观,因此国际制度所代表的价值观只提供最低的道德标准。合法性的规范性价值要求的关键不在于行为体应该做什么,而是不应该做什么。

2. 科学与传统的权威

国际制度必须通过强调"自身的中立性、公正性和客观性来寻求自身的合法性",③特别是在与国家进行合法性争夺时,更需要不断强调这一点。科学权威和科学精神能为国际制度提供中立性与客观性,进而带来合法性。科学的进步,对人类理性的信赖使科学和知识成为合法性的来源之一,而作为科学和知识化身的专家因此也成为国际制度合法性的来源之一。这一点在一些专业性较强的领域(特别是自然科学相关的领域)尤其明显,如国际环境制度、医疗卫生领域等。科学与知识及其代言人专家能够明确这些领域中存在的问题、产生这些问题的原因,并为这一领域问题的解决提供方案。科学和知识不仅为国际制度提供了合法性,而且塑造了国际制度的行为方式,

---

① 全球国家的总数以联合国的会员国数量为准,目前联合国共有 193 个会员国。所有计算结果按照四舍五入原则保留到小数点后两位。
② [美] 迈克尔·巴尼特、玛莎·芬尼莫尔:《为世界定规则:全球政治中的国际组织》,薄燕译,上海人民出版社 2009 年版,第 33 页。
③ [美] 迈克尔·巴尼特、玛莎·芬尼莫尔:《为世界定规则:全球政治中的国际组织》,薄燕译,上海人民出版社 2009 年版,第 33 页。

这也就是为什么多数国际制度都有着强大的研究团队,发布大量的研究报告,其内在逻辑是国际制度的"专家越是能够成功地使数字看起来是自己在说话,并且不需要官僚的解释就产生了清楚的政策处方,这些政策处方看起来越强大"。[1] 传统和个人魅力虽然并不是国际制度合法性所必需的因素,但却是一个加分项,在某些情况下可以为国际制度合法性加分。

根据前文的分析,我们将计算方法设定如下:国际组织规范性标准 = 规范价值观(权重 50%) + 科学/专业(权重 25%) + 传统/宗教/个人魅力(权重 25%)。按照最低道德标准的原则,规范价值观的计分方式为国际组织成立的宗旨和原则,没有违反联合国宪章;[2] 科学权威的计分方式为国际组织设立有专门的研究部门计权重 12.5%,定期发布研究报告计权重 12.5%;传统/个人魅力项目的计分方式为截至 2015 年,成立时间为 70 年[3]的计权重 12.5%,设有常设秘书处/秘书长或类似功能的计权重 12.5%。据此得出国际组织规范价值观 = 规范价值观(权重 50%) + 国际组织设立有专门的研究部门(权重 12.5%) + 定期发布研究报告(权重 12.5%) + 成立时间(权重 12.5%) + 秘书处/秘书长(权重 12.5%)。

还以前文所举的国际组织 A 为例,其成立于 1980 年的设有秘书处但无研究部门也不发布研究报告且符合联合国宪章的国际组织在该项的得分 = 规范价值观(0.5) + 秘书处/秘书长(0.125) + 成立时间(0.0625 = [(2015 − 1980) ÷ 70] × 12.5%) = 0.69 分。

(三)其他国际制度的确认

根据统计,当前 2/3 的政府间国际组织都不是国家单独发起的,而是在原有国际组织的参与下共同发起的。[4] 通过其他国际制度的确

---

[1] [美]迈克尔·巴尼特、玛莎·芬尼莫尔:《为世界定规则:全球政治中的国际组织》,薄燕译,上海人民出版社 2009 年版,第 35 页。
[2] 联合国宪章所确定的价值观基本为各国所共同接受,因此可以作为评价其他国际组织价值观的基准。
[3] 截至 2015 年,联合国成立了 70 周年,因此以 70 年作为判断其他国际组织传统的基准年限。
[4] Tana Johnson, "Institutional Design and Bureaucrats' Impact on Political Control", *The Journal of Politics*, Vol. 75, No. 1, 2013, pp. 183 – 197.

认而使国际制度合法性得到增强有几种不同的情况。第一种是一个国际制度派生出次生的国际制度，次生国际制度就直接继承了原国际制度的合法性，最明显的体现是联合国派生的一系列组织继承了联合国的合法性，如联合国气候变化大会、联合国难民署等。第二种情况是"上位"国际制度对"下位"国际制度的确认就能使其具有合法性。① 如现有国际制度一般都不得与联合国宪章的精神相违背，否则这样的国际制度的合法性就面临较大的挑战。第三种情况是"同位"的国际制度之间合法性的相互确认，这种情况较为复杂。很明显"同位"的国际制度（特别是应对的议题有重复的国际制度）之间存在着一定的竞争关系，但这种竞争关系不一定是零和的，针对同一议题的多个国际制度同时存在可能恰恰说明了这一议题的重要性和紧迫性，从而增强针对这一议题的各个国际制度的合法性。英国牛津大学亚历山大·贝蒂根据自己在联合国难民署工作的经历，在对与难民有关的国际组织进行研究后发现，除了联合国难民署之外，还有人权公约、世界银行、联合国开发计划署、国际劳工组织、联合国人道主义事务协调办公室（OCHA）、联合国维和事务办公室、国际民航组织、国际移民组织等多个机构和组织从各自的角度参与难民事务，但联合国难民署的效率并没有因为这些新机构对难民事务的参与而变弱，而是通过各国组织之间的互补提高了效率，合法性也没有得到削弱。②

按照如上分析，具体到本书案例研究的国际组织，其他国际制度的确认主要有 3 种表现形式，第一种是该国际组织是由其他国际组织派生而来的，如联合国亚太经社理事会是联合国的派生机构，可以根据该组织的资金、技术来源等确定；第二种形式是国际组织以某种形式参与到其他国际组织的活动中，如为其他国际组织提供专业咨询意见、共同举办某些活动等；第三种形式是国际组织成立后平行发展，但其他国际组织也没有对该组织的存在或活动表示质疑。这 3 种形式

---

① 此处借鉴法律术语中上位法、同位法和下位法的概念。根据法的效力位阶来说，法可分为上位法、同位法和下位法，一般而言上位法的法律效力高于下位法和同位法，如宪法相对其他法来说就是上位法，中央的立法相对于地方立法来说也是上位法。

② Alexander Betts, "Regime Complexity and International Organizations: UNHCR as a Challenged Institution", *Global Governance*, Vol. 19, 2013, pp. 69–81.

可能会同时存在，也有可能单独存在。

其他国际组织确认的合法性得分＝其他国际组织对其合法性没有质疑（权重50%）＋其他国际组织的派生（权重25%）＋与其他国际组织的合作（权重25%）。以前文提到的国际组织A为例，假设其非某一国际组织的派生机构，其他国际组织没有对其存在表达质疑且其部分项目获得其他国际组织的资金支持，则其他国际组织确认的合法性得分为0.75（即0.5＋0.25）。

将国际组织A在上述三项的得分合并后，则可以得出国际组织A在输入合法性上的总得分，即国家的承认＋规范性价值观＋其他国际组织的确认＝0.88＋0.69＋0.75＝2.32（分值区间0—3）。

二 过程合法性

过程合法性是指国际制度在运作的过程中从合法性的4个来源中获得的合法性，即国际制度的建立过程是否得到了国家的自愿认可、是否符合了特定的价值观和其他规范性标准、国家是否相对获益、是否得到了其他国际制度的确认。对于国际制度过程合法性而言，主要起作用的是国家的认可和特定的规范性标准这两个来源。

根据合法性来源及指标的可操作性的原则，我们认为成员国地位与参与度、决策机制、制度的性质（包容性、可问责性、透明度）三者构成了国际制度的过程合法性的评估指标。各项的分值区间都设定为0—1。

（一）成员国地位与参与度

国家平等是国际共享价值观之一，也是国际关系民主化的重要内容，国家至少获得了与其他国家同等的机会来表达自己的观点。但国际制度中也存在无法克服的民主赤字，[①] 因此，国际制度中国家的平等只能达到平等参与，而无法体现在收益分配的平等上。

成员国在国际组织中的地位与参与度可以细分为3个子项，即各国是否有机会参与国际组织的所有活动（权重1/3）、各国参与各项活动的机会是否平等（权重1/3）、各国是否事实上参与了各项活动

---

① 一国一票的投票制与一人一票制的矛盾是国际制度民主赤字的内容之一。

（权重1/3）。还以前文提到的国际组织A为例，其共有25个成员国，国际组织的各类活动对所有成员国开放，且各国都有平等的参与机会，但有5个国家不经常参与国际组织的各类活动；则成员国地位/参与度的得分为0.93，即0.93 = （1/3 + 1/3 + 1/3 × 20/25）。

（二）决策机制

决策机制是影响国际制度合法性的关键因素。现有国际制度中最常见的决策机制有全体一致同意原则、一国一票下的多数同意原则和加权投票下的多数同意原则。全体一致同意原则一般指所有成员国中没有反对的意见，即使有国家弃权，也算全体一致同意。多数同意原则又分为简单多数（超过50%）和绝对多数（超过2/3）。全体一致同意原则相当于给每个成员国都赋予了否决权，而加权投票相当于给予了个别成员国否决权，因此，一致同意、多数同意和加权投票的合法性赋值分别为1、2/3和1/3。国际组织A如果采用的是全体一致同意的决策机制，则在该项的得分为1。

（三）制度的包容性、可问责性、透明度

目前大多数西方学者对国际制度合法性的研究重点之一就是研究如何通过提高国际制度的程序设计来提高国际制度的合法性，综合看来，从国内政治合法性中借鉴来的包容性、可问责性和透明度在国际制度中有较大的实用性。我们将制度的包容性、可问责性、透明度3个特征称为制度的性质。就该项的权重而言，我们将国际组织的包容性、透明度和可问责性赋予相同的权重，即各占有1/3的权重，每项的分值区间均为0—1。

包容性是指国际制度的参与主体中除了主权国家外，其他行为体以某些方式参与了该国际制度。就国际制度的参与而言，除了主权国家外，可能的参与主体还包括公民、次国家行为体、国际组织、非政府组织、国际非政府组织等。制度的包容性就使更多行为体参与到了国际制度运作中，也就意味着更多的合法性来源。

为了概念的操作化，我们将是否有非国家行为体参与国际组织作为判断国际组织包容性的标准，在公民、次国家行为体、国际组织、非政府组织、国际非政府组织5类非国家行为体中，若有两类及以上的群体参与国际组织则认为国际组织的包容性为满分，有一类群体参与则包容性得分为50%。

还以国际组织 A 为例，假设国际非政府组织参与了该国际组织的相关活动，其他非国家行为体未参与，则国际组织 A 包容性的得分为0.5。

透明度主要是指相关的信息应公开，各方（特别是利益相关方）可以获得相关的信息、了解决策的过程。透明度既是价值观的体现，也是国际制度创立后相对获益的体现，各方至少通过国际制度可以了解某些方面的信息。

对国际组织的透明度的界定可以从两个角度进行，一是国际组织是否有体现其透明度的载体，即是否有自己的网站、各类出版物（如白皮书、杂志）等；二是是否定期或不定期地发布国际组织的年度报告、财务报告、项目报告、专项报告、决策报告等关于国际组织的实质性内容。我们界定这两个方面各占50%的权重。就国际组织透明度的载体而言，只要具有其中一个载体即可；就国际组织透明度的内容而言，只要发布相关内容即计为合格。

以国际组织 A 为例，假设该组织有自己的网站，并定期发布年度报告，则 A 组织的透明度得分为1。

可问责性（accountability）是国内民主制度的特征，它包括了6个方面的内容："谁来负责、对谁负责、为何事而负责、通过什么程序负责、根据什么标准负责和负责的后果（it is about whom is held answerable to whom, about what, through what processes, by what standards, and with what effect）。"[①] 国际制度的可问责性包括了两层含义，第一是国际制度本身应该具有可问责性，即国际制度对其所托之人和所托之事应该有责任；第二是国际制度应该有能力对国家追究责任。

可问责性本身是西方民主政治中比较复杂的概念，对可问责性的量化衡量也有较大的难度，但由于绝大多数国际组织在可问责性方面与国内政治相比都很弱，因此我们可以选取一些具有象征意义又易被

---

① Jerry Louis Mashaw, "Accountability and Institutional Design: Some Thoughts on the Grammar of Governance", In Michael Dowdle eds., *Public Accountability: Designs, Dilemmas and Experiences*, Cambridge: Cambridge University Press, 2006, pp. 115 – 156.

量化的事项作为衡量的指标，这些指标包括是否设有负责内部审计的部门或人员、是否向会员国报告相关事项、是否设定有可考核的目标。至于个人责任、司法管辖、司法执行等对可问责性的要求对当前的国际组织都是无法实现的。内部审计、向成员国报告、有可考核的目标这3个子项各占1/3的权重，只要国际组织有这3项内容则认为实现了这项要求，要对这3个子项进行更为精确的量化评价难度较大。

以国际组织A为例，假设该组织有向成员国报告的制度并确定了可考核的目标，但没有内部审计制度，则A组织在可问责性指标的得分为0.67。

将国际组织A在包容性、透明性和可问责性三项的得分相加即为其在组织性质的得分，为2.17分（即0.5+1+0.67），将该分值折算为1的标准分后为0.72分。

成员国地位与参与度、决策机制、制度的性质三者构成了国际制度的过程合法性，根据前文的分析，我们可以得出国际组织A在过程合法性的得分为成员国地位与参与度（0.93）+决策机制（1）+制度性质（0.72），合计为2.65分。

三　输出合法性

输出合法性是指国际制度产生的结果所具有的合法性，即国际制度产生的结果是否得到了国家的自愿认可、是否符合了特定的价值观和其他规范性标准、是否具有相对获益、是否得到了其他国际制度的确认，其中较为关键的是国家的认可和相对获益。

国际制度输出合法性的本义是实现实质合法性，即实现国际社会的公平与正义，但正如前文所述，公平正义的道德诉求是一个程度问题、是一个过程、是人类追求的理想境地。目前国内制度都无法做到绝对意义上的公平正义，应该承认要求国际制度能实现公平正义是一个"不可能实现的目标"。国际制度的输出合法性只能退而求其次，追求在实现公平正义的过程中国际制度所能实现的正向的改进。具体而言这些标准包括以下几方面。

(一) 权利义务的对称性

合法性与公平正义最大的差别是对输出结果的判断，公平正义要求实现结果的均等，而国际制度输出合法性只能做到权利与义务的对称性，即国际制度成员之间实现权利与义务的对称性。国际社会中恒久不变的特点是各行为主体的能力和权力有很大的差别，在可预见的将来也不可能实现均等。因此，对于国际制度的成员国而言，如果大国享受和其他国家同样的权利，那么大国也应与其他国家承担同样的义务；大国也可以主张自己享有更大份额的权利，那么大国也应该承担与自身享有权利相对称的义务。在对国际制度合法性的理论探讨和实践争论中，经常出现的情况是小国、弱国要求和大国享有同样的权利，但却不愿也无法承担和大国同样的义务；大国、强国要享有或已享受着国际制度中更大份额的权利，但却只愿意承担和其他国家同等的义务。国际制度输出合法性的要义是权利与义务的对称而不是均等，这样才能避免各方以乌托邦式的"结果均等"来绑架国际制度的合法性。联合国气候变化谈判的共同但有区别的责任原则就是权利与义务对称性的体现。

具体到国际组织权利与义务对称的衡量而言，实现决策权重与履约权的对称性、提供公共产品的贡献与制度收益分配的对称性是权利与义务对称的主要表现，具体包括了以下几个可以量化的指标：大国自愿承担特定职责的比例（权重1/3）、按时足额交纳会费的比例（权重1/3）、国际组织制定的各类"准条约、议程"的签约率（权重1/3）。

在现有国际组织与大国成员的关系中，国际组织很难强迫大国承担某项特定的任务，基于国家理性行为体的假设，大国自愿承担某些特定的职责通常是基于在国际组织框架内其成本和收益是相对平衡的，因此大国自愿承担特定的职责可以部分地用来衡量国际组织中权利与义务的对称性。基于国家理性行为体的假设，国家作为国际组织的成员国，如若其权利与义务对称，则按时足额交纳会费的可能性则较高，否则会员国则可很方便地通过拒绝交纳会费来表达自身对权利与义务不对称的不满。国际组织与会员国权利与义务的对称更具体地表现在国际组织的各类带有规范性或利益分配性的"准决议、议程"

中，一般而言，会员国如果自认为自己在规范性或利益分配性的决议中权利与义务基本对称才会签署同意相关的决议。以上述3个具体的指标作为权利与义务对称性的量化指标是不全面的，但基于数据的可获得性和概念的可操作性，选取这3个指标是一个不完美但比较现实的选择。

还是以前文列举的国际组织A为例，假设该组织的非常规工作有50%得到大国的主动响应并牵头承担，在25个会员国中有20个国家会按时足额交纳会费，各类规范性或利益分配性的决议有18个国家签署，则国际组织A在权利与义务对称性的得分为0.67分（即$1/3 \times 50\% + 1/3 \times 20/25 + 1/3 \times 18/25$）。

（二）相对获益

相对获益与国际制度有效性是紧密联系的，是指相较于没有国际制度，公共产品的供应有所增加、问题得到解决或缓解以及各国的相对收益增加。这个问题的具体衡量需要与国际组织具体的定位和需要处理的议题相联系，以保护生物多样性为出发点的国际组织就可以以组织成立之后生物多样性的改善（生物物种增加或物种不再减少或物种减少速度变慢）为相对收益；以促进地区和平为宗旨的国际组织可以以组织成立之后是否减少了战争和冲突事件的发生（预防了战争的发生、减少了发生的频率、降低了冲突的烈度）为相对收益。相对收益的量化衡量必须结合具体的议题和具体的组织进行。在实际的量化考核中，我们可以用制度有效性来大致等同于相对获益。

假设国际组织A以促进地区内经济合作为宗旨，成立后地区内国家间的平均关税水平没有发生变化，非关税壁垒也没有明显的变化，建立后关税水平和非关税壁垒与自贸区的关税和非关税水平相差甚远，则我们可以认定国际组织的相对收益为0分。

（三）国际制度的不可替代性

国际制度的输出合法性不仅仅在于其是否为国际社会提供了相对收益，还在于其象征意义。如果是不可替代的国际制度，则输出合法性相对较高。这是因为如果某一国际制度具有不可替代性，则意味着该国际制度不管是否有效都是目前各方所能接受的最佳选项，是解决该领域问题的制度化解决方案的唯一选项。如联合国作为国际制度的输入合法性和过程合法性都不高，各国对其的批评日益增多，但其不可替代性决定了输出合法性较高。因此我们可以设定，如果国际组织A是该领域该问题的唯一的国家组织，则其不可替代性就可以认定为1分。

根据输出合法性的3项得分，我们可以计算得出国际组织A的输出合法性得分：权利与义务对称性（0.67）+相对收益（0）+不可替代性（1）=1.67分（分值区间0—3）。

根据前文所述，国际组织A在输入合法性上的得分：国家的承认（0.88）+规范性价值观（0.69）+其他国际组织的确认（0.75）=2.32（分值区间0—3）；过程合法性的得分：成员国地位/参与度（0.93）+决策机制（1）+制度性质（0.72）=2.65（分值区间0—3）；输出合法性的得分：权利与义务对称性（0.67）+相对收益（0）+不可替代性（1）=1.67（分值区间0—3）。将输入、过程和输出合法性加总，国际组织A的合法性得分为6.64（分值区间0—9）（见表4.1）。

表4.1　　国际组织合法性的评估框架（分值区间：0—9）

来源	构成	操作化指标	计算方法	分值区间
输入合法性（分值区间0—3）	国家的承认/支持	国际组织的国家参与率	参与国际组织的国家/国家总数+域外国家参与的得分	0—1
	规范性价值观	规范价值观、科学/专业、传统/宗教/个人魅力	规范价值观（权重50%）+专门的研究部门（权重12.5%）+定期发布研究报告（权重12.5%）+成立时间（权重12.5%）+秘书处/秘书长（权重12.5%）	0—1
	其他国际组织的确认	其他国际组织对其合法性没有质疑、是否派生关系、与其他国际组织的合作	其他国际组织对其合法性没有质疑（权重50%）+其他国际组织的派生（权重25%）+与其他国际组织的合作（权重25%）	0—1

续表

来源	构成	操作化指标	计算方法	分值区间
过程合法性（分值区间 0—3）	成员国地位/参与度	各国是否有机会参与国际组织的所有活动、各国参与各项活动的机会是否平等、各国是否事实上参与了各项活动	各国是否有机会参与国际组织的所有活动（权重1/3）+各国参与各项活动的机会是否平等（权重1/3）+各国是否事实上参与了各项活动（权重1/3）	0—1
	决策机制	一致同意、多数同意和加权投票	一致同意、多数同意和加权投票的合法性赋值分别为1、2/3和1/3	0—1
	制度性质	包容性、可问责性、透明度	包容性、可问责性、透明度各占有1/3权重。有两类及以上的非国家行为体参与国际组织则包容性为满分；透明度由是否有体现其透明度的载体和是否发布相关内容构成；可问责性由内部审计、向成员国报告、有可考核的目标构成	0—1
输出合法性（分值区间 0—3）	权利义务对称性	决策权重与履约权的对称性、提供公共产品的贡献与制度收益分配的对称性	大国自愿承担特定职责的比例（权重1/3）+按时足额交纳会费的比例（权重1/3）+国际组织制定的各类"准条约、议程"的签约率（权重1/3）	0—1
	相对获益	公共产品的供应有所增加，各国的相对收益增加	根据具体的议题和宗旨确定	0—1
	不可替代性	在该领域的不可替代性	唯一性	0—1

注：笔者根据前文的分析整理

第五节 小结

本章对国际制度的合法性进行了界定，认为国际制度合法性包括了3个构成要素：第一，国家行为体对国际制度的赞同；第二，国家的赞同是自愿的；第三，国家的赞同是基于某种规范性标准或相对获益做出的。根据国家与国际制度合法性的关系，我们归纳出国际制度合法性的4个来源：以价值观为主要内容的规范性标准（包括国际共享价值观、传统与科学权威）、相对获益、国家的认可和其他国际制度的确认。国际制度合法性评估的难点是将这些抽象的概念操作化。本章将国际制度合法性的过程作为评估对象，分别对国际制度的输入、过程和输出合法性进行评估。在对上述3个合法性进行评估的时候，以合法性的4个来源为主要出发点，根据评估指标与评估对象的相关度、指标的可操作性等原则，分别为输入、过程和输出合法性选定了3个操作性指标，这样就完成了对国际制度合法性评估体系的构建。

  下一章，我们将利用本章与上一章建立的国际制度有效性与合法性的评估框架，选取印度洋地区的环印联盟这一国际组织进行有效性与合法性的案例分析。

第 五 章

印度洋地区国际制度的
有效性与合法性评估

经济领域的国际制度是当今世界国际制度的主体,大部分区域性国际组织都是以经济合作为主要宗旨的。目前,印度洋地区经济领域的国际制度有环印联盟、印度洋委员会等,此外还包括南亚国家联盟、海湾合作委员会等众多的次区域经济合作组织。环印联盟是目前印度洋地区在经济领域覆盖面积最广、影响最大的区域性国际组织。环印联盟作为印度洋地区经济领域国际制度的代表有着很强的代表性,因此本书以环印联盟作为案例来分析印度洋地区经济领域国际制度的绩效。本章将运用前文所构建出的国际制度绩效的评价体系,分别分析环印联盟的有效性和合法性,并试图勾画出环印联盟有效性与合法性对环印联盟效果的影响。

第一节 环印联盟有效性评估

要对环印联盟的有效性进行评估,需要选取既能够反映环印联盟核心功能的指标,也要求该指标所需要的数据可获得并易于操作。确定了有效性评估所需要的核心指标后,需要根据国际制度有效性评估指标的构成要素和计算方法,将环印联盟的数据应用于具体计算。在操作相关数据时,关键的步骤是要根据有效性指标的指向和数据处理中出现的具体问题,合理确定数值的取舍。下面我们将对这些问题进行具体的说明。

一 有效性评估指标的选取

（一）以区域内贸易占比作为衡量环印联盟有效性的指标

1. 以是否有效的促进区域经济合作作为衡量环印联盟有效性的标准

环印联盟是在全球各地区域经济一体化的背景下成立的，其最初的名称是"环印度洋经济合作联盟"，从该组织的名称就可以看出该机构的主要功能是促进区域经济合作。1999年环印联盟召开的第二次部长会议就决定建立贸易与投资工作组，工作组的目的就是促进区域内贸易便利化、自由化和经济技术合作。[1] 截至目前，贸易与投资工作组也是环印联盟设立的唯一的工作组。[2] 1997年环印联盟成立初期，将其重点领域定位为：贸易自由化、贸易与投资便利化、经济与技术合作、贸易与投资对话。[3] 从环印联盟成立的背景、组织机构的设立和近年来的工作重点中都可以看出，环印联盟是一个以促进区域经济合作为重点的国际组织。对于这一点，环印联盟的"根本大法"《环印度洋联盟章程》（以下简称《章程》）中也有明确的表述。《章程》中共列出了环印联盟的6个目标，其中有两个目标是直接指向区域经济合作的：第一个目标是"促进成员国和本地区可持续、均衡的发展，为地区经济合作创造共同基础"；第二个目标是"聚焦于能够最大限度地服务于各国共同利益和互利共赢的经济合作领域"。[4] 此外，还有两个目标也是与区域经济合作相关的目标。

基于环印联盟以促进区域经济合作为其主要宗旨，因此我们对环印联盟有效性的评估也应该是评估其对于促进区域经济合作是否有

---

[1] Indian Ocean Rim-Assocaition for Regional Co-operation, *working group on trade and investment*, http://www.iorarc.org/（访问时间：2014年1月9日）。

[2] 环印联盟的另一个工作组是"大使工作组"，该工作组实际上是环印联盟成员国的日常沟通交流机构，由成员国驻南非比勒陀利亚大使或高级专员组成，并不负责具体的事项。

[3] 2012—2013年在印度担任轮值主席国期间，环印联盟的重点领域扩展为7个：贸易与投资便利化、海上安全、渔业管理、灾害风险管理、学术与科技合作、旅游与文化合作、女性赋权（Gender Empowerment）。见环印联盟网站，http://www.iora.net/about-us/priority-areas/（访问时间：2014年1月9日）。

[4] 参见《环印度洋联盟章程》。

效，至于其他次要目标是否实现就不是判断环印联盟有效性的关键因素了。

2. 以区域内贸易占比作为衡量环印联盟区域经济合作成效的指标

从世界其他地区的区域合作经验来看，贸易便利化和自由化是区域经济合作起步阶段的重点，也是相对容易取得突破的领域。区域贸易便利化和自由化也是环印联盟的工作重点和目前最主要的工作。① 因此，我们将衡量环印联盟区域经济合作的成效具体到衡量环印联盟在促进区域贸易便利化和自由化方面的成效。

一国的区域内贸易占比是指区域内某国对区域内其他国家的贸易额占该国总的对外贸易额的比例。一个地区的区域内贸易占比是指区域内所有国家相互之间的贸易额占这些国家总的对外贸易额的比例。环印联盟的区域内贸易占比则是指环印联盟成员国之间的相互贸易额占所有成员国对外贸易总额的比例。环印联盟区域内贸易占比的提高意味着各国之间的贸易往来更为密切。因此我们可以用环印联盟区域内贸易占比来衡量环印联盟在促进区域贸易便利化与自由化方面的成效。

（二）环印联盟内国家的选取

将区域内贸易占比的提高作为衡量环印联盟有效性的标志，解决了评估指标的确定问题。需要解决的另一个问题是在具体的区域内贸易占比的计算过程中，哪些国家应该包括在内。环印联盟现有20个成员国，比较理想的情况是将20个国家的区域内贸易占比全部计算。但环印联盟的20个成员国加入环印联盟的时间是不同的，也就是说各个国家受环印联盟影响的时间长短是不一的，假设环印联盟在促进区域贸易方面是有效的，那么加入环印联盟时间不同的国家，感受到的有效性也是有差别的。为了更为准确地反映环印联盟在促进区域贸易方面的有效性，我们应该选取同时加入环印联盟的国家作为计算区域内贸易的国家，这样就可以保证评估结果的精确性。

---

① G. V. C. Naidu, "Prospects for IOR – ARC Regionalism: an Indian Perspective", *Journal of the Indian Ocean Region*, Vol. 8, No. 1, 2012, p. 26.

基于如上考虑,我们只计算环印联盟的 14 个创始成员国的区域内贸易占比,而不计算另外 6 个后期加入的国家。① 这 14 个创始成员国分别是:澳大利亚、印度、印度尼西亚、肯尼亚、马达加斯加、马来西亚、毛里求斯、莫桑比克、阿曼、新加坡、南非、斯里兰卡、坦桑尼亚、也门。如果环印联盟在促进区域贸易方面是有效的,其有效性在这 14 个国家的数据中应该体现得更为明显。

二 环印联盟有效性评估的构成表

根据前文的分析,环印联盟有效性的分析应该包括 3 个方面,分别是反事实对比、目标的实现程度、与同类型的国际组织进行对比,分别对应于环印联盟成立前与成立后的数据进行对比、环印联盟与自身设定的目标进行对比、环印联盟与同类型的其他区域性国际组织在提高区域内贸易占比的结果进行对比,三者的权重分别为 50%、25% 和 25%,详情如表 5.1 所示。

表 5.1　　　　　　　环印联盟有效性评估的构成

要素	构成	操作化指标	计算方法	分值区间
反事实对比权重 50%	环印联盟成立前后 14 国区域内贸易占比的变化	环印联盟成立前后区域内贸易占比是否有变化;环印联盟成立前后区域内贸易占比变化的方式是否一致;环印联盟成员国与非成员国在环印联盟成立前后的数据变化方式是否一致	三者同时满足	0—1
目标的实现程度权重 25%	环印联盟成立后区域内贸易占比与其设定的目标之间进行对比	将环印联盟 14 国的区域内贸易占比与其设定的目标进行对比	将 14 国的区域内贸易占比除以目标值计算得分	0—1

① 这 6 个国家是:孟加拉国、科摩罗、塞舌尔、伊朗、泰国和阿联酋。

续表

要素	构成	操作化指标	计算方法	分值区间
目标的实现程度权重25%	若环印联盟没有设定区域内贸易占比目标,根据14国家的行为趋同或趋异进行判断	选择14国中环印联盟成立前区域内贸易占比差异最大的两个国家和差异最小的两个国家,考察这4个国家在环印联盟成立后行为是否趋同	$1 \div \{[(B2-C2)/(B1-C1)+(D2-E2)/(D1-E1)]/2\}$;B1、C1、D1、E1、B2、C2、D2、E2分别代表4国在加入环印联盟前后区域内贸易占比的数值	0—1
集体最优权重25%	环印联盟与"完美"的区域性经济合作组织的区域内贸易占比进行对比	环印联盟与亚太经合组织的区域内贸易占比进行对比	CO = ES/EO（若CO大于1,则视同为1,若CO小于1,则取其实际值）。CO、ES、EO分别代表集体最优的分值、环印联盟的得分和亚太经合组织的得分	0—1

注：后文将对构成表的三项内容分项逐一说明，此处为了行文的简洁和连贯将各项内容全部列出。

由于只能获取到相关国家的商品贸易数据，无法获得相关国家的服务贸易数据，因此我们在后文的分析中都将用区域内商品贸易占比替代区域内贸易占比。

（一）环印联盟的反事实分析

环印联盟的反事实分析主要是要回答环印联盟的成立是否有助于环印联盟区域内贸易占比的提高。为了确切地回答这一问题，需要明确3个方面的内容：环印联盟成立前后区域内贸易占比是否有变化；环印联盟成立前后区域内贸易占比变化的方式是否一致；环印联盟成员国与非成员国在环印联盟成立前后的数据变化方式是否一致。

环印联盟成立于1997年，我们将提取并计算环印联盟成立之前的10年间14国的区域内贸易占比，同时提取并计算1998—2013年环印联盟成立之后的14国区域内贸易占比，将这几组数据进行对比。此外，我们还选取了5个属于印度洋地区但却没有加入环印联盟的国家，提取并计算了这些国家1987—1997年和1998—2013年的数据，将未加入环印联盟的5国与加入环印联盟的14国的区域内贸易占比进行对比。

环印联盟14国的区域内贸易占比的计算我们采用如下方式：分别计算某国某一年份对另外13国的商品贸易总额，各国数据加总后得到14国的区域内贸易总额；将14国区域内贸易总额除以14国对全球的商品贸易额就得到这些国家的区域内贸易占比。5个属于印度洋地区但却没有加入环印联盟的国家的区域内贸易占比计算方式如下：将5国对环印联盟14个成员国的商品贸易额之和除以5国对全球的商品贸易额。

1. 14国加入环印联盟前后区域内贸易占比的变化

为反映环印联盟成立前后贸易占比的变化，我们考察环印联盟成立之前的10年间（1988—1997年），14国区域内贸易在成员国总对外贸易额中的占比，并将这些数据与环印联盟成立后的数据进行对比。

根据国际货币基金组织商品贸易数据库的数据，1987年，环印联盟14国区域内商品贸易额为300.65亿美元，当年14国的全球商品贸易额为2234.75亿美元，区域内贸易占比为13.45%。1997年，环印联盟成立，当年14国的区域内商品贸易占比为17.86%。1998年、2008年和2013年环印联盟14国区域内商品贸易占比分别为16.74%、20.25%和19.54%（见表5.2）。

表5.2　　　　**环印联盟14国区域内商品贸易额及占比**　　　单位：亿美元

国别	1987	1997	1998	2008	2013
澳大利亚	36.64	163.85	141.40	587.16	611.67
印度	20.58	88.01	95.15	618.75	1048.29
印度尼西亚	39.81	171.78	153.12	702.05	964.45
肯尼亚	1.82	10.65	9.27	38.05	57.37
马达加斯加	0.21	1.22	1.07	7.58	10.37

续表

国别	1987	1997	1998	2008	2013
马来西亚	71.50	352.82	290.10	857.20	1089.33
毛里求斯	2.20	8.35	8.17	21.97	24.62
莫桑比克	0.97	7.36	4.30	17.12	77.21
阿曼	5.76	8.65	8.72	48.35	120.67
新加坡	114.55	515.19	414.65	1754.79	1990.09
南非	—	—	40.85	183.68	256.81
斯里兰卡	3.91	15.57	15.78	62.98	79.47
坦桑尼亚	0.96	6.34	6.04	31.21	72.09
也门	1.73	3.30	4.66	45.38	45.59
14国区域内商品贸易总额	300.65	1353.09	1193.28	4976.27	6448.02
14国全球商品贸易总额	2234.75	7576.96	7128.25	24577.93	32991.04
区域内贸易占比	13.45%	17.86%	16.74%	20.25%	19.54%

注：为了行文的简洁和连贯，此处仅列出了1987年、1997年、1998年、2008年和2013年的数据，1987—2013年各年及成员国对每一其他成员国的商品贸易额见附表。1987—1997年间，南非的贸易数据缺失。

资料来源：笔者根据国际货币基金组织贸易统计数据库计算所得，IMF Direction of Trade Statistics (DOTS)，http://data.imf.org/。

环印联盟成立之后，2008年和2013年的区域内商品贸易占比较成立时（1997年）的数值有所增加，这似乎可以得出环印联盟在提高区域内商品贸易占比上有效的结果。但这样的结论显然是不成熟的，环印联盟14国区域内商品贸易占比的提高也有可能是各国商品贸易自然发展的结果，而与环印联盟无关。因此为了说明环印联盟是否有效，我们需要继续考察环印联盟成立前后区域内贸易占比的变化趋势是否相同。

2. 14国加入环印联盟前后区域内贸易占比变化的趋势

14国在加入环印联盟前后区域内商品贸易占比的变化趋势如果是相同的，则说明区域内商品贸易占比的提高有可能是各国贸易发展的自然结果，而与环印联盟的作用无关；如果14国在加入环印联盟前后区域内贸易占比的变化趋势出现明显的变化，则说明环印联盟有可能在发挥作用。

为此,我们分别考察了4个时间段的区域内贸易占比的年均增长率,发现在环印联盟成立之前的1987—1997年的10年间,区域内贸易占比年均增长2.87%。环印联盟成立后,1998—2008年的10年间,区域内贸易占比年均增长1.92%;2008—2013年间,年均增长-0.70%;而1998—2013年间,年均增长1.04%(见表5.3)。

表5.3　　　　　环印联盟区域内贸易占比的年均增长率

年份	14国区域内贸易占比年均增长率	5国区域内贸易占比年均增长率
1987—1997	2.87%	4.99%
1998—2008	1.92%	1.14%
2008—2013	-0.70%	2.89%
1998—2013	1.04%	1.61%

资料来源:笔者根据国际货币基金组织贸易统计数据库计算所得,IMF Direction of Trade Statistics (DOTS), http://data.imf.org/。

从这几组数据可以看出,环印联盟成立之前,区域内贸易占比就在持续增长,环印联盟成立之后,区域内贸易占比也在持续增长,但增长速度较成立之前有所下降。也就是说,环印联盟国家区域内贸易占比的提高可能与环印联盟的作用无关,而是各国贸易自然增长的结果,而且环印联盟成立之后区域内贸易占比的增长速度还在下降,这也说明了环印联盟在提高区域内贸易占比方面可能是无效的。

3. 非环印联盟成员国与成员国区域内贸易占比的对比

为确定环印联盟在提高成员国区域内贸易占比方面是否有效,除了前文的两个方面,还需要再考察成员国与非成员国在区域贸易占比方面的变化趋势是否相同。

为此,我们选择了埃及、马尔代夫、巴基斯坦、卡塔尔、沙特5个国家,这5个国家都位于印度洋地区,但都不是环印联盟的成员国。环印联盟成立后,这5个国家对环印联盟的14个成员国的贸易占比从1998年的12.44%提高到了2013年的16.07%,也就是说这5国虽然没有加入环印联盟,但对环印联盟成员国的贸易绝对额和相对占比都在提高（见表5.4）。

表5.4 印度洋地区非环印联盟5国区域内商品贸易额及占比　　单位：亿美元

国别	1987	1997	1998	2008	2013
埃及	4.95	15.26	13.51	65.43	82.24
马尔代夫	0.66	2.40	2.27	7.77	6.20
巴基斯坦	7.88	26.07	27.98	90.44	117.23
卡塔尔	4.31	11.32	9.30	132.81	289.26
沙特	32.34	113.52	89.84	624.57	875.77
5国对14国的区域内商品贸易总额	50.15	168.57	142.90	921.01	1370.71
5国全球商品贸易总额	655.02	1353.18	1148.77	6609.09	8529.53
区域内贸易占比	7.66%	12.46%	12.44%	13.94%	16.07%

资料来源：笔者根据国际货币基金组织贸易统计数据库计算所得，IMF Direction of Trade Statistics（DOTS），http：//data.imf.org/。

此外，从区域内贸易占比的年均增长速度来看，1998—2013年间，5国对环印联盟14个成员国的区域内贸易占比的增长速度为1.61%，高于14个成员国的区域内贸易占比的增长速度（见表5.3）。这就意味着，同处于印度洋地区但没有加入环印联盟的5国对环印联盟的贸易增长速度竟然高于环印联盟成员国之间的贸易增长速度，这也说明环印联盟对成员国提高区域内贸易占比是无效的。

通过前文3个方面的分析，可以看出环印联盟成立后区域内贸易占比有提高，但环印联盟成立前后区域内贸易占比都在提高，且成立后的年均增长速度较成立之前变慢；环印联盟的非成员国在环印联盟成立前后区域内贸易占比也在提高，且非成员国的区域内贸易增长速度快于成员国的增长速度。基于此，我们可以得出不管环印联盟是否成立，该地区的区域内贸易占比都会缓慢提高，环印联盟在提高区域内贸易占比中的作用是无法得到证明的。因此，对环印联盟的反事实分析结论是：没有环印联盟，区域内贸易占比仍将会缓慢提高；成立环印联盟之后，环印联盟成员国的区域内贸易占比也没有提高得更快。从反事实分析的角度来看，环印联盟是无效的。

（二）从目标的实现程度评估环印联盟的有效性

如果国际组织制定了明确的可衡量的目标，我们可以通过量化分析来评估该国际组织的目标完成率；如果国际组织没有制定明确的目标，则我们只能采用次优方法来评估国际组织目标的实现程度，即通过成员国行为的趋同率来评估目标的实现程度。

环印联盟自1997年成立以来，从来没有制定过任何明确而可衡量的目标。环印联盟最新修订的《章程》制定的区域贸易目标为"探求贸易自由化的可能性和益处，为实现区域内商品、服务、投资和技术的更自由流动扫除障碍、降低门槛"。[1]显然这样模糊的表述不能称其为明确的目标。2014年在澳大利亚珀斯召开的环印联盟第十四届部长理事会通过的三个最新文件《环印联盟的原则》《环印联盟经济宣言》《环印联盟第十四届部长理事会珀斯宣言》也没有制定明确的目标。[2]因此，我们将采用行为趋同的方式对环印联盟促进区域贸易便利化与自由化这一目标进行评估。

根据分析国家行为趋同的需要，我们需要选取环印联盟成立前在区域内贸易占比差异最大的两个国家和差异最小的两个国家。

环印联盟建立前的1987年到1997年10年间，在14个创始成员国中，区域内贸易占比差异最大的两个国家为莫桑比克和阿曼，其中莫桑比克10年间区域内贸易占比的平均值为25.72%，阿曼为8.38%，前者是后者的3.07倍（见表5.5）。环印联盟建立后，在1998—2013年的15年间，在14个创始成员国中，区域内贸易占比差异最大的两个国家依然是莫桑比克和阿曼，区域内贸易占比的均值分别为40.79%和11.21%，前者是后者的3.64倍（见表5.5）。因此可以说在环印联盟建立后，曾经在区域内贸易方面差异最大的两个国家，其差异进一步扩大。

环印联盟建立前的10年间，在14个创始成员国中，区域内贸易占比差异最小的两个国家是马达加斯加和印度，其中马达加斯加10

---

[1] 环印联盟的第三项目标，见《环印度洋联盟章程》。
[2] 参见《环印联盟的原则》《环印联盟经济宣言》《环印联盟第十四届部长理事会珀斯宣言》。

年间区域内贸易占比的平均值为 9.54%，印度为 9.51%，两者仅相差 0.03 个百分点，前者是后者的 1.003 倍。环印联盟建立后的 15 年间（1998—2013 年），马达加斯加区域内贸易占比平均值为 16.15%，印度区域内贸易占比平均值为 13.59%，前者是后者的 1.19 倍，可以说在环印联盟建立后，曾经在区域内贸易方面差异最小的两个国家，其差异也扩大了。在环印联盟建立后，不论是曾经相互之间在区域内贸易方面差异较大的国家还是曾经相互之间在区域内贸易方面差异较小的国家，其差异都进一步扩大了，因此可以说环印联盟在导致成员国行为趋同方面效果不明显。

根据前文讨论得出的行为趋同的计算公式，可得出行为趋同率为 1/{[（16.15% - 13.59%）/（9.54% - 9.51%）+（40.79% - 11.21%）/（25.72% - 8.38%）]/2} = 0.023

在得分区间为 0 到 1 的趋同率得分中，0.023 是一个比较低的数值，也说明了从国家行为趋同的角度来衡量环印联盟的有效性，其得分也是很低的。

表 5.5　环印联盟成立前后 14 国区域内贸易占比情况　　单位：亿美元

国别	1987—1997 年 对其他13国商品进出口总额	对全球商品进出口总额	占比	1998—2013 年 对其他13国商品进出口总额	对全球商品进出口总额	占比
澳大利亚	1022.63	10290.84	9.94%	6118.92	45643.48	13.41%
印度	492.28	5174.64	9.51%	7457.61	54883.68	13.59%
印度尼西亚	1002.42	6766.50	14.81%	7436.00	30306.33	24.54%
肯尼亚	52.89	403.95	13.09%	390.01	1848.37	21.10%
马达加斯加	7.94	83.23	9.54%	83.11	514.67	16.15%
马来西亚	2290.98	10034.02	22.83%	10161.06	43599.83	23.31%
毛里求斯	57.58	324.81	17.73%	236.28	853.14	27.70%

续表

国别	1987—1997 年 对其他13国商品进出口总额	1987—1997 年 对全球商品进出口总额	占比	1998—2013 年 对其他13国商品进出口总额	1998—2013 年 对全球商品进出口总额	占比
莫桑比克	31.19	121.24	25.72%	354.56	869.34	40.79%
阿曼	80.49	960.00	8.38%	691.91	6173.87	11.21%
新加坡	3393.04	17301.40	19.61%	19277.72	75487.15	25.54%
南非	0.00	0.00	0.00%	2020.91	19319.29	10.46%
斯里兰卡	104.74	678.95	15.43%	707.07	2830.38	24.98%
坦桑尼亚	41.86	195.12	21.45%	371.43	1132.28	32.80%
也门	42.88	354.80	12.09%	393.50	2065.23	19.05%
合计	8620.92	52689.49	16.36%	55700.08	285527.05	19.51%

资料来源：笔者根据国际货币基金组织数据库计算所得，IMF Direction of Trade Statistics (DOTS)，http://data.imf.org/。

（三）环印联盟集体最优的评估

按照集体最优的评价思路，需要将环印联盟与其他同类型的国际组织在有效性方面进行对比。因此首先需要为环印联盟设定一个参照对象。

亚太经合组织成立于1989年，现有21个成员国和地区，包括澳大利亚、文莱、加拿大、印度尼西亚、日本、韩国、马来西亚、新西兰、菲律宾、新加坡、泰国、美国、中国、中国香港、中国台北、墨西哥、巴布亚新几内亚。

东盟、北美自由贸易区和欧盟都是区域经济一体化的成功典范，不用经过系统的数据分析就可以知道这三者在促进区域贸易自由化方面的成效要好于环印联盟。环印联盟与亚太经合组织则具有较高的可比性。这是因为，第一，从地理范围来看，两个组织都覆盖了大洋两岸的广大区域。亚太经合组织的成员国包括了太平洋两岸的国家和太平洋中的岛国，环印联盟的成员国包括了印度洋两岸的国家和印度洋中的岛国。第二，两个组织的成员国之间都以广泛的多样性而著称。两个组织的成员国之间除了都位于太平洋或印度洋沿岸这一共同点之外，在发展水平、政治制度、文化等方面都有着较大的差异性。第三，两个组织都是以促进区域经济合作为主要宗旨。在环印联盟2010年名称改变之前，两个组织的名称都是相同的，都有"经济合作"。第四，两个组织还有5个共同的成员国，即澳大利亚、印度尼西亚、马来西亚、新加坡和泰国。

从定量的角度也可以看出，尽管环印联盟的重点和焦点都是区域贸易便利化与自由化，但环印联盟在这方面几乎没有任何实质性的举措。①从定性分析来看，按照集体最优的计算方法，我们将环印联盟与亚太经合组织进行对比，对比的指标为两个机构产生前后各自区域内货物贸易占比的变化。

通过比较可以发现环印联盟在其成立的前10年（1987—1997年）间，区域内货物贸易占各国对外贸易的平均占比为16.36%，而亚太经合组织在成立之前的10年间，其区域内货物贸易占各国对外贸易的比重为64.74%。在两机构成立15年之后，亚太经合组织和环印联盟的该项指标分别为71.11%和19.40%（见表5.6）。此处我们按照两个组织成立之后的15年间区域内货物贸易占比的值和区域内货物贸易占比每年的提升值来计算环印联盟相较于亚太经合组织的差距，并设定两者的权重都为50%。②计算过程如下：环印联盟成立后15年间区域内货物贸易占比/亚太经合组织成立15年间区域内货物贸易占比×50% + 环印联盟成立后15年间区域内货物贸易占比年提高额/亚太经合组织成立后15年区域内货物贸易占比年提高额×50%，即（19.40%/71.11%）×50% +（0.20%/0.42%）×50% = 0.37。

---

① G. V. C. Naidu, "Prospects for IOR – ARC Regionalism: an Indian Perspective", *Journal of the Indian Ocean Region*, Vol. 8, No. 1, 2012, pp. 21 – 36.

② 两个组织成立后的15年间，环印联盟区域内贸易占比年均提高1.14%，亚太经合组织区域内贸易占比年均提高0.63%。但两者的基数差距较大，亚太经合组织成立前，其区域内贸易占比已达到64.74%，基数较高要保持较快发展难度较大，而且区域内贸易占比在达到一定占比后，再提高的难度较大；环印联盟成立前，其区域内贸易占比仅为16.36%，提升区域内贸易占比有较大的空间，理应保持较快的发展；但即便如此，亚太经合组织区域内贸易占比的年均增长额的绝对量（0.42%）仍然高于环印联盟的（0.20%），因此在进行集体最优计算时，没有选用年均增长率，而是使用了区域内贸易占比的年均提高额。

表 5.6　　　　环印联盟与亚太经合组织区域内贸易对比

项目	亚太经合组织	环印联盟
成立前 10 年区域内货物贸易占对外货物贸易的平均占比	1979—1989 年 64.74%	1987—1997 年 16.36%
成立后 15 年区域内货物贸易占对外货物贸易的平均占比	1990—2005 年 71.11%	1998—2013 年 19.40%
绝对占比增长	6.37%	3.04%
年均增长速度	0.63%	1.14%
区域内贸易占比年均提高额	0.42%	0.20%

注：依据两个组织成立的时间为 1989 年和 1997 年，分别选取其各自的前 10 年和后 15 年。

资料来源：根据国际货币基金组织数据库计算所得，IMF Direction of Trade Statistics (DOTS), http://data.imf.org/，详细数据见附表。

（三）环印联盟有效性评估的结果

根据环印联盟有效性的构成表，前文我们分别评估了有效性的 3 个要素，即环印联盟的反事实分析（权重 50%）、环印联盟中目标的实现程度（权重 25%）、环印联盟与亚太经合组织的对比（权重 25%），其结果如下。

反事实对比得分为 0、国家行为趋同得分为 0.023、与亚太经合组织对比的得分为 0.37，因此，环印联盟有效性的得分为 0×50% + 0.023×25% + 0.37×25% = 0.098（见表 5.7）。

表 5.7　　　　**环印联盟有效性的评估结果**

项目	权重	分值区间	得分
反事实对比	50%	0—1	0
目标的实现程度	25%	0—1	0.023
集体最优	25%	0—1	0.37
总分	100%	0—1	0.098

在分值区间为 0—1 的有效性得分中，环印联盟 0.098 的得分是较低的，不到总分的 1/10。根据上述定量评估的结果，我们可以认为环印联盟的有效性是严重不足的。

第二节 环印联盟合法性评估

对环印联盟有效性的评估，我们选取了区域内贸易占比这一指标。对环印联盟合法性的评估需要分别评估环印联盟的输入合法性、过程合法性和输出合法性，这3项下面又包括了众多子项目。为了行文的简洁，我们不对各个子项目的指标进行统一说明，各个子项目指标的说明将在具体的评估过程中分别说明。有效性是一个相对较为容易量化评估的指标，而合法性的量化评估则面临着更大的难度，后文我们将对具体的评估过程分别进行阐述。

一 环印联盟的输入合法性

根据前一章对国际制度输入合法性构成的分析，结合环印联盟的具体情况，我们将环印联盟输入合法性的构成细化为如下表格。

表5.8 环印联盟输入合法性的构成与评估（分值区间0—3）

来源	构成	操作化指标	计算方法	分值区间
输入合法性	国家的承认/支持	印度洋地区国家对环印联盟的参与率	参与环印联盟的国家数量/印度洋地区国家总数＋域外国家及其他国家参与的得分	0—1
	规范性价值观	环印联盟是否符合规范价值观、具有专业权威、具有传统和个人权威	符合联合国宪章（权重50%）＋专门的研究部门（权重12.5%）＋定期发布研究报告（权重12.5%）＋成立时间（权重12.5%）＋秘书处/秘书长（权重12.5%）	0—1
	其他国际组织的确认	其他国际组织对其合法性没有质疑、是否派生关系、与其他国际组织的合作	其他国际组织对其合法性没有质疑（权重50%）＋其他国际组织的派生（权重25%）＋与其他国际组织的合作（权重25%）	0—1

后文将对环印联盟输入合法性的各项指标进行具体的说明。

(一) 国家对环印联盟的支持

我们以印度洋地区国家对环印联盟的参与率作为国家对环印联盟支持的操作化指标,为了计算方便,我们将域内国家以及对话伙伴国参与环印联盟的活动视同对环印联盟的支持,同时域外国家对环印联盟的参与意味着对其合法性的认可,是一个加分项。目前环印联盟共有20个成员国,6个对话伙伴国。在6个对话伙伴国中,埃及、英国、法国为域内国家;印度洋地区共有38个国家,联合国会员国共有193个,因此根据国际组织的国家参与率的计算公式可以得出环印联盟的国家参与率得分为[(20+3)÷38]+[3÷(193-38)]=0.62。

(二) 规范性价值观

在考察环印联盟规范性价值观这项的得分中,我们需要分别分析环印联盟的宗旨是否符合联合国宪章、环印联盟是否有专门的研究部门、环印联盟是否定期发布研究报告、环印联盟成立时间的长短、环印联盟是否设有秘书处/秘书长。上述5项内容共同构成了环印联盟的规范性价值观的分值。

环印联盟《章程》虽然没有没有明确提出以《联合国宪章》的原则为基础,但却具体指出环印联盟坚持"主权平等、领土完整、政治独立、不干涉内政、和平共处、互利"① 的原则。2014年通过的《环印联盟的原则》《环印联盟经济宣言》《环印联盟第十四届部长理事会珀斯宣言》再次重申了这些原则,②这些原则与联合国确定的主权独立、领土完整、和平共处等原则是一致的。因此,环印联盟的价值观是符合《联合国宪章》精神的。

环印联盟是否具有科学权威的操作化指标为是否设有专门的研究机构、是否定期发布研究报告。环印联盟设有专门的研究协调机构——印度洋学术研究组(Indian Ocean Academic Group)。在环印联

---

① 参见《环印度洋联盟章程》。
② 参见《环印联盟的原则》《环印联盟经济宣言》《环印联盟第十四届部长理事会珀斯宣言》。

盟正式成立之前，印度洋学术研究组就于 1995 年在毛里求斯召开了第一次会议，在每年的环印联盟部长理事会召开期间，也会同步召开印度洋学术组会议。印度洋学术组的定位是"服务政府与企业的需要、发展和阐释环印度洋这一概念"。[1]

环印联盟本身并没有定期发布研究报告，但环印联盟在定期发布研究报告方面也有着较多的安排。第一，吸收印度洋研究集团为环印联盟的观察员。印度洋研究集团（Indian Ocean Research Group）成立于 2007 年，是以政策研究为重点的智库，定位于为环印联盟服务的二轨层面的学术合作交流机构。[2] 2010 年，其被认可为环印联盟的观察员。印度洋研究集团的研究项目主要是面向环印联盟政策的需要。[3]第二，环印联盟资助的一些研究项目，这些研究项目都会发布研究报告。环印联盟资助了一些研究项目包括：旅游可行性研究项目（Tourism Feasibility Study，资助时间：2009 年 5 月，资助金额：2.5 万美元）、海啸研究（Tsunami，资助时间：2011 年 6 月，资助金额：2 万美元）、促进区域内贸易与投资机制研究（Institutional Mechanism for Promoting Intra‑Regional Investment & Trade，资助时间：2013 年 3 月，资助金额：1.5 万美元）。基于以上两个方面的安排，我们认为环印联盟具有类似定期发布研究报告的功能。

环印联盟的传统和个人权威的操作化指标为环印联盟与联合国相比其成立时间的长短和是否设有秘书处和秘书长。环印联盟成立

---

[1] 环印联盟学术组的目标是"服务企业和政府的需要；促进成员国间的智力交流；发展和阐释环印度洋这一概念；进行合作研究以服务于整个地区"。环印联盟学术组此后的工作重点包括："形成印度洋研究的浓厚氛围；培养一种印度洋文化；聚焦于共同关注的问题；以形成更好的区域性政策为目标进行研究；形成区域政策基础；增强共同的区域意识。"详情请参见环印联盟官网关于环印联盟学术组的介绍，http://www.iora.net/forum/academic‑group.aspx（访问时间：2014 年 2 月 9 日）。

[2] Indian Ocean Rim Assocaition, http://www.iora.net/members/observers/iorg.aspx（访问时间：2014 年 3 月 5 日）。

[3] 印度洋研究集团目前正在进行的科研项目，如印度洋地区数据分析系统、印度洋地区的区域合作、印度洋地区的人员往来等项目都是直接服务于环印联盟的政策需要的。详情请参见 The Indian Ocean Research Group , http://www.iorgroup.org/research‑education.php（访问时间：2014 年 3 月 5 日）。

于 1997 年，截至 2015 年，共有 18 年的历史，截至 2015 年联合国已有 70 年的历史，因此环印联盟在成立时间方面的得分为 18÷70＝0.26。

环印联盟设有常设秘书处和秘书长。环印联盟的常设秘书处，位于毛里求斯的数码城易必尼。秘书长人选由各成员国提名，由部长理事会任命。秘书处主要负责筹备会议、对外代表环印联盟并保存相关的资料和文件。秘书处除了秘书长，还包括两位主任和两位专家协助秘书长开展工作，主任和专家是基于成员国自愿的基础上从各成员国借调，现任的两位主任分别借调自南非和印度尼西亚；另外，秘书处还包括从当地招聘的 8 位工作人员。

根据前文所述环印联盟规范性价值观＝符合联合国宪章（权重 50%，得分：1）＋专门的研究部门（权重 12.5%，得分：1）＋定期发布研究报告（权重 12.5%，得分：1）＋成立时间（权重 12.5%，得分：0.26）＋秘书处/秘书长（权重 12.5%，得分：1）＝0.91。

（三）其他国际组织的确认

其他国际组织对环印联盟的确认包括了 3 个项目，分别是其他国际组织对环印联盟合法性没有质疑（权重 50%）、环印联盟是否为其他国际组织的派生（权重 25%）、环印联盟与其他国际组织存在合作关系（权重 25%）。

从笔者检索的资料来看，目前并没有国际组织（特别是"高位"国际组织）对环印联盟的合法性存在质疑，联合国还与环印联盟开展了一些合作，这事实上相当于联合国对环印联盟的合法性给予了背书。

环印联盟是 1997 年由印度洋沿岸 14 国发起成立的国际组织，是独立的国际组织，并非由其他国际组织派生出来的。

目前，环印联盟的有些工作与其他国际组织存在合作关系。2014 年由毛里求斯牵头的环印联盟贸易与投资便利化项目组邀请了国际贸易中心（the International Trade Centre）和世界银行作为观察员。环印联盟还与联合国教科文组织下属的政府间海洋学委员会在海洋科研方面有合作关系。联合国开发计划署参与了环印联盟的"女性赋权"活动。2014 年 10 月在澳大利亚珀斯召开的环印联盟第十四届部长理事会中通过的《环印度洋联盟第十四届部长理事会珀斯宣言》专门提及"我们非常支持环印联盟近来与其他国际和区域组织建立正式关系的努力，与联合国及其专门机构建立更密切的联系对双方都是有利的"。[①]这说明环印联盟正在与联合国及其相关机构建立正式的联系，这意味着环印联盟将与联合国及其相关机构建立更紧密的合作关系。

根据上述3项的情况，其他国际组织对环印联盟的确认项的得分＝其他国际组织对环印联盟合法性没有质疑（权重50%，得分：1）＋环印联盟是否为其他国际组织的派生（权重25%，得分：0）＋环印联盟与其他国际组织存在合作关系（权重25%，得分1）＝0.75。

根据环印联盟在国家对环印联盟的支持、规范性价值观和其他国际组织的确认三项的得分，我们可以得出环印联盟的输入合法性得分为：2.28（见表5.9）。

表5.9　　　　　　　　环印联盟输入合法性得分

构成	得分	分值区间
国家对环印联盟的支持	0.62	0—1
规范性价值观	0.91	0—1
其他国际组织的确认	0.75	0—1
合计	2.28	0—3

二　环印联盟的过程合法性

环印联盟过程合法性由3个项目构成：环印联盟成员国地位与参与度、环印联盟的决策机制、环印联盟的制度性质。3个项目的操作化指标及计算方法说明如下。

---

① 参见《环印联盟第十四届部长理事会珀斯宣言》。

表5.10　环印联盟过程合法性的构成与评估（分值区间0—3）

来源	构成	操作化指标	计算方法	分值区间
过程合法性	环印联盟成员国地位与参与度	各国是否有机会参与环印联盟的所有活动、各国参与各项活动的机会是否平等、各国是否事实上参与了各项活动	各国是否有机会参与环印联盟的所有活动（权重1/3）+各国参与各项活动的机会是否平等（权重1/3）+各国是否事实上参与了各项活动（权重1/3）	0—1
	环印联盟的决策机制	一致同意、多数同意和加权投票	一致同意、多数同意和加权投票的合法性赋值分别为1、2/3和1/3	0—1
	环印联盟的制度性质	环印联盟的包容性、可问责性、透明度	包容性、可问责性、透明度各占有1/3的权重。有两类及以上的非国家行为体参与国际组织则包容性为满分；透明度由是否有体现其透明度的载体和是否发布相关内容构成；可问责性由内部审计、向成员国报告、有可考核的目标构成	0—1

（一）环印联盟成员国地位与参与度

《章程》规定各会员国可以参与环印联盟的所有活动，而且《环印联盟工作流程规定》从程序上非常细致地规定了各国平等参与环印联盟各项活动的步骤。环印联盟的最高决策机构为会员国外交部长组成的部长理事会，环印联盟的所有重要事项都必须经过部长理事会的批准。部长理事会采用的是全体一致同意的决策机制，所有国家在所有问题上都有否决权。成员国不仅在所有活动的参与和决策中是平等的，而且各国在环印联盟议程的设置上也是平等的。根据《环印联盟工作流程规定》的要求，议程草案在提出后，所有国家对议程的所有方面都可以提出修改意见，议程由各国通过共识的方式决定。① 环印联盟在所有层次的所有问题上都采取共识的决定方式，就保证了各成员国平等参与的权利。

---

① 参见《环印联盟工作流程规定》。

环印联盟部长理事会是环印联盟的最高决策机构，一般每年召开一次。各成员国对部长理事会的参与可以作为成员国对环印联盟活动参与的标志。环印联盟自 1997 年成立以来，除了最初几年部长理事会没有每年召开，此后基本上保证了每年召开一次。2014 年在澳大利亚珀斯召开的是第十四届部长理事会。从这第十四届部长理事会各成员国都参与的情况来看，基本可以得出各成员国都参与了环印联盟的相关活动的答案。据此，我们认为环印联盟成员国有平等参与并事实参与了各项活动，该项得分为 1 分。

（二）环印联盟的决策机制

环印联盟的决策机制是成员国一致同意原则。《章程》明确规定所有层级的所有决定和所有问题都应在共识基础上做出；可能会产生分歧的议题、阻碍合作的议题都应该被排除在外。[①]此外，在 2010 年通过的《环印联盟工作流程规定》更是非常细致地将全体一致同意的决策原则细化到了每个步骤。而且，即便是环印联盟根据全体共识的原则做出了决定，各国对决定的执行也是以"自愿"为基础。环印联盟轮值主席国的产生、秘书长人选的产生、相关会议的主办、财务规定、新的合作领域拓展等都是基于自愿基础上，按照一致同意的原则决定。可以说环印联盟较为彻底地贯彻了全体一致的决策原则，在该项的得分为 1 分。

（三）环印联盟的制度性质

我们对国际组织包容性的界定是指有两类及以上的非国家行为体参与国际组织的相关活动。环印联盟明确提出鼓励非国家行为体参与环印联盟的相关活动。环印联盟商务论坛、环印联盟学术组的活动每年都有非政府机构参加，参加这两个机构每年举行的会议的主体是各国的商会和学术机构。环印联盟下设的贸易和投资便利化项目组还邀请了私营企业参加。可以说非国家行为体中的企业、学术团体和非政府组织都已经参与到环印联盟的部分活动中了。

环印联盟的透明度是由是否有体现其透明度的载体和是否发布相关内容构成。环印联盟建立了门户网站（http：//www.iora.net/），

---

① 参见《环印度洋联盟章程》。

有主动发布信息的载体。此外,环印联盟还出版发行了电子版的《环印联盟动态》,该动态每月一期,将环印联盟相关情况进行刊登。环印联盟每年的部长理事会都会发布联合公报、会议讲话等内容。环印联盟为推动合作的进展,设立了专项资金,环印联盟会在其网站上发布资金来源报告和使用报告。①因此,可以说环印联盟既有发布其信息的载体,也会在这些载体上主动发布相关内容,透明度较高。

环印联盟的可问责性由内部审计、向成员国报告、有可考核的目标构成。在环印联盟的机构设置中,承担内部审计职能的机构有两个:高官委员会和财务委员会。高官委员会负责审查环印联盟各项活动的执行情况。财务委员会负责审查环印联盟的预算及执行情况。

环印联盟建立了复杂的报告制度。在部长理事会会议期间,环印联盟秘书长需向成员国提供年度报告;财务委员会、商务理事会及相关学术组、工作组要向部长理事会和成员国汇报年度情况。在非会议期间,"三驾马车"要及时向部长理事会和成员国报告所有重要事项。②会员国驻南非大使组成的大使工作组也会定期或不定期地审议环印联盟的活动。

环印联盟作为一个国际组织并没有明确的可量化考核的目标,但其资助的一些项目有着明确的考核要求。所有受环印联盟资助的项目,在每年的部长理事会和高官会议中都要审议,如果项目无法得到5个以上会员国的支持或两年内没有取得明显进展的项目将被取消资助。③

根据环印联盟成员国地位与参与度、决策机制和制度性质,我们综合计算出环印联盟的过程合法性得分为 2.89 分,得分明细见表 5.11。

---

① 报告内容请参见 Indian Ocean Rim Assocaition, http://www.iora.net/projects/special-fund/special-fund.aspx(访问时间:2014 年 1 月 9 日)。

② 见环印联盟关于"三驾马车"的介绍,http://www.iora.net/forum/troika.aspx(访问时间:2014 年 1 月 9 日)。

③ 见环印联盟关于项目的规定:http://www.iora.net/projects/overview.aspx(访问时间:2014 年 5 月 4 日)。

表 5.11　　　　　环印联盟过程合法性得分

构成	子项目	得分	权重	分值区间
成员国地位与参与度	是否有机会参与	1	1/3	0—1
	参与的机会是否平等	1	1/3	
	是否事实上参与	1	1/3	
决策机制	决策方式	1	100%	0—1
制度性质	包容性	1	1/3	0—1
	透明度	1	1/3	
	可问责性	2/3	1/3	
合计	—	2.89	—	0—3

三　环印联盟的输出合法性

环印联盟的输出合法性也是由 3 个项目构成的，分别是环印联盟的权利与义务的对称性、环印联盟成员国的相对获益、环印联盟的不可替代性。具体项目的计分方法如下。

表 5.12　　环印联盟输出合法性的构成与评估（分值区间 0—3）

来源	构成	操作化指标	计算方法	分值区间
输出合法性	权利与义务的对称性	成员国决策权重与履约权的对称性、提供公共产品的贡献与环印联盟收益分配的对称性	环印联盟成员国中大国自愿承担特定职责的比例（权重1/3）+按时足额交纳会费的比例（权重1/3）+环印联盟制定的各类"准条约、议程"的签约率（权重1/3）	0—1
	相对获益	公共产品的供应有所增加，各国的相对收益增加	环印联盟的有效性得分	0—1
	不可替代性	环印联盟的不可替代性	唯一性	0—1

（一）权利与义务的对称性

环印联盟的权利与义务的对称性主要体现在成员国与环印联盟的关系上。环印联盟明确规定，加入环印联盟不会对成员国已承担的其他权利与义务产生影响。此外，环印联盟的所有义务都是自愿执行。因此基于国家理性行为体的假设，成员国"自愿"履行相应的义务应是基于其已经享有了相应的权利。具体而言，体现在3个方面：环印联盟成员国中大国自愿承担特定职责的比例（权重1/3）、按时足额交纳会费的比例（权重1/3）、环印联盟制定的各类"准条约、议程"的签约率（权重1/3）。

由于环印联盟所有的工作都是基于自愿基础上，采用共识的方式做出的决策，因此，目前环印联盟开展的各个具体的项目几乎都是个别国家自愿牵头负责，其他国家自愿参与。目前，环印联盟开展的工作有10项，每一项都由某个或某几个国家自愿牵头负责。印度的工商理事会（the Federation of India Chambers of Commerce and Industry）在新德里设立了印度洋商务中心（Indian Ocean Business Center），同时印度也在积极支持建立贸易与投资数据库及信息交换（Trade and Investment Database and Information Exchange）机制。毛里求斯在协调负责标准与认证合作（Co-operation in Startards and Accreditation）项目。阿曼在负责港口升级、开发与管理（Port Upgradeing, Development and Management）项目。印度和毛里求斯资助在毛里求斯设立的印度洋研究席位和研究员（Chair and Associate Fellows in Indian Ocean Studies）项目。此外，毛里求斯还在牵头负责环印联盟贸易与投资便利化研究项目，塞舌尔承办了2014年环印联盟旅游部长会议。自愿承担特定职责还体现在成员国对环印联盟的捐款上。2006年环印联盟建立了环印联盟基金会，由各成员国自愿捐赠，截至2014年底有8个国家向环印联盟基金会捐赠，共捐款1913048美元，其中最大的捐赠国为印度，共捐赠105万美元，其次为阿联酋，共捐赠50万美元，再次为中国，共捐赠20万美元。①

---

① 各国的捐款情况如下：2006年印度5万美元、2006年阿曼5万美元、2007年伊朗75063美元、2009年也门2.5万美元、2012年印度100万美元、2013年南非5000美元、2013年阿联酋50万美元、2013年澳大利亚7985美元、2011年中国10万美元、2012年中国10万美元。详见环印联盟基金来源说明，http://www.iora.net/projects/special-fund/special-fund.aspx（访问时间：2014年5月4日）。

《章程》规定成员国承担的资金份额应根据由部长委员会决定的标准来制定。但目前环印联盟并未披露各成员国缴费的标准，也未披露各成员国是否按时足额交纳会费，因此该项我们根据现有的资料无法做出判断。

环印联盟制定的各类"准条约、议程"并不多。环印联盟目前制定的最重要的文件是《环印联盟章程》，其20个成员国都已批准了该章程。另外，2010年制定的《环印度洋联盟工作流程规定》也得到了所有成员国的批准。此外，环印联盟每届的部长理事会都会发表联合宣言，由于部长理事会本身采用的全体一致同意原则，因此每次会后发表的联合宣言都是事先得到了所有成员国的认可的。2014年环印联盟珀斯会议制定的《环印联盟的原则》和《环印联盟经济宣言》也是经所有成员国同意的。鉴于环印联盟采取的是全体一致同意的决策原则，因此可以说环印联盟制定的各类"准条约"都已事先得到了所有成员国的认可。

（二）相对获益

由于对相对获益的判断和计算也需要应用反事实分析的方法，即需要判断有环印联盟与没有环印联盟相比，给各国带来的相对益处。因此我们可以用环印联盟有效性的得分来代表相对获益。

（三）不可替代性

根据笔者的不完全整理，目前有14个区域性国际组织与环印联盟存在着相同或相似的诉求（见表5.13）。这14个国际组织与环印联盟所覆盖的国家、涉及的议题都有区别。环印联盟是目前覆盖印度洋地区成员国最多的以区域经济合作为主的国际组织。因此，环印联盟作为印度洋地区的经济合作组织具有不可替代性，它是唯一可以代表印度洋地区参与对外经济合作的国际组织，尽管其代表性不足，但却是目前唯一的。

表 5.13　　与环印联盟存在交叉的国际组织概况

序号	名称	成立时间	总部	涉及议题	成员国
1	南亚区域合作联盟（South Asian Association for Regional Cooperation, SAARC）	1985	尼泊尔 加德满都	经济合作为主，其他议题	8 国
2	东南亚国家联盟（Association of Southeast Asian Nations, ASEAN）	1967	雅加达 印度尼西亚	全面合作	10 国
3	非洲联盟（the African Union, AU）	1963	亚的斯亚贝巴 埃塞俄比亚	全面合作	54 国
4	东盟地区论坛（ASEAN Regional Forum, ARF）	1994	雅加达 印度尼西亚	全面合作	27 国
5	非洲发展银行（African Development Bank, AFDB）	1964	阿比让 科特迪瓦	发展	78 国
6	亚洲开发银行（ADB）	1964	马尼拉 菲律宾	发展	67 国
7	孟印缅斯泰经济合作组织（BIMSTEC）	1997	达卡 孟加拉国	多领域合作	7 国
8	南部非洲发展共同体（Southern African Development Community, SADC）	1992	哈博罗 博茨瓦纳	全面合作	15 国
9	海湾合作委员会（the Gulf Cooperation Council, GCC）	1981	利雅得 沙特	全面合作	海湾 6 国
10	亚太经济合作组织（Asia-Pacific Economic Cooperation, APEC）	1989	新加坡	全面合作	21 国、地区
11	阿拉伯国家联盟（Arab League, AL）	1945	开罗 埃及	全面合作	22 国
12	亚洲合作对话（Asia Cooperation Dialogue, ACD）	2002	泰国	经济合作	31 国

续表

序号	名称	成立时间	总部	涉及议题	成员国
13	科伦坡计划（Colombo Plan, CP）	1950	科伦坡 斯里兰卡	人力资源、经济	27国
14	西南印度洋渔业委员会（South West Indian Ocean Fisheries Commission）	2004	肯尼亚	渔业管理	东非9国

资料来源：收集编译整理自各组织的门户网站。

根据环印联盟的权利与义务的对称性、相对获益、不可替代性3个项目的分析，我们可以得出环印联盟的输出合法性得分为1.76分，详情见表5.14。

表5.14　　　　环印联盟输出合法性得分

来源	构成	得分	权重	分值区间
权利与义务的对称性	大国自愿承担特定职责的比例	1	1/3	0—1
	按时足额交纳会费的比例	—	1/3	
	"准条约、议程"的签约率	1	1/3	
相对获益	有效性	0.098	100%	0—1
不可替代性	唯一性	1	100%	0—1
合计	—	1.76	—	0—3

四　环印联盟合法性评估的结果

前文我们分别计算了环印联盟输入合法性、过程合法性与输出合法性的得分，将这3项结果加总后，得到环印联盟的合法性得分为6.928（见表5.15）。合法性的分值区间为0—9，应该说环印联盟6.928分的得分是较高的合法性得分。通过量化的评估指标，我们得出了环印联盟合法性较高的结论。

表5.15　　　　　　　环印联盟合法性的评估结果

来源	构成	得分	分值区间
输入合法性	国家对环印联盟的支持	0.62	0—1
	规范性价值观	0.91	0—1
	其他国际组织的确认	0.75	0—1
过程合法性	成员国地位与参与度	1.00	0—1
	决策机制	1.00	0—1
	制度性质	0.89	0—1
输出合法性	权利与义务的对称性	0.66	0—1
	相对获益	0.098	0—1
	不可替代性	1.00	0—1
合计		6.928	0—9

环印联盟较低的有效性与较高的合法性之间是否存在着一定的关联，这是我们下一节将分析的问题。

第三节　环印联盟合法性过剩对有效性的抵消

一　环印联盟的有效性与合法性得分的对比

环印联盟成立的主要目的是促进区域经济合作。就全球各地的区域合作而言，最容易取得成效的就是经济领域的合作，世界上比较成功的区域性国际组织欧盟、东盟等都是首先在经济合作方面取得了效果。但成立18年间，环印联盟在此方面的表现乏善可陈。

环印联盟的有效性得分为0.098分，得分区间为0—1，以10为标准分折算后为0.98分；环印联盟的合法性得分为6.928，得分区间为0—9，以10为标准分折算后为7.70；合法性的分值是有效性的7.86倍（见表5.16）。从分值中，我们可以看出环印联盟的低有效性与高合法性之间的强烈对比。

表 5.16　　　　　　环印联盟有效性与合法性得分对比

项目	有效性	合法性
分值	0.098	6.928
得分区间	0—1	0—9
以 10 为标准分进行折算后	0.98	7.70

二　环印联盟高合法性对有效性的抵消作用

环印联盟建立了一整套较为完善的制度结构，包括了秘书处、部长理事会、三驾马车机制、大使工作组等，与印度洋海军论坛的结构相比，环印联盟的结构要完善和复杂得多。但从评估结果来看，显然完善复杂的结构并没有使环印联盟的有效性得到提升。从环印联盟运作的实践来看，有效性与合法性的矛盾之处表现在以下几个方面。

（一）域内成员的无门槛进入

以区域经济合作为目的的国际组织，普遍都对成员国的加入设定了一定的门槛，如关税壁垒和非关税壁垒的要求、开放市场的要求、非歧视原则等。环印联盟对成员国的要求是两项：印度洋沿岸的主权国家、遵守联盟章程的原则和宗旨。无门槛加入可以最大限度地吸纳沿岸国家参与，符合平等、开放的原则，有利于提高环印联盟的合法性。但无门槛加入也导致了新成员国不会为加入环印联盟进行任何的政策改变，也无须做出任何承诺，国家原有的区域经济、贸易政策将继续维持，这对有效性的提高无任何帮助。此外，假设环印联盟已经在区域经济、贸易一体化方面取得了进展，无门槛加入也会使新成员国无偿地享受区域内已有的公共产品，摊薄原成员国的收益，搭便车问题将会加重，这也会降低原有的有效性。

（二）全体一致原则和自愿原则

环印联盟对所有层级的所有问题采取全体一致的原则。全体一致原则意味着每个成员国都有否决权，体现了平等原则，也从决策原则上保证了民主、公平。此外，环印联盟成员国对环印联盟决策的执行基于自愿原则。合法性的本意就是各国对国际组织的自愿认可，因此自愿原则也有利于合法性的提高。但全体一致原则和自愿原则相结合则对国际制度的有效性产生了"毁灭性"打击。这就意味着，环印联盟的所有决策都需各国一致同意，一致同意通过后的决策各国也是自愿执行。这两个原则相结合，就使环印联盟对成员国不会产生任何的约束力。环印联盟即便真的通过降低关税的决议，各国也可选择性执行。这种制度设计将使任何有约束力的决定既不可能通过，更不可能执行，机会主义将是各国共同的政策取向。

（三）执迷于合法性和议题的扩展

从近年来环印联盟的发展来看，由于在有效性方面无法取得进展，因而环印联盟将努力的方向聚焦到了合法性的提高和议题的扩展。合法性的提高主要是通过制定各类宣言和《工作流程》进一步将各国完全平等不断的予以强化。议题的扩展则表现在将合作的重点领域由原来的一个（即经济贸易合作）扩展到了7个：贸易与投资便利化、海上安全、渔业管理、灾害风险管理、学术与科技合作、旅游与文化合作、女性赋权。可以看到此前高合法性的环印联盟并没有带来成员国行为的改变，从而提高有效性，那么进一步提高合法性也很难使有效性进一步提高。议题的扩展使环印联盟有发展成为综合性国际组织的潜力，使其作为印度洋地区国际组织的代表性进一步提高，合法性有所增加。原来聚焦于经贸合作时，有效性无法取得进展，将合作领域拓展到其他领域，是否就会产生自然的有效性，这也是值得怀疑的。

第六章

印度洋地区国际制度有效性与合法性的关系

前文我们分别构建了国际制度有效性与合法性的评估框架,并以环印联盟作为印度洋地区经济领域国际组织的案例进行了分析。案例分析的结果表明,环印联盟的合法性较高而有效性较低。对于国际组织而言,高合法性与低有效性的并存对于国际组织的发展是好还是坏;国际组织的高合法性是否会自然有助于其有效性的提升;作为国际组织的成员国,面对其高合法性与低有效性并存的局面,将有哪些政策供其选择,这些问题的回答,都要从国际制度有效性与合法性的关系中寻找答案。目前,学术界对制度有效性与合法性关系的主要思路有4个:有效性增强合法性、合法性决定有效性、有效性与合法性互为因果、有效性与合法性之间存在矛盾。我们认为对国际制度有效性与合法性的关系需要更精确的回答。

第一节 国际制度有效性与合法性的关系

为了分析国际制度有效性与合法性的关系,必须建立一定的分析基础。本书认为,国际制度有效性与合法性的分析是建立在国家与国际制度互动基础上的,此外需要对国际制度的合法性的根本特征进行明确。

一 分析国际制度有效性与合法性关系的逻辑基础

对国际制度有效性进行分析,必须明确国家行为改变的动机,这是理解国际制度有效性的中间环节。对国际制度合法性进行分析,也要明确国际制度合法性与国内制度合法性相比所受到的根本制约。

(一) 国际制度框架下国家行为改变的原因

国际制度有效性的根本表现是国家的行为因此而改变,具体而言,国际制度能够带来国家行为改变的方法有3项,分别是强迫、利己和合法性。[①]强迫是一方迫使另一方做出原本不愿意做的事或不做原本想要做的事情。强迫是建立在权力不对等的情况下,是较强势的一方有能力也有意愿使用权力迫使另一方接受某个制度。与强迫相伴生的是,国家如果不按要求去做,则可能面临惩罚。制度为一个共同体所共有,并总是依靠某种惩罚而得以贯彻。没有惩罚的制度是无用的,带有惩罚的规则创立起一定程度的秩序,将人类的行为导入可合理预期的轨道。[②]利己是新制度主义对国家遵守国际制度和国际制度重要性的主要解释力,认为国家遵守国际制度主要是因为这样做符合自身的利益。也就是说国家通过成本—收益衡量后得出遵守的收益要高于成本。合法性对遵守的解释是可能一开始人们对国际制度的遵守是基于强迫或利己的,但国际制度或国际规范同时也界定着我们的身份,这种身份使原来外在的规范内化为自身的利益界定标准。外在规范成为我们心中的声音,告诉我们遵守法律是我们自己的意愿。[③]

强迫、利己和合法性构成了国家对国际制度行为的主要动机,这三者可能是单独发挥作用,也可能是同时发挥作用。

(二) 国际制度无法克服的合法性危机

人们对国际制度合法性危机有着很多的描述。国际制度合法性的缺陷根源于文化,即多元价值观的存在影响着行为体对国际制度的认可、国际制度的核心价值观在不断变化、不同文化背景的价值观分歧

[①] 温特认为强迫、利己和合法性分别对应了现实主义、理性主义/自由主义、建构主义对国家遵守规范的解释。详细解释参见 [美] 亚历山大·温特《国际政治的社会理论》,秦亚青译,上海人民出版社2001年版,第357—360页。

[②] [德] 柯武刚、史漫飞:《制度经济学:社会秩序与公共政策》,韩朝华译,商务印书馆2000年版,第32—35页。

[③] [美] 亚历山大·温特:《国际政治的社会理论》,秦亚青译,上海人民出版社2001年版,第361页。

使国际制度产生多重标准。[①]赵可金认为，现有国际机制面临着合法性危机，主要表现在3个方面：第一，现有多数国际制度漠视全球公民社会部门的参与，使国际制度存在程序合法与分配结果不公平的悖论，导致国际制度成为某些大国牟利的工具。第二，国际制度的代表性不足和责任感缺失，使得边缘和弱势群体的利益诉求无法表达。第三，国际制度缺乏强制力导致执行机制软弱。[②]

产生国际制度合法性危机判断的根本原因是用国内制度合法性的标准来衡量国际制度的合法性。国内制度与国际制度合法性判断的共同依据是共享价值观。在国内制度中，传统、文化、宗教有助于形成共享价值观，而国内制度又有复杂但却有效的程序将个人的价值观汇聚为共同的价值观并将某些价值观确定为该国主流的、共享的、为所有人接受的价值观，这一价值观进而成为每个人判断合法性的共同依据。国际制度合法性的判断依据是共享价值观，但国际社会确立共享价值观的难度则要大得多。

1. 国际社会共享价值观短期内无法形成

尽管各国可能对某些价值观有字面的共识，但对这些共识的解释却千差万别，甚至完全相反。如和平、发展都是各国认同的价值观，但具体到如何解释和平与发展则是很难取得共识的。

即便是各国对一些价值观的概念有共识，但国际制度所代表的价值观之间是存在相互矛盾的，也是不可能同时实现的。国际制度所代表的价值观（如和平、发展、人权、民主、市场、民族平等、民族自决等价值观）之间的相互矛盾是经常存在的。在特定的情形下，这些价值观之间的矛盾是非常突出和尖锐的，如人权与主权的冲突、发展与环保的冲突等。

2. 国际制度的价值中立是无法实现的

深知国际共享价值观实现的难度，国际制度为了确立其合法性，又寻求另一条途径——价值中立，即不代表任何一方的价值观或代表

---

① 叶江、谈谭：《试论国际制度的合法性及其缺陷——以国际安全制度与人权制度为例》，《世界经济与政治》2005年第12期，第42—49页。
② 赵可金：《从旧多边主义到新多边主义——对国际制度变迁的一项理论思考》，《世界经济与政治》2006年第7期，第46—63页。

所有各方的价值观。中立性是合法性的标志，这种中立性不仅表现在国际制度应该是为了共同的利益，而且是基于共享的价值观。[1] 要做到国际制度所宣称的代表所有国家的利益和价值中立，事实上是不可能的。迈克尔·巴尼特和玛莎·芬尼莫尔以国际组织为例，对这一问题有一段非常到位的论述：

> 国际组织面临的重复发生的问题是：要保持中立性通常是不可能的，并且也许不能总是如此。即使是当它们隐藏在公正性或者价值中立的技术统治论的神话时，官僚机构也总是服务于某种社会目的或者某种文化价值。进一步看，国际组织面临的很多情形使它们不能采取中立的立场，但是国际组织需要找到一种这样的立场，来保持它们的公正形象和以非政治化的方式行事的诉求。[2]

国际制度面临的悖论是所有的国际制度都宣称自己的立场是客观的、中立的、去政治化的，以增强其合法性，但事实是从国际制度的建立到国际制度政策处方的制定都有着该制度及其推崇者的价值主张，因此国际制度要做到中立、去价值化是不可能的，这是国际制度合法性提升不可逾越的内在障碍。

国际制度合法性具备的要件之一是国家和其他行为体对其的承认，这种承认在很大程度上是基于他们认为国际制度是不偏不倚、价值中立的，但事实上国际制度及其政策处方很难做到价值中立，因此其合法性必然面临着国家的持续诘难。

这方面最典型的案例是联合国难民署关于难民安置的变化，迈克尔·巴尼特和玛莎·芬尼莫尔对此进行了详细的考察。[3] 他们指出联合国难民署对难民问题的解决有 3 种方案：就地融合（庇护）、第三

---

[1] Michael Zürn and Matthew Stephen, "The View of Old and New Powers on the Legitimacy of International Institutions", *POLITICS*, Vol. 30, No. 1, 2010, pp. 91–101.

[2] [美] 迈克尔·巴尼特、玛莎·芬尼莫尔：《为世界定规则：全球政治中的国际组织》，薄燕译，上海人民出版社 2009 年版，第 31 页。

[3] [美] 迈克尔·巴尼特、玛莎·芬尼莫尔：《为世界定规则：全球政治中的国际组织》，薄燕译，上海人民出版社 2009 年版，第 111—169 页。

国重新安置和自愿遣返。但从该机构成立的20世纪50年代到80年代，自愿遣返都被认为是一种不可接受的解决方案，唯一可以接受的解决方案是使难民永久地居住在他们的祖国之外。但到了20世纪80年代之后，难民中适用于遣返的比例提高了，90年代时任联合国难民署高级专员的绪方贞子就曾表示，20世纪90年代是遣返的十年，她表示联合国难民署将集中资源支持遣返。这种转变的主要原因还是东西方价值观和意识形态的对抗和转变。直到20世纪70年代晚期，西方国家政府还没有大声要求进行遣返，因为大部分居留他们国家的难民来自共产主义国家，因此无论从意识形态上还是从政治上来看，把他们送回去都是不可想象的。①自20世纪70年代末开始，来自第三世界国家（主要是经济原因）的难民数量不断增加，冷战结束后，意识形态的竞争不再存在，联合国难民署开始从不支持遣返到支持、鼓励遣返。"西方国家宣称，个人会提出欺骗性的庇护申请，只是为了寻求经济状况的改善而宣称自己遭受迫害。"②此时，实际上难民的概念已经被替换为"政治难民"。联合国难民署对难民安置态度的变化很难让人认为是客观的、价值中立的。

概括而言，国际制度合法性的危机包括了程序合法性危机和实质合法性危机。实质合法性危机就是国际制度所代表的价值观问题的自我矛盾。程序合法性危机就是与国内制度的合法性相比，国际制度程序上有着巨大的民主赤字。随着国际制度承担越来越多的功能，它们缺乏责任性和透明度的做法暴露了它们在程序合法性方面的严重问题。③

（三）国际制度合法性的"特洛伊木马"性质

英国沃里克大学的两位学者认为国际制度合法性在政策领域和学术研究中都具有类似"特洛伊木马"（Trojan Horse）的性质，国际制

---

① ［美］迈克尔·巴尼特、玛莎·芬尼莫尔：《为世界定规则：全球政治中的国际组织》，薄燕译，上海人民出版社2009年版，第137页。
② ［美］迈克尔·巴尼特、玛莎·芬尼莫尔：《为世界定规则：全球政治中的国际组织》，薄燕译，上海人民出版社2009年版，第138页。
③ ［美］迈克尔·巴尼特、玛莎·芬尼莫尔：《为世界定规则：全球政治中的国际组织》，薄燕译，上海人民出版社2009年版，第230页。

度合法性能把很多概念纳入其中，如效率、稳定、透明、问责性、公平、参与、代表、民主等；很多道德和法律概念都可以拉入合法性的阵营。[1]合法性的含糊不清既是这一概念的优点，也是主要缺陷，各方都要求合法性，而且各方对合法性的诉求可能并不相同，将合法性的外延无限扩大，则可能使任何制度都承受其无法承受的责任和负担。

国际制度合法性的"特洛伊木马"性质将使其合法性长期处于不足状态。因此，不论国家的真实动机如何，任何国家关于国际制度的任何不履行或不参与都可以方便地将"合法性不足"作为借口。

国际制度无法克服的合法性危机和其具有的"特洛伊木马"性质也就意味着任何试图提高国际制度合法性的行为，其效果都将是有限的，而将提升国际制度合法性作为目标的努力注定是曲折和反复的，国家对国际制度合法性不足的指责也将长期存在，合法性不足也将继续充当国家对国际制度不履行或不参与的借口。

二　国际制度的有效性可以不依赖于合法性而存在

在明确了前文提到的 3 个基本判断之后，我们就可以在此基础上对有效性与合法性的关系进行分析了。对于两者之间的关系，我们认为对于国际制度而言，有效性与合法性是不完全对等的，国际制度的有效性可以不依赖于合法性而存在，而国际制度的合法性则必须依赖于有效性，无法单独存在。

国际制度有效性的表现和判断标准是国家行为的改变，也就是说国际制度必须带来国家行为的改变，才能将其称为有效。国家行为改变的动机有 3 项，强迫、利己和合法性。国际制度可以通过强迫的方式使国家改变行为，也可以通过"利诱"的方式使国家改变行为，也可以通过合法性的方式使国家行为发生改变。这三者可能同时起作用，也可以分别起作用，三者之间并不存在逻辑上的相互依赖关系。即便没有合法性，国际制度仍然可以通过强迫、"利诱"的方式使国

---

[1] James Brassett and Eleni Tsingou, "The Politics of Legitimate Global Governance", *Review of International Political Economy*, Vol. 18, No. 1, 2011, pp. 1 – 16.

家行为发生改变，进而带来国际制度的有效性。这也就是说，国际制度的有效性可以在没有合法性的前提下而单独存在，国际制度发挥作用不一定要以其具有合法性为前提。合法性的存在会增强国际制度的有效性，但却并不是国际制度有效性的不可或缺的因素。

三　国际制度合法性必须依赖于有效性而存在

国际制度的合法性是国家对国际制度基于价值标准或相对获益而给予的自愿认可，"自愿"是关键词。国家对国际制度的自愿认可是基于两个因素的，第一，价值标准，即国家认为该国际制度是符合其价值判断标准的，不管是否对自己有利都承认其正当性；第二，相对获益，即国家认为该国际制度为其带来了相对获益，是符合其自身利益的，因而对其予以自愿认可。这两个因素同时具备或单独具备一项都能赋予国际制度以合法性。

国际制度成立的初衷是应对单个国家无法解决或虽能解决但成本过高的问题。国际制度带来的相对获益就是这些问题的解决、缓解或转变，因而使国家对这一问题的忧虑有所缓解。国际制度能带来相对获益的关键是国际制度的有效性，国际制度只有让国家行为发生改变，才可能使问题得到解决或缓解。因此，国际制度有效性能通过创造相对获益、增加相对获益而使国际制度的合法性得到增强。如果国际制度没有有效性，则无法带来相对获益，那么国际制度合法性只有价值标准这一个来源了。

如果长期缺乏有效性，只依靠价值标准，国际制度的合法性将会逐步衰竭。这是因为，国际制度本身就具有无法克服的合法性危机，即共享价值观很难形成，中立的价值观事实上也并不存在，国际制度也无法实现"程序合法性"，因而国家因价值标准而给予国际制度的认同将会逐步衰退。再加上国际制度合法性的"特洛伊木马"性质，国家对国际制度合法性不足的指责将会增多，国际制度合法性也将在这种指责中进一步减小。

从前文的分析可以看出，没有有效性，国际制度的合法性将逐步衰退，其仅存的合法性也将会在各国对价值标准的争论中逐步消失。因此，从长期看，国际制度合法性无法脱离有效性而单独存在。

第二节　印度洋地区国际制度有效性与合法性的关系

前文我们分析了国际制度有效性与合法性的关系，有效性与合法性的高低将会对国际组织的发展产生怎样的影响将是本节要讨论的内容。我们将利用前文对印度洋地区国际制度案例分析的结果进行本节的讨论。

对环印联盟的案例分析发现，这一国际组织合法性的得分都远远超过有效性，属于高合法性、低有效性的国际组织（见表6.1）。因此，环印联盟国际组织也为我们分析合法性与有效性的高低对国际组织的影响提供了案例。

表6.1　　　　　环印联盟的有效性与合法性得分

项目	环印联盟
有效性	0.098
分值区间	0—1
以10为标准分进行折算后	0.98
合法性	6.93
分值区间	0—9
以10为标准分进行折算后	7.70

一　高合法性、低有效性可能导致国际制度的退化

环印联盟属于高合法性、低有效性。低有效性意味着国际组织产生的相对收益较少，国家授权国际组织应对的问题并没有得到解决。低有效性的同时具有高合法性，则意味着国际组织在价值标准方面得到了成员国的认可。从环印联盟的实际情况来看，事实也确实如此。环印联盟在核心任务、降低地区成员国的安全忧虑和提高区域经济合作水平方面有效甚微，但它强调成员国的绝对平等，"在任何时候所有层级所有问题都采用全体一致同意的决策方式"，符合各国共同的

价值标准——平等。

国家建立国际制度的初衷是解决自己无法解决或者解决不好的问题，如果国际制度的有效性不足，无法提供公共产品或合作解决问题的方案，面对国家独自无法解决或者解决成本过高的问题，国际制度在建立前后都没有变化。

（一）问题严重性增加时，成员国的政策选项

如果需要国际制度解决的问题变得越来越严重，但国际制度却是低效而高合法性的，这种情况下成员国有以下政策选项：提高现有制度有效性、创设新国际制度、单边解决。

改造现有国际制度的目的是提高其有效性，进而能带来国家行为的改变，使问题得到解决。国家行为改变的动机有强迫、利己和合法性。在已经具有较高合法性但却低有效性的国际组织中，显然合法性对国家行为的改变没有发挥作用。由于国际制度的高合法性，强迫的方式显然也是无法执行的。那么唯一可以增加国家改变行为动机的是利益。这就需要国际制度为国家提供公共产品来服务于国家利益。但低效的国际制度并没有意愿和能力来实现提供公共产品的目的。只有大国才可能为此提供公共产品，国际制度的高合法性会限制大国因此而寻求的特权，这样大国在现有国际制度框架内需要提供更多的公共产品但却无法享受任何特权，这样的行为显然是不可持续的。

大国更可能的选择是放弃既有国际制度而创立新的国际制度或国家有可能另起炉灶创立新的更有效的国际制度来解决这一问题，也有可能采用以邻为壑的"自助"方式短暂地缓解自身面临问题的紧迫性。在这种情况下，合法性高的国际制度可能仍然会存在，但其成员国终将寻求其他更有效的解决方案，会将低效而高合法性的国际制度逐步边缘化。如果新的解决方案有效，使原有的问题得到了解决，那么原有国际制度就失去了存在的必要。这样原有的国际制度就会逐步退化。如果国家采取"自助"的方式，那就更没有国际制度存在的必要了，国际制度也会逐步退化。在高合法性、低有效性的情况下，无论国家采取哪种方式，有效性不足导致的是国际制度的"退化"而不是"进化"，国际制度不存在的话，其合法性也就无从谈起。

(二) 问题严重性不变时，成员国的政策选项

如果需要国际组织解决的问题的严重性不变，成员国面对高合法性、低有效性的国际组织有以下的政策选项：提高现有制度有效性、维持现状、加入其他国际制度。

环印联盟就属于该类国际组织，它的合法性高、有效性低，同时其所要解决的问题（区域经济合作）的严重性也没有急剧增加。作为环印联盟的成员国，其最便捷的政策选项是维持现状，对环印联盟保持被动参与。这样环印联盟的有效性不会增加，合法性也将维持不变。成员国也可能寻求通过其他国际制度来解决区域经济合作问题，环印联盟成员国可以通过参与其他区域性国际组织，与这些区域国际组织的成员国建立更密切的经济合作，如处于南亚的环印联盟成员国可以通过南盟来实现南亚国家间更密切的经济关系。这样环印联盟的有效性与合法性都没有变化。但正如前文所述，国际制度合法性必须依赖有效性，一个国际制度如果长期有效性较低，仅仅依靠价值观支撑的合法性也是难以为继的。这样的国际制度还是会退化为低有效性、低合法性的国际制度。

成员国也可以选择积极参与提高国际制度的有效性。就环印联盟而言，就本书所分析的实现区域贸易自由化而言，环印联盟的高合法性使其无法强迫成员国开放市场、降低关税；对区域经济一体化能实现共同繁荣的价值认同也无法让成员国开放市场、降低关税；能够改变成员国行为的方法只剩下"利诱"。就环印联盟的案例而言，"利诱"成员国改变行为，必须有部分成员国首先开放市场、降低关税，通过本国市场的开放来刺激其他成员国开放市场，增进相互贸易。在环印联盟中有可能提供这种公共产品的主要是成员国中的大国。但从环印联盟实际情况来看，恰恰是成员国中的大国（南非、印度和澳大利亚）对区域内贸易的贡献较小（见表6.2）。环印联盟成立的15年间，这3个大国的区域内贸易占比不仅低于14国的平均水平19.51%，而且还属于区域内贸易占比最低的国家之列。这也就解释了在环印联盟现有情况下，为何其有效性是低下的，唯一可以提高有效性的方法是大国的"利诱"，而大国并不愿意通过首先做出贡献来实现有效性的提高。

表 6.2　　　　　　环印联盟部分成员国区域内贸易占比

国别	1987—1997 年间区域内贸易占比	1998—2013 年间区域内贸易占比
南非	0.00%	10.46%
阿曼	8.38%	11.21%
印度	9.51%	13.59%
马达加斯加	9.54%	16.15%
澳大利亚	9.94%	13.41%
也门	12.09%	19.05%
肯尼亚	13.09%	21.10%
印度尼西亚	14.81%	24.54%
斯里兰卡	15.43%	24.98%
毛里求斯	17.73%	27.70%
新加坡	19.61%	25.54%
坦桑尼亚	21.45%	32.80%
马来西亚	22.83%	23.31%
莫桑比克	25.72%	40.79%
14 国平均水平	16.36%	19.51%

资料来源：笔者根据国际货币基金组织数据库计算所得，IMF Direction of Trade Statistics (DOTS)，http://data.imf.org/。

高合法性、低有效性的环印联盟所面对的议题的严重性并没有发生显著变化，其发展的轨迹也将继续维持现状，除非成员国中的大国愿意首先提供公共产品，否则其有效性不会得到提高，其也将继续维持着高合法性与低有效性并存的状态。议题的严重性是随着时间在变化的，如果议题严重性增加，那么国际制度所面临的情势就会演变成前文提到的第一种情况，这样国际制度也将步入退化通道。如果议题的严重性下降，那么国际制度可能会消失或退化。

二　高有效性，低合法性将导致国际制度的进化

从有效性与合法性的关系中我们就可以得出有效性既能为国际制度带来合法性，也能增强已有的合法性；而合法性可以增强国际制度

已有的有效性，但在有效性为零的情况下，合法性是否能带来国际制度的有效性则具有或然性。对于高有效性、低合法性的国际制度而言，有效性将产生持续的相对收益，增强国际制度的合法性。

对于国家而言，有效性与合法性分别对应的是后果逻辑和适当性逻辑。后果逻辑与重大决策相关，而适当性逻辑与改进决策相关。① 将这种解释运用于国际制度与国家间的关系，得出的结论是国际制度对国家具有的重大影响主要是因为其有效性，而国际制度的合法性只是在国家已经决定了对国际制度的政策之后对该决定起调整的作用。国家可能最初是基于预期结果逻辑来决定对国际制度的政策，能为自身带来收益的就支持，适当性逻辑即国际制度是否具有合法性并不是国家在制定对国际组织决策时考虑的问题。但随着国家与国际组织互动次数的增加，交往越来越以规则为基础，交往程序也越来越趋于标准化，这样国家对预期结果逻辑的考虑就受到适当性逻辑的制约。也就是说，国家对国际制度的决策将越来越基于合法性。一个典型的例证，很多有效性强的国际制度在吸收新成员国时都采用全体一致同意的原则，这一原则不仅弱国支持，强国也支持，这是因为良性互动下，合法性的增强不一定会降低有效性。②

有效性提供的相对收益会增加国际制度的合法性，国家与国际制

---

① ［美］詹姆斯·马奇、约翰·奥尔森：《国际政治秩序的制度动力》，载［美］彼得·卡赞斯坦、罗伯特·基欧汉、斯蒂芬·克拉斯纳编《世界政治理论的探索与争鸣》，秦亚青等译，上海世纪出版集团2006年版，第370页。

② 美国加州大学圣地亚哥分校的两位学者以国际制度吸收新成员的规则为例对这一问题进行了实证研究。他们认为很多国际制度在吸收新成员时采用的全体一致同意的原则，弱国支持采用全体一致的原则是可以理解的，因为弱国可以利用这一原则所赋予的否决权"绑架"整个国际制度，从而服务于自己的利益；强国也支持采用全体一致同意的原则除了基于弱国的参与能够增强国际制度合法性的考虑之外是否还有利益考量？他们利用博弈论的理论和数量模型进行研究后认为，全体一致同意的原则增加了申请加入某一国际制度的国家所面临的不确定性，为了加入这一国际制度和加入所面临的不确定性，申请国必然按照制度的要求进行较为彻底的内部改革；而这些国家的内部改革将有利于现有国际制度的所有成员国，包括大国。因此，强国支持全体一致同意的原则不仅是出于增强国际制度合法性的考虑，也是出于这一原则有利于实现自身的利益的考虑；因此，全体一致同意的原则并不会出现增强合法性而降低了有效性的情况。见 Christina J. Schneider and Johannes Urpelainen, "Accession Rules for International Institutions: A Legitimacy – Efficacy Trade – off?", *Journal of Conflict Resolution*, Vol. 56, No. 2, 2012, pp. 290–312。

度由于维持有效性的需要，交往会不断增多，交往过程也将日趋标准化，规则也会因此而逐步向合法性的方向进行微调，这样制度的合法性也在缓慢增加。建立在高有效性基础上的国际制度会步入一个进化通道，高有效性会逐步带来合法性的提高，国际制度最终将会向高有效性、高合法性的方向发展。

第三节 提高印度洋地区国际制度有效性的路径

应该承认与国内政治相比，国际制度的合法性是不足的，其合法性的提高是一个缓慢的过程，对于国际制度而言，具有有效性的国际制度可以因其有效性而逐渐培养各国对它合法性的认同。国际制度过高的合法性只会使国际制度陷于"中看不中用"的摆设状态，抵消国际制度的有效性，最终成为"无效的正确"。国际制度如果能够为国家和国际社会提供公共产品，能提供单个国家无法解决的问题的解决方案，则其合法性的不足可以通过有效性得到弥补，有效性的提高也可以增强国际制度输出的合法性。目前，印度洋地区国际制度的高合法性与低有效性的并存将使国际制度进入制度退化的通道。根据前文的分析，我们认为提高印度洋地区国际制度合法性的路径应至少包括两点。

第一，域内或域外大国的领导。在上一节对印度洋地区国际制度的分析中，在对问题严重程度不变的议题之下，环印联盟在既有制度格局中，增加有效性的唯一方法是"利诱"，即个别成员国为所有国际制度成员国提供有条件的公共产品，使成员国出于利己的原则改变自身的行为从而提高国际制度的有效性。显然，有能力为成员国提供公共产品的一般都是大国。大国的主导尽管可能会使国际制度的合法性有所损失，但这将扭转国际制度的退化趋势。大国领导对国际制度的重要性也获得了实证数据的支持。研究国际环境制度的奥兰·扬等3位专家曾对现有的国际环境制度的两个数据库奥斯陆—西雅图数据库（the Oslo-Seattle Database）和国际制度数据库（the International Regimes Database）进行定量比较分析，发现奥斯陆—西雅图数据库收录的国际环境制度中，70%的国际制度的领导者是权力大国；国际制度数据库收录的国际环境制度中，40%的国际制度的领导者是权力大国。[1]这也就从实证角度证明了权力大国的领导对国际制度的有效性是一个重要的影响因素。

第二，设立一定的门槛。以欧盟、北约和世贸组织等有效性较强的案例来看，想成为这些国际制度的成员国就必须按照这些国际制度的要求进行较为彻底的内部改革。这显然是不符合合法性要求的，因为这样的标准是现有成员国根据自身的偏好制定的。印度洋地区国际组织对成员国的加入不设定任何门槛，这有利于实现各国的共同参与，增强合法性，但这却大大降低了国际制度的有效性。因为国家在加入时，无须改变任何自身的行为；加入后，即便大国提供公共产品，对于存在竞争性的公共产品而言，需求量将增加，而供给量却未增加，这将最终使国际制度的有效性不堪重负。设定门槛的基本要求是国家必须改变自身的行为，对区域公共产品的供应有所贡献。

第四节 小结

本章分析了国际制度有效性与合法性的关系。我们认为，国家制度有效性的表现是国家行为的改变，而国家行为改变的动机则是强迫、利己或合法性。国际制度合法性的危机是无法克服的，这是因为合法性所代表的普世价值和价值中立都是短期内无法实现的，而按照严格的民主程序衡量，国际制度的民主赤字也是无法弥补的。基于这样的前提，分析后可以得出国际制度有效性可以不依赖于合法性而存在，有效性可以创造合法性，有效性对合法性的增强具有必然性；国际制度合法性必须依赖于有效性而存在，合法性无法创造有效性，合法性对有效性的增强不是必然的。

---

[1] Helmut Breitmeier, Arild Underdal and Oran R. Young, "The Effectiveness of International Environmental Regimes: Comparing and Contrasting Findings from Quantitative Research", *International Studies Review*, Vol. 13, 2011, pp. 579–605.

就印度洋地区的国际制度而言，环印联盟属于高合法性、低有效性的国际组织。环印联盟面对的是经济合作议题，这一议题的紧迫性没有出现显著的变化，但长期低有效性将会使合法性逐步减损，再加上无法克服的合法性危机，这两者的叠加也会让国际制度进入退化通道。高有效性低合法性的国际制度会进入进化通道，这是因为有效性会提供持续的相对收益，这将增强合法性，而且国家与国际制度交往的过程也会按照合法性的要求进行逐步微调。

根据印度洋地区国际制度高合法性、低有效性的现状，要扭转这种形式，至少需要强有力的领导和对成员国设定一定的门槛。

第七章

结　　论

第一节　合法性过剩、有效性赤字与印度洋地区的国际制度

本书的基本目的是希望了解印度洋地区的国际制度，但在对这些国际制度完成了现状描述后却发现，对这些制度现状的分析只停留在表面，要深入理解这些国际制度，就需要构建一个对国际制度进行评估的体系。为此，我们选择了有效性与合法性作为对国际制度评估的维度，并将其具体化为可操作的量化评价指标。利用这一量化评价指标，本书选取了环印联盟作为案例，对其进行了分析。分析的结果是印度洋地区国际制度处于高合法性、低有效性的状态。为了对这一现象进行进一步解释，本书对国际制度有效性与合法性的关系进行了分析。完成了全书的分析，我们也就对印度洋地区的国际制度给予了初步的回答，得出的结论有以下几个。

一　印度洋地区国际制度所缺少的不是量而是质

根据本书的整理，可以发现，尽管印度洋地区的国际制度并不为人所熟知，但印度洋地区确实已经建立了一系列的国际制度。本书描述了印度洋地区 3 个领域的 8 项国际制度，并对这 8 项国际制度的成立及现状都进行了说明。对印度洋地区 8 项国际制度进行描述后我们也发现，似乎印度洋地区的国际制度效果都不够明显，没有发挥实质性的作用。也就是说印度洋地区的国际制度数量并不少，而效果却不

明显。为了对印度洋地区国际制度的现状给出更精确的判断,需要建立一个针对印度洋地区国际制度的评价体系。这一评价体系的建立将能为我们提供印度洋地区国际制度的确切现状,并可能对印度洋地区国际制度的低效提供新的解释。

二 从有效性与合法性的维度对国际制度进行效果评估是可行的

国际制度本身具有工具属性与价值属性,国家对国际制度的态度是工具主义与价值主义的结合,问题的解决是有效性与合法性的统一,也就是说国际制度本身、其服务对象、客体都同时在寻求有效性与合法性,因此我们将对国际制度评估的维度确定为有效性与合法性。

国际制度有效性的核心因素是行为的改变,因此把国际制度有效性定义为国际制度与行为变化之间存在因果关系,且行为改变趋势与制度预期的趋势是一致的。按照这一定义本书将国际制度评估的对象确定为国家行为的改变,评估的标准是反事实对比和目标的实现程度。根据概念操作化的需要,我们将国际制度有效性的衡量确定为3个构成要素,分别是国际制度的反事实分析、国际制度目标的实现程度、国际制度现状与集体最优情势的比较,并分别给出了这3个要素的操作化指标和操作化方法。

国际制度合法性包括了3个构成要素:第一,国家行为体对国际制度的赞同;第二,国家的赞同是自愿的;第三,国家的赞同是基于某种规范性标准或相对获益做出的。根据国家与国际制度合法性的关系,我们归纳出国际制度合法性的4个来源:以价值观为主要内容的规范性标准(包括国际共享价值观、传统与科学权威)、相对获益、国家的认可和其他国际制度的确认。根据操作化的需要,本书将国际制度合法性的过程作为评估对象,分别对国际制度的输入、过程和输出合法性进行评估。

三 印度洋地区国际制度具有高合法性、低有效性

为了对印度洋地区国际制度的有效性与合法性进行评估,我们选取了环印联盟作为案例,进行了分析。评估的结果是环印联盟的合法

性较高,而有效性很低。因此,对印度洋地区国际制度的判断如果是依据适当性逻辑,对其的判断则是高度肯定的;如果依据后果逻辑,对其的判断则是否定的。高合法性与低有效性的判断使我们对印度洋地区国际制度的判断超越了笼统的描述。

四 高合法性与低有效性导致了国际制度的退化

印度洋地区国际制度的高合法性与低有效性并存迫使我们不得不思考有效性与合法性的关系。我们认为有效性与合法性的关系既存在着互斥性也存在着互补性,但互补与互斥都是有条件的。国际制度有效性可以不依赖于合法性而存在,有效性可以创造合法性,有效性对合法性的增强具有必然性;国际制度合法性必须依赖于有效性而存在,合法性无法创造有效性,合法性对有效性的增强不是必然的。

就印度洋地区的国际制度而言,环印联盟属于高合法性、低有效性的国际组织。环印联盟面对的是经济合作议题,这一议题的紧迫性没有出现显著的变化,但长期的低有效性将会使合法性逐步减损,再加上无法克服的合法性危机,这两者的叠加也会让国际制度进入退化通道。高有效性、低合法性的国际制度会进入进化通道,这是因为有效性会提供持续的相对收益,这将增强合法性,而且国家与国际制度交往的过程也会按照合法性的要求进行逐步微调,合法性也因此而逐步提高。

第二节 政策启示

一 引入外部大国提高印度洋地区国际制度的有效性

从本书的分析来看,印度洋地区现存国际制度具有低有效性、高合法性的特点。印度洋地区国际制度现有的高合法性不会自动转化为有效性,继续提高合法性只会使现有国际制度进入退化的通道,成为低有效性、低合法性的国际制度。要提高印度洋地区国际制度的有效性,强迫和合法性的方式都是无法实现的,只有通过利己的方式实现,这就需要成员国发挥领导作用,以某种方式提供公共产品,"诱使"其他成员国因利己而改变行为,逐步形成有效性的正向增长。

在现有印度洋地区国际制度中，有可能发挥这种领导作用的大国有印度、澳大利亚、印度尼西亚、南非；澳大利亚、印度尼西亚、南非缺少提供这种公共产品的能力，而且3国都坚持开放的区域主义，与域外国家有着密切的联系，希望引入外部大国来分摊成本。印度对印度洋地区有着"门罗主义"情结，不希望外部大国介入，但其自身提供公共产品的意愿和能力还不足。因此，印度的策略就是以合法性为中心，放低自己的大国身段，不断强调绝对的平等，来提高这些国际制度的合法性，希望以合法性的提高来维持现有国际制度。但本书的理论分析已经证明，高合法性并不会自然转化为有效性，两者的转换是有条件的；而且国际制度长期维持高合法性与低有效性并存的局面也会因国际制度无法克服的合法性危机而逐步退化。唯有引入外部大国，通过外部大国的领导和公共产品的提供使印度洋地区国际制度的有效性逐步提升，并进入有效性与合法性的良性互动格局。

二　中国对印度洋地区的政策选项

中国进入印度洋地区是必然的，从本书的分析来看，在方式选择上应做到以下3点。

（一）对现有印度洋地区的国际制度谨慎参与

印度洋地区现有国际制度的共同特点是高合法性、低有效性。这些国际制度要么为域外国家的参与设置了较高的门槛，要么要求域外国家贡献力量。如果中国积极介入这一地区的国际制度，按照要求提供了公共产品，就相应地产生了两个问题：第一，这一地区对公共产品的需求量是巨大的；第二，承担的义务能否有相应地权利相匹配。该地区现有国际制度的高合法性的特点就会导致中国相应的付出无法获得成比例的收益分配，中国作为域外大国主张的权利与义务对称原则在印度洋地区的国际制度中是无法实现的。

中国对现有印度洋地区国际制度的参与应以观察员的身份参与，鼓励印度洋地区国际制度提高有效性，支持其提高合法性的努力。

（二）主导创建高门槛小范围的新印度洋地区国际制度

国际制度的发展已经表明，国际制度对于区域性公共问题的解决是必需的。对于与中国利益密切相关的领域（如海上通道安全），我们可以主导建立高门槛、小范围的印度洋地区国际制度，成熟一国，发展一国，不贪大求全，试图建立印度洋地区众多国家参与并且是有效的国际制度将是困难的。高门槛可以保证国际制度的有效性，小范围可以控制公共产品提供的规模，国际制度的多边路径本身就具有较高的合法性。国际制度的有效性应是该国际制度的首要考虑因素，国际制度成立后，有效性的增加将会自然转化为合法性。

（三）对印度洋地区的介入以双边和单边方式为基础

在国际制度建立之前或国际制度具有较高有效性之前，中国对印度洋地区的介入还是应以双边和单边的方式为基础。国际制度的改造需要较长的时间，国际制度新建并逐步发展为有效性与合法性都较高的理想状态也需要较长时间。对于海洋开发、航道安全、资源供应安全等问题的解决，双边与单边的方式仍将是当前的政策选项。至于所面临的合法性指责，则可以通过合法性所具有的"特洛伊木马"性质进行回应。

第三节　研究展望

一　不足之处

（一）方法上的局限性

由于受本人的学科背景所限，因此对国际制度有效性和合法性的量化评估采用的是较为简单的统计方法，在对印度洋地区国际制度有效性和合法性的案例分析部分，也是选取了一些易于操作的数据，采用的方法也是简单的统计方法。未能采用目前较为流行的回归分析方法。

（二）以国际组织作为国际制度的案例

本书在理论论述和案例分析中，都是将国际组织作为国际制度的案例。国际制度包括了国际组织，但还包括国际机制、国际惯例等。将国际组织作为国际制度的案例尽管具有操作上的便利性，但将国际组织案例的分析结果直接用于国际制度中是值得进一步推敲的。

(三) 对有效性与合法性关系解释的精确度还有待提高

本书对有效性与合法性关系的论述是有效性与合法性的关系既存在着互斥性，也存在着互补性，但互补与互斥都是有条件的。国际制度有效性可以不依赖于合法性而存在，有效性可以创造合法性，有效性对合法性的增强具有必然性；国际制度合法性必须依赖于有效性而存在，合法性无法创造有效性，合法性对有效性的增强不是必然的。这个解释尽管适用于本书的案例，但简洁性较差。比较理想的解释是通过一个核心变量来确立有效性与合法性的因果关系。

二 研究展望

本书的分析虽然可以告一段落，但在分析过程中也有一些很有价值的问题需要进一步研究。

(一) 不同国家对有效性与合法性的偏好是否相同

在本书的分析中，我们有一个基本前提，各国是具有同样偏好的行为主体，这是当前大多数国际关系理论的一个基本前提。但不同国家在同样的环境中对有效性与合法性的偏好是否相同，在外部环境完全相同的情况下，不同国家在有效性与合法性之间会否做出同样的选择，这可能需要深入国家内部，探究影响国家对有效性与合法性偏好的因素。这是一个有价值但难度更大的课题。

(二) 国际制度不同发展阶段对有效性与合法性的偏好是否相同

如果我们把国际制度作为一个不依赖国家的独立行为主体，国际制度不同发展阶段对有效性与合法性的偏好是否相同。这也是一个值得研究的问题。这其中涉及了国际制度是否会产生不同于成员国的偏好，其偏好是否会根据发展阶段而变化。目前已有学者对国际制度较高发展阶段的欧盟进行了研究。

2001年出版的《欧洲治理白皮书》(*The White Paper on European Governance*) 将增加欧盟的有效性和民主性作为政治目标，但不得不承认要同时实现两者的提高只能是理想而远未成为现实；欧盟既没有在公众的民主参与上取得进展，对欧盟成员国自身无法解决的问题也没有提供有效的解决方案，欧盟的宪法危机和欧元危机使这种情况变得非常明显。①在有效性与合法性无法同时实现的情况下，欧洲民众选择了有效性。根据民意调查，欧洲民众对欧盟最不满意之处并不是其合法性不足，而是其有效性不足。45%的调查对象对欧盟的民主状况不满，44%的调查对象对此表示满意；58%的调查对象认为欧盟是无效的，而只有33%的调查对象认为欧盟是有效的。②也就是说如果欧盟民众对欧盟的民主程度还有较大的争议（45% VS 44%）的话，那么多数民众认为欧盟的有效性是不足的（58% VS 33%）。

对这一问题的回答将是困难的，但其理论意义也是巨大的。

（三）国际制度与国内制度合法性的差别

目前，学者的研究都是用国内制度合法性的标准来衡量国际制度合法性。本书的论述已经证明，用国内制度合法性的标准来衡量当前任何国际制度，都会发现其合法性是严重不足的。我们认为将国内政治和国内制度的逻辑推广到国际制度时应该非常谨慎。因为国际制度与国内制度的差别可能并不仅仅是范围和空间的扩大，更根本的是国际制度所面对的客体由个人转变为国家和其他非国家行为体。国际制度可能是一个不同于民族国家的新的政治实体，对其的研究可能需要新的逻辑。

我们支持制度，因为没有健全的国际制度，生活必然是肮脏、野蛮与短暂的；我们怀疑制度，因为我们认识到自私的精英会利用制度进行盗窃和压迫。在一个局部全球化的世界上我们需要更宽泛的制度。③在当代世界，"国际制度并不是问题的一部分，而是答案的一部

---

① Daniel Innerarity, "What Kind of Deficit?: Problems of Legitimacy in the European Union", *European Journal of Social Theory*, Vol. 17, No. 3, 2014, pp. 307 – 325.

② Nolke A (2007) Fur eine politische Theorie politischer Ordnungsbildung jenseits des Nationalstaats. Eine Replik auf Zurn, et al., Zeitschrift fur Internationalen Beziehungen, 14 (1): 191 – 200. Cited from Daniel Innerarity, "What Kind of Deficit?: Problems of Legitimacy in the European Union", *European Journal of Social Theory*, Vol. 17, No. 3, 2014, p. 318.

③ Robert O. Keohane, "Governance in a Partially Globalized World", *American Political Science Review*, March 2001, pp. 1 – 13. 转引自门洪华《霸权之翼：美国国际制度战略》，北京大学出版社2005年版，第51页。

分（not part of the problem, but part of the solution）",[1] 重回霍布斯式的自助体系不会为问题的解决提供更大的希望，寻求如何让国际制度更好地服务于人类社会是学术界的"必答题"。

---

[1] Daniel Innerarity, "What Kind of Deficit?: Problems of Legitimacy in the European Union", *European Journal of Social Theory*, Vol. 17, No. 3, 2014, p. 320.

附 表

一 亚太经合组织区域内贸易相关数据

附表1.1　1979—1992年APEC区域内商品进出口额与APEC对全球商品进出口总额

单位：亿美元

项目	1979	1980	1981	1982	1983	1984	1985	1986	1987	1988	1989	1990	1991	1992
APEC to APEC	6063.45	7406.80	8304.60	7881.53	8383.21	10003.05	10337.73	10930.99	12829.70	15581.45	17260.84	18460.41	20444.60	22794.77
APEC to World	10454.62	12874.44	13977.96	13016.96	13227.57	15230.80	15506.92	16356.19	19014.02	22818.72	25122.19	27276.12	29443.84	32817.27

附表 173

附表1.2　　　1993—2005年APEC区域内商品进出口额与APEC对全球商品进出口总额

单位:亿美元

项目	1993	1994	1995	1996	1997	1998	1999	2000	2001	2002	2003	2004	2005
APEC to APEC	25201.57	29418.03	34419.17	35914.23	38105.60	35667.78	39058.26	46594.53	42882.68	44799.34	50131.88	60295.03	68283.43
APEC to World	35459.26	40913.46	47924.57	50157.93	53349.26	50224.26	54042.21	64233.96	59827.99	62073.49	70327.63	85128.35	98047.43

注:1990年也门统一之前分为也门阿拉伯共和国和也门人民民主共和国,1987—1989年也门的数据为两个也门数据的合并。

资料来源:笔者根据国际货币基金组织贸易统计数据库计算所得,IMF Direction of Trade Statistics (DOTS), http://data.imf.org/。

二　环印联盟区域内贸易相关数据

附表2.1　　　　　1987—2000年 澳大利亚对13国商品进出口额　　单位:亿美元

对象国	1987	1988	1989	1990	1991	1992	1993	1994	1995	1996	1997	1998	1999	2000
印度	4.56	6.61	6.49	7.30	7.60	8.46	9.24	10.16	12.65	14.36	17.74	18.06	14.79	15.24
印度尼西亚	7.69	8.28	11.75	14.91	18.61	22.25	21.00	22.89	28.33	39.19	44.44	37.93	30.93	34.73
肯尼亚	0.09	0.24	0.13	0.12	0.16	0.11	0.12	0.16	0.21	0.45	0.45	0.38	0.63	0.69
马达加斯加	0.01	0.01	0.01	0.02	0.01	0.01	0.03	0.02	0.02	0.03	0.04	0.03	0.04	0.05
马来西亚	7.85	10.70	13.16	12.84	14.99	15.46	18.31	24.05	29.13	31.84	34.55	30.17	35.38	40.45
毛里求斯	0.24	0.30	0.24	0.28	0.45	0.52	0.49	0.48	0.56	0.81	0.67	0.64	0.69	0.71
莫桑比克	0.04	0.07	0.04	0.05	0.09	0.11	0.07	0.07	0.06	0.07	0.11	0.13	0.16	0.50
阿曼	0.47	0.45	0.53	1.04	0.82	0.54	0.68	0.68	0.79	0.85	2.03	1.17	1.19	1.67

续表

1987—2000年澳大利亚对13国商品进出口额 单位:亿美元

对象国	1987	1988	1989	1990	1991	1992	1993	1994	1995	1996	1997	1998	1999	2000
新加坡	12.58	18.73	24.62	28.25	34.26	37.68	34.44	41.83	46.73	47.59	49.21	39.15	55.68	57.58
南非	2.06	1.81	2.08	1.95	2.04	2.15	3.80	5.41	7.81	11.25	11.31	10.61	10.36	12.70
斯里兰卡	0.45	0.42	0.52	0.71	0.64	0.77	0.88	1.50	1.25	2.26	1.91	1.88	1.88	2.18
坦桑尼亚	0.03	0.05	0.03	0.02	0.07	0.06	0.06	0.04	0.09	0.15	0.34	0.34	0.57	0.57
也门	0.60	0.68	1.11	1.47	1.11	0.53	0.58	0.38	0.22	0.56	1.06	0.90	1.12	1.20
合计	36.64	48.35	60.73	68.95	80.85	88.66	89.69	107.65	127.86	149.40	163.85	141.40	153.42	168.27

2001—2013年澳大利亚对13国商品进出口额 单位:亿美元

对象国	2001	2002	2003	2004	2005	2006	2007	2008	2009	2010	2011	2012	2013
印度	16.93	19.16	28.97	49.01	62.87	77.96	91.22	129.86	132.97	170.26	182.98	156.35	117.79
印度尼西亚	38.00	42.94	47.27	53.15	58.55	68.84	76.79	84.21	73.00	95.13	123.00	121.76	107.99
肯尼亚	0.61	0.57	0.33	0.41	0.45	0.57	0.58	0.62	0.35	0.54	0.73	0.69	1.27
马达加斯加	0.05	0.04	0.08	0.04	0.04	0.06	0.09	0.08	0.19	0.26	0.17	0.20	0.18
马来西亚	35.49	35.73	44.57	62.42	70.48	77.41	94.43	120.45	90.78	125.09	143.68	162.38	151.07
毛里求斯	0.72	0.79	0.70	0.98	0.80	0.93	0.75	1.01	0.83	1.01	1.18	1.23	1.02
莫桑比克	0.99	0.97	1.49	2.40	3.09	2.38	2.94	3.56	2.57	3.53	4.37	3.51	4.11

续表

2001—2013 年澳大利亚对 13 国商品进出口额 单位:亿美元

对象国	2001	2002	2003	2004	2005	2006	2007	2008	2009	2010	2011	2012	2013
阿曼	1.08	0.97	1.39	1.82	1.78	2.08	3.09	5.95	3.80	4.76	5.02	5.02	4.60
新加坡	50.26	52.14	54.09	73.61	104.12	122.11	131.34	200.93	139.16	152.29	227.09	239.18	193.34
南非	11.62	12.88	16.84	21.91	27.20	30.47	33.58	35.48	19.93	27.74	26.47	25.72	22.38
斯里兰卡	2.25	2.14	1.68	2.20	2.09	2.04	2.04	2.86	2.31	3.06	3.87	3.58	3.57
坦桑尼亚	0.71	0.65	0.38	0.57	0.35	0.34	0.28	0.63	0.82	0.99	1.07	0.90	1.31
也门	0.63	0.68	0.81	0.79	1.87	1.96	0.88	1.52	1.97	2.42	2.47	2.90	3.05
合计	159.34	169.65	198.60	269.31	333.68	387.14	438.02	587.16	468.68	587.08	722.08	723.41	611.67

注:1990 年也门统一之前分为也门阿拉伯共和国和也门人民民主共和国,1987—1989 年也门的数据为两个也门数据的合并。

资料来源:笔者根据国际货币基金组织贸易统计数据库计算所得,IMF Direction of Trade Statistics (DOTS), http://data.imf.org/。

附表 2.2

1987—2000 年 印度对 13 国商品进出口额 单位:亿美元

对象国	1987	1988	1989	1990	1991	1992	1993	1994	1995	1996	1997	1998	1999	2000
澳大利亚	4.73	5.85	6.26	9.40	7.64	10.58	9.31	11.54	12.96	14.70	18.69	18.55	15.72	14.73
印度尼西亚	0.72	0.82	1.03	2.65	2.12	2.17	2.88	5.36	8.84	11.47	11.74	10.53	12.17	13.08
肯尼亚	0.33	0.39	0.53	0.60	0.51	0.63	0.72	1.07	2.48	2.03	1.56	1.72	1.49	1.54
马达加斯加	0.03	0.05	0.06	0.03	0.04	0.03	0.04	0.05	0.09	0.05	0.10	0.12	0.13	0.12

续表

1987—2000 年 印度对 13 国商品进出口额 单位:亿美元

对象国	1987	1988	1989	1990	1991	1992	1993	1994	1995	1996	1997	1998	1999	2000
马来西亚	6.44	7.05	4.99	6.71	5.94	7.56	4.60	6.82	11.25	13.91	16.61	18.65	23.36	19.57
毛里求斯	0.26	0.29	0.00	0.44	0.54	0.64	0.77	1.07	1.44	1.58	1.81	1.69	1.72	1.98
莫桑比克	0.00	0.01	0.00	0.07	0.10	0.20	0.47	0.33	0.35	0.56	0.45	0.47	0.61	0.56
阿曼	1.57	1.48	0.98	0.96	1.17	1.02	0.99	1.04	1.14	1.38	1.39	1.41	1.82	1.62
新加坡	4.98	5.84	8.62	9.97	6.98	12.04	13.21	14.58	17.72	19.17	19.93	19.21	21.31	23.08
南非	0.00	0.00	0.00	0.00	0.10	0.00	0.05	2.43	4.40	6.62	8.28	15.28	21.61	15.75
斯里兰卡	0.79	1.02	1.27	1.24	1.86	2.45	2.64	3.65	4.22	4.93	5.20	4.86	5.26	6.50
坦桑尼亚	0.52	0.56	0.20	0.57	0.83	1.12	1.07	1.27	1.34	1.68	1.38	1.92	2.07	1.73
也门	0.21	0.26	0.07	0.60	0.80	1.19	1.48	0.57	0.75	1.52	0.86	0.74	2.75	2.16
合计	20.58	23.61	24.01	33.24	28.62	39.64	38.21	49.77	66.99	79.60	88.01	95.15	110.01	102.41

2001—2013 年 印度对 13 国商品进出口额 单位:亿美元

对象国	2001	2002	2003	2004	2005	2006	2007	2008	2009	2010	2011	2012	2013
澳大利亚	16.09	18.12	28.85	39.94	54.63	73.92	87.23	96.34	120.59	137.27	155.12	162.85	133.04
印度尼西亚	14.21	20.49	29.90	36.63	42.79	57.45	67.86	86.39	107.36	142.91	208.56	203.46	204.30
肯尼亚	1.81	2.25	2.63	4.12	5.87	11.85	15.92	14.79	14.27	21.07	22.64	38.92	37.24
马达加斯加	0.15	0.18	0.38	0.42	0.55	0.63	0.72	2.14	1.08	0.85	1.82	2.46	2.64

附　表　177

续表

2001—2013 年印度对 13 国商品进出口额　单位：亿美元

对象国	2001	2002	2003	2004	2005	2006	2007	2008	2009	2010	2011	2012	2013
马来西亚	19.05	21.38	27.58	31.48	35.29	58.44	80.79	99.82	83.87	95.49	130.39	139.46	141.15
毛里求斯	1.71	1.77	2.03	2.44	2.21	6.15	10.10	10.02	3.95	7.03	13.31	13.97	9.45
莫桑比克	0.44	0.65	0.88	1.13	1.64	2.10	4.25	4.60	3.82	5.83	7.00	11.40	15.73
阿曼	1.58	1.99	2.86	2.85	5.78	9.86	18.26	19.87	35.32	45.38	58.03	43.58	60.27
新加坡	22.43	27.11	38.72	58.36	82.47	108.64	145.04	156.00	127.69	163.64	243.77	222.96	204.76
南非	17.18	23.82	24.73	29.39	37.94	45.38	58.82	71.22	67.65	105.76	136.86	136.04	128.19
斯里兰卡	6.65	9.33	13.88	16.67	24.00	26.95	32.74	29.04	20.61	38.34	55.26	48.33	49.00
坦桑尼亚	1.71	1.97	2.65	2.94	3.49	3.81	6.61	11.09	11.37	14.09	20.51	21.20	40.34
也门	2.33	2.03	2.37	2.64	2.86	24.70	26.64	17.43	18.88	27.20	14.04	22.47	22.18
合计	105.34	131.08	177.47	229.01	299.53	429.88	554.97	618.75	616.46	804.85	1067.31	1067.11	1048.29

注：1990 年也门统一之前分为也门阿拉伯共和国和也门人民民主共和国，1987—1989 年也门的数据为两个也门数据的合并。

资料来源：笔者根据国际货币基金组织贸易统计数据库计算所得，IMF Direction of Trade Statistics (DOTS), http://data.imf.org/。

附表 2.3　　1987—2000 年 印度尼西亚对 13 国商品进出口额　单位：亿美元

对象国	1987	1988	1989	1990	1991	1992	1993	1994	1995	1996	1997	1998	1999	2000
澳大利亚	7.73	8.76	13.16	16.09	20.06	21.59	21.73	22.47	29.31	37.37	39.44	32.94	29.45	32.13
印度	0.94	1.13	1.43	2.11	2.83	2.85	4.35	5.96	8.60	13.97	13.87	10.16	11.99	16.76
肯尼亚	0.15	0.41	0.14	0.13	0.52	0.15	0.13	0.28	0.20	0.43	0.47	0.39	0.34	0.30
马达加斯加	0.08	0.00	0.01	0.00	0.00	0.02	0.02	0.02	0.03	0.04	0.07	0.11	0.28	0.68
马来西亚	2.33	4.84	5.82	5.43	7.48	10.12	11.03	13.17	35.82	19.33	22.22	19.85	19.42	31.02
毛里求斯	0.00	0.00	0.00	0.00	0.00	0.00	0.00	0.00	0.00	0.01	0.15	0.33	0.26	0.40
莫桑比克	0.19	0.39	0.29	0.05	0.05	0.09	0.08	0.17	0.09	0.03	0.04	0.08	0.10	0.10
阿曼	0.02	0.06	0.05	0.04	0.06	0.12	0.07	0.11	0.11	0.19	0.11	0.19	0.12	0.18
新加坡	28.07	25.52	28.47	31.86	41.08	49.84	51.65	60.27	61.34	74.40	88.79	82.61	74.56	103.51
南非	0.01	0.03	0.00	0.01	0.01	0.05	0.00	0.24	0.86	2.62	3.86	3.48	3.14	3.39
斯里兰卡	0.16	0.19	0.21	0.32	0.32	0.61	0.87	0.84	1.19	1.19	1.42	1.86	1.79	1.91
坦桑尼亚	0.04	0.06	0.05	0.10	0.12	0.35	0.33	0.30	0.36	0.44	0.56	0.32	0.33	0.52
也门	0.11	0.08	0.08	0.12	0.16	0.47	0.93	0.35	0.51	0.59	0.78	0.80	0.56	0.75
合计	39.81	41.46	49.71	56.28	72.71	86.26	91.22	104.17	138.42	150.61	171.78	153.12	142.34	191.65

2001—2013 年印度尼西亚对 13 国商品进出口额 单位：亿美元

对象国	2001	2002	2003	2004	2005	2006	2007	2008	2009	2010	2011	2012	2013
澳大利亚	36.59	35.12	34.40	41.02	47.95	57.58	63.99	81.16	67.00	83.43	107.60	102.03	94.09
印度	15.40	19.40	24.08	32.73	39.31	47.98	65.54	100.69	96.42	132.10	176.58	168.02	169.95
肯尼亚	0.32	0.30	0.36	0.42	0.53	0.44	0.63	0.76	0.76	2.69	3.06	2.83	2.47
马达加斯加	0.29	0.15	0.15	0.10	0.22	0.19	0.35	0.35	0.30	0.28	3.24	1.53	0.79
马来西亚	27.84	30.67	35.02	46.98	55.80	73.04	115.08	153.56	125.00	180.11	214.01	235.24	239.89
毛里求斯	0.38	0.34	0.32	0.37	0.43	0.55	0.70	0.88	0.82	0.84	0.93	0.87	0.78
莫桑比克	0.08	0.14	0.27	0.36	0.31	0.42	0.51	0.65	0.40	0.53	1.31	1.21	1.79
阿曼	0.21	0.21	0.19	0.22	0.30	0.58	1.03	1.66	1.56	3.19	6.51	4.64	4.62
新加坡	85.11	94.49	95.55	120.84	173.07	189.64	203.41	346.52	258.13	339.64	444.09	432.22	422.68
南非	1.60	2.93	3.91	4.89	5.77	6.07	8.10	9.79	8.35	11.97	21.42	23.53	18.95
斯里兰卡	1.66	1.60	1.88	2.44	3.61	4.71	4.57	3.98	3.14	3.76	4.97	4.40	4.40
坦桑尼亚	0.49	0.64	0.83	0.93	0.94	0.89	0.79	0.91	1.24	1.69	3.90	3.00	2.44
也门	0.90	1.37	0.82	0.64	0.75	0.90	2.44	1.14	1.04	1.18	0.99	1.59	1.59
合计	170.87	187.36	197.78	251.95	328.96	383.01	467.14	702.05	564.18	761.41	988.60	981.11	964.45

注：1990 年也门统一之前分为也门阿拉伯共和国和也门人民民主共和国，1987—1989 年也门的数据为两个也门数据的合并。

资料来源：笔者根据国际货币基金组织贸易统计数据库计算所得，IMF Direction of Trade Statistics (DOTS), http://data.imf.org/。

附表 2.4 肯尼亚对 13 国商品进出口额

1987—2000 年肯尼亚对 13 国商品进出口额 单位：亿美元

对象国	1987	1988	1989	1990	1991	1992	1993	1994	1995	1996	1997	1998	1999	2000
澳大利亚	0.12	0.14	0.14	0.09	0.12	0.11	0.09	0.13	0.17	0.32	0.41	0.35	0.67	0.42
印度	0.28	0.39	0.41	0.43	0.43	0.60	0.57	1.01	2.70	1.74	1.60	1.73	1.59	1.51
印度尼西亚	0.03	0.03	0.03	0.00	0.06	0.06	0.18	0.50	0.21	1.10	1.09	0.52	0.36	0.37
马达加斯加	0.03	0.01	0.01	0.00	0.00	0.01	0.01	0.01	0.02	0.03	0.03	0.02	0.01	0.02
马来西亚	0.46	0.62	0.67	0.45	0.68	0.68	0.42	0.34	0.20	0.21	0.21	1.02	0.38	0.45
毛里求斯	0.03	0.03	0.03	0.03	0.06	0.07	0.13	0.11	0.11	0.12	0.18	0.16	0.10	0.07
莫桑比克	0.15	0.13	0.12	0.02	0.03	0.00	0.01	0.01	0.01	0.04	0.04	0.00	0.02	0.04
阿曼	0.20	0.01	0.01	0.00	0.01	0.00	0.00	0.01	0.32	0.01	0.01	0.01	0.41	0.01
新加坡	0.17	0.37	0.38	0.15	0.19	0.45	0.27	0.51	0.60	0.63	0.47	0.31	0.37	0.68
南非	0.00	0.00	0.00	0.09	0.15	0.06	0.00	2.31	3.36	2.51	3.87	2.51	2.34	2.26
斯里兰卡	0.03	0.02	0.02	0.00	0.03	0.02	0.07	0.05	0.07	0.10	0.08	0.09	0.02	0.06
坦桑尼亚	0.28	0.34	0.32	0.33	0.42	0.53	1.02	1.93	2.42	2.53	2.52	2.39	1.19	1.58
也门	0.03	0.02	0.02	0.00	0.03	0.04	0.11	0.06	0.07	0.32	0.14	0.17	0.05	0.23
合计	1.82	2.10	2.15	1.59	2.20	2.64	2.86	6.97	10.26	9.65	10.65	9.27	7.51	7.69

附　表　181

2001—2013 年肯尼亚对 13 国商品进出口额　单位：亿美元

对象国	2001	2002	2003	2004	2005	2006	2007	2008	2009	2010	2011	2012	2013
澳大利亚	0.51	0.30	0.29	0.22	0.47	0.47	0.38	0.27	0.36	0.47	0.36	0.72	1.73
印度	1.93	2.08	2.28	3.38	6.37	5.73	9.24	15.23	11.08	13.58	17.63	23.61	30.40
印度尼西亚	0.99	1.69	1.68	1.03	0.56	1.94	2.84	3.59	2.42	3.40	5.25	6.62	5.25
马达加斯加	0.03	0.09	0.06	0.04	0.08	0.08	0.10	0.07	0.15	0.10	0.18	0.13	0.13
马来西亚	0.28	0.21	0.23	0.26	0.63	0.41	0.45	0.76	0.77	0.96	1.16	1.06	1.12
毛里求斯	0.12	0.08	0.16	0.23	0.16	0.13	0.29	0.39	0.31	0.53	0.42	0.49	0.34
莫桑比克	0.05	0.07	0.05	0.08	0.06	0.08	0.13	0.17	0.15	0.21	0.26	0.24	0.37
阿曼	0.01	0.07	0.02	0.02	0.05	0.04	0.08	0.12	0.62	0.33	1.24	1.18	0.52
新加坡	0.79	0.57	0.33	0.59	0.54	3.56	1.63	3.80	3.54	3.92	3.71	1.55	2.27
南非	1.03	0.94	1.43	4.58	5.36	5.00	5.58	7.50	9.27	7.58	8.24	7.54	8.45
斯里兰卡	0.03	0.04	0.05	0.08	0.11	0.10	0.10	0.17	0.11	0.21	0.16	0.15	0.13
坦桑尼亚	1.79	1.90	2.10	2.52	2.88	3.14	4.28	5.52	4.75	5.33	6.37	7.04	6.04
也门	0.37	0.43	0.40	0.32	0.13	0.30	0.32	0.45	0.42	0.55	0.57	0.53	0.61
合计	7.93	8.44	9.09	13.36	17.41	20.97	25.42	38.05	33.93	37.17	45.56	50.86	57.37

注：1990 年也门统一之前分为也门阿拉伯共和国和也门人民民主共和国，1987—1989 年也门的数据为两个也门数据的合并。

资料来源：笔者根据国际货币基金组织贸易统计数据库计算所得，IMF Direction of Trade Statistics（DOTS），http://data.imf.org/。

附表 2.5　　**马达加斯加对 13 国商品进出口额**

1987—2000 年 马达加斯加对 13 国商品进出口额　单位：亿美元

对象国	1987	1988	1989	1990	1991	1992	1993	1994	1995	1996	1997	1998	1999	2000
澳大利亚	0.00	0.00	0.00	0.01	0.01	0.03	0.01	0.01	0.02	0.03	0.03	0.04	0.03	0.06
印度	0.01	0.04	0.05	0.05	0.07	0.05	0.05	0.05	0.08	0.11	0.12	0.13	0.11	0.15
印度尼西亚	0.01	0.03	0.02	0.02	0.01	0.01	0.03	0.03	0.02	0.05	0.08	0.15	0.10	0.22
肯尼亚	0.02	0.01	0.04	0.04	0.02	0.02	0.01	0.01	0.02	0.01	0.02	0.04	0.01	0.01
马来西亚	0.01	0.02	0.02	0.02	0.03	0.03	0.05	0.07	0.08	0.08	0.06	0.06	0.07	0.08
毛里求斯	0.12	0.07	0.08	0.12	0.14	0.12	0.24	0.09	0.16	0.16	0.16	0.21	0.15	0.30
莫桑比克	0.01	0.01	0.06	0.06	0.00	0.04	0.00	0.00	0.01	0.00	0.00	0.00	0.00	0.00
阿曼	0.00	0.00	0.00	0.00	0.00	0.00	0.00	0.00	0.00	0.00	0.00	0.01	0.01	0.00
新加坡	0.01	0.06	0.23	0.27	0.22	0.12	0.22	0.14	0.17	0.16	0.16	0.10	0.21	0.47
南非	0.00	0.00	0.00	0.00	0.18	0.28	0.25	0.00	0.37	0.86	0.58	0.32	0.26	0.31
斯里兰卡	0.00	0.00	0.02	0.00	0.00	0.00	0.00	0.00	0.03	0.00	0.00	0.00	0.01	0.00
坦桑尼亚	0.00	0.00	0.00	0.02	0.00	0.01	0.00	0.02	0.01	0.02	0.01	0.00	0.00	0.00
也门	0.01	0.00	0.00	0.00	0.00	0.00	0.00	0.00	0.00	0.00	0.00	0.00	0.00	0.00
合计	0.21	0.24	0.52	0.60	0.69	0.70	0.85	0.42	0.97	1.50	1.22	1.07	0.96	1.61

2001—2013 年马达加斯加对 13 国商品进出口额 单位:亿美元

对象国	2001	2002	2003	2004	2005	2006	2007	2008	2009	2010	2011	2012	2013
澳大利亚	0.06	0.02	0.05	0.06	0.07	0.08	0.34	0.22	0.21	0.28	0.18	0.22	0.19
印度	0.20	0.23	0.57	0.72	1.07	0.63	0.90	1.92	1.59	0.90	1.89	2.54	2.81
印度尼西亚	0.36	0.13	0.24	0.26	0.29	0.34	0.34	0.76	0.40	0.30	3.03	1.51	0.84
肯尼亚	0.10	0.08	0.10	0.07	0.08	0.13	0.13	0.08	0.11	0.10	0.17	0.12	0.12
马来西亚	0.12	0.10	0.17	0.24	0.22	0.16	0.28	0.37	0.81	0.53	0.66	0.65	0.60
毛里求斯	0.72	0.57	0.87	0.74	0.61	0.69	0.92	1.06	0.89	1.38	1.62	1.87	1.76
莫桑比克	0.00	0.00	0.00	0.01	0.00	0.02	0.01	0.03	0.01	0.00	0.00	0.00	0.00
阿曼	0.00	0.00	0.00	0.00	0.00	0.00	0.01	0.01	0.00	0.02	0.11	0.23	0.13
新加坡	0.74	0.25	0.38	0.37	0.22	0.26	0.30	0.45	0.69	1.39	2.66	1.80	0.76
南非	0.79	0.42	1.10	1.04	0.93	1.10	1.48	2.61	1.67	2.12	2.25	2.51	3.08
斯里兰卡	0.00	0.01	0.04	0.05	0.04	0.02	0.02	0.06	0.00	0.01	0.04	0.01	0.01
坦桑尼亚	0.01	0.01	0.03	0.03	0.03	0.02	0.02	0.02	0.04	0.05	0.05	0.06	0.06
也门	0.01	0.01	0.00	0.00	0.00	0.00	0.02	0.00	0.00	0.00	0.00	0.00	0.00
合计	3.10	1.83	3.56	3.59	3.56	3.44	4.76	7.58	6.42	7.07	12.67	11.51	10.37

注:1990 年也门统一之前分为也门阿拉伯共和国和也门人民民主共和国,1987—1989 年也门的数据为两个也门数据的合并。

资料来源:笔者根据国际货币基金组织贸易统计数据库计算所得,IMF Direction of Trade Statistics (DOTS), http://data.imf.org/。

附表 2.6

马来西亚对 13 国商品进出口额

1987—2000 年 马来西亚对 13 国商品进出口额 单位：亿美元

对象国	1987	1988	1989	1990	1991	1992	1993	1994	1995	1996	1997	1998	1999	2000
澳大利亚	9.27	12.03	14.32	14.98	17.62	17.42	19.22	26.91	32.21	34.27	33.09	29.71	35.21	40.18
印度	6.14	6.58	5.94	6.93	6.03	7.85	6.12	9.39	13.69	19.50	19.48	23.58	25.68	26.50
印度尼西亚	3.23	5.63	7.61	6.58	10.08	11.42	12.61	16.57	21.83	26.45	26.89	24.86	29.88	39.76
肯尼亚	0.21	0.12	0.11	0.16	0.11	0.08	0.22	0.23	0.23	0.31	0.67	0.35	0.36	0.39
马达加斯加	0.05	0.08	0.04	0.02	0.04	0.08	0.13	0.10	0.10	0.09	0.05	0.05	0.05	0.05
毛里求斯	0.04	0.07	0.14	0.17	0.20	0.26	0.29	0.23	0.33	0.35	0.34	0.38	0.51	0.47
莫桑比克	0.24	0.35	0.22	0.23	0.15	0.14	0.16	0.04	0.04	0.03	0.02	0.07	0.03	0.04
阿曼	0.10	0.16	0.15	0.17	0.26	0.36	0.35	0.98	0.46	0.34	0.42	0.42	1.06	4.17
新加坡	51.37	62.67	80.07	110.61	137.20	156.60	171.83	205.53	245.74	264.93	263.03	203.47	231.40	298.13
南非	0.01	0.01	0.00	0.02	0.00	0.00	0.15	2.95	4.74	5.42	6.13	4.12	4.14	4.77
斯里兰卡	0.60	0.63	0.47	1.07	1.14	1.14	1.69	1.57	2.11	1.84	1.66	1.75	1.84	2.33
坦桑尼亚	0.03	0.07	0.08	0.10	0.07	0.08	0.09	0.21	0.42	0.69	0.47	0.40	0.23	0.25
也门	0.21	0.46	0.41	0.51	0.81	0.87	1.01	0.49	0.79	0.69	0.57	0.94	0.87	0.87
合计	71.50	88.86	109.56	141.56	173.72	196.31	213.86	265.21	322.68	354.90	352.82	290.10	331.27	417.92

2001—2013年 马来西亚对13国商品进出口额 单位:亿美元

对象国	2001	2002	2003	2004	2005	2006	2007	2008	2009	2010	2011	2012	2013
澳大利亚	36.16	35.34	38.78	59.41	69.23	69.79	89.09	108.72	84.46	106.56	125.86	141.66	144.81
印度	23.49	24.04	32.06	42.92	50.55	64.62	79.44	105.19	71.52	90.02	125.44	133.31	133.87
印度尼西亚	38.04	43.52	50.68	72.67	76.98	90.26	114.05	135.13	114.67	147.67	182.99	190.35	193.79
肯尼亚	0.28	0.21	0.25	0.49	0.59	0.90	1.14	1.26	0.87	0.85	1.02	1.31	2.83
马达加斯加	0.09	0.09	0.07	0.13	0.15	0.12	0.25	0.31	0.71	0.49	0.60	0.60	0.55
毛里求斯	0.28	0.45	0.53	0.57	0.61	0.84	0.91	1.42	1.59	1.43	1.06	1.22	0.98
莫桑比克	0.05	0.63	0.17	0.16	0.16	0.26	0.37	0.75	0.45	0.65	0.50	1.06	0.66
阿曼	4.56	3.34	5.19	4.69	5.91	9.84	6.20	11.02	3.29	2.66	7.40	5.57	5.27
新加坡	242.06	255.00	263.34	306.98	354.34	400.73	426.41	467.09	360.09	453.05	529.62	570.47	574.17
南非	4.88	4.44	5.58	8.14	8.58	11.34	13.01	16.09	11.26	16.69	21.26	19.95	17.16
斯里兰卡	1.92	2.39	3.10	3.52	4.49	5.56	4.04	4.62	3.79	5.41	8.47	8.60	6.62
坦桑尼亚	0.22	0.19	0.30	0.34	0.52	1.05	1.61	1.55	0.77	1.19	1.24	1.75	2.38
也门	3.46	3.49	3.17	1.42	1.68	3.14	2.49	4.06	2.78	2.60	1.81	2.10	6.24
合计	355.48	373.13	403.22	501.43	573.79	658.46	739.01	857.20	656.23	829.29	1007.27	1077.95	1089.33

注:1990年也门统一之前分为也门阿拉伯共和国和也门人民民主共和国,1987—1989年也门的数据为两个也门数据的合并。

资料来源:笔者根据国际货币基金组织贸易统计数据库计算所得,IMF Direction of Trade Statistics (DOTS), http://data.imf.org。

附表 2.7　　**毛里求斯对 13 国商品进出口额**

1987—2000 年毛里求斯对 13 国商品进出口额 单位：亿美元

对象国	1987	1988	1989	1990	1991	1992	1993	1994	1995	1996	1997	1998	1999	2000
澳大利亚	0.29	0.36	0.36	0.41	0.54	0.55	0.54	0.58	0.67	1.07	0.82	0.78	0.76	0.76
印度	0.39	0.49	0.50	0.63	0.72	0.86	1.01	1.31	1.74	2.09	2.34	2.09	1.90	1.86
印度尼西亚	0.11	0.14	0.17	0.13	0.09	0.15	0.23	0.16	0.17	0.25	0.27	0.47	0.33	0.45
肯尼亚	0.05	0.05	0.06	0.20	0.11	0.24	0.23	0.22	0.23	0.18	0.16	0.14	0.11	0.06
马达加斯加	0.04	0.06	0.09	0.21	0.22	0.29	0.00	0.43	0.60	0.77	0.89	1.05	0.99	1.10
马尔代夫	0.16	0.18	0.28	0.30	0.35	0.43	0.89	0.46	0.65	0.55	0.52	0.63	0.76	0.64
莫桑比克	0.00	0.00	0.00	0.00	0.00	0.00	0.00	0.00	0.00	0.00	0.00	0.06	0.05	0.03
阿曼	0.00	0.00	0.00	0.00	0.04	0.01	0.00	0.00	0.00	0.00	0.00	0.02	0.02	0.01
新加坡	0.25	0.34	0.37	0.51	0.51	0.58	0.56	0.59	0.56	0.51	0.53	0.53	0.44	0.45
南非	0.90	1.15	1.25	1.49	1.88	2.21	2.51	2.34	2.27	2.86	2.80	2.37	2.52	3.20
斯里兰卡	0.01	0.01	0.01	0.01	0.01	0.01	0.01	0.00	0.00	0.02	0.02	0.02	0.04	0.04
坦桑尼亚	0.00	0.00	0.00	0.01	0.04	0.01	0.04	0.00	0.00	0.05	0.02	0.03	0.03	0.03
也门	0.00	0.00	0.00	0.01	0.04	0.02	0.00	0.00	0.00	0.00	0.00	0.00	0.03	0.00
合计	2.20	2.78	3.08	3.89	4.56	5.36	6.02	6.10	6.89	8.36	8.35	8.17	7.98	8.63

2001—2013 年毛里求斯对 13 国商品进出口额 单位：亿美元

对象国	2001	2002	2003	2004	2005	2006	2007	2008	2009	2010	2011	2012	2013
澳大利亚	0.86	0.90	0.81	1.09	0.95	1.02	0.92	1.20	1.10	1.45	1.43	1.32	1.46
印度	1.62	1.61	2.01	2.72	2.28	5.07	8.29	11.31	7.03	9.81	12.22	12.57	12.73
印度尼西亚	0.47	0.43	0.41	0.58	0.72	0.76	0.92	1.08	0.95	1.02	1.08	0.92	0.89
肯尼亚	0.09	0.10	0.12	0.15	0.17	0.18	0.20	0.45	0.41	0.55	0.55	0.63	0.53
马达加斯加	1.29	0.91	1.67	1.32	1.29	1.19	1.41	1.44	1.30	1.34	1.54	1.76	1.65
马尔代夫	0.59	0.62	0.80	0.86	0.94	1.01	1.08	1.26	1.13	1.21	1.23	1.47	1.27
莫桑比克	0.02	0.09	0.07	0.14	0.17	0.06	0.04	0.08	0.11	0.06	0.27	0.29	0.20
阿曼	0.01	0.02	0.01	0.03	0.01	0.14	0.01	0.02	0.03	0.05	0.03	0.03	0.04
新加坡	0.43	0.55	0.72	0.48	0.61	0.39	0.52	0.47	0.41	0.49	0.51	0.53	0.54
南非	2.88	2.91	3.17	3.40	3.00	3.13	3.48	4.52	4.01	4.89	5.38	5.72	5.09
斯里兰卡	0.03	0.04	0.05	0.07	0.05	0.03	0.03	0.05	0.04	0.06	0.06	0.05	0.04
坦桑尼亚	0.06	0.04	0.03	0.09	0.05	0.02	0.02	0.06	0.02	0.06	0.05	0.14	0.16
也门	0.00	0.01	0.04	0.01	0.01	0.00	0.00	0.01	0.00	0.00	0.00	0.00	0.00
合计	8.35	8.23	9.90	10.92	10.26	13.01	16.93	21.97	16.55	21.00	24.35	25.43	24.62

注：1990 年也门统一之前分为也门阿拉伯共和国和也门人民民主共和国，1987—1989 年也门的数据为两个也门数据的合并。

资料来源：笔者根据国际货币基金组织贸易统计数据库计算所得，IMF Direction of Trade Statistics (DOTS)，http://data.imf.org/。

附表 2.8 **莫桑比克对 13 国商品进出口额**

1987—2000 年莫桑比克对 13 国商品进出口额 单位：亿美元

对象国	1987	1988	1989	1990	1991	1992	1993	1994	1995	1996	1997	1998	1999	2000
澳大利亚	0.04	0.07	0.04	0.05	0.02	0.13	0.01	0.14	0.02	0.10	0.10	0.03	0.13	0.06
印度	0.00	0.01	0.04	0.08	0.12	0.11	0.14	0.17	0.28	0.63	0.37	0.54	0.52	0.36
印度尼西亚	0.17	0.36	0.24	0.05	0.00	0.00	0.00	0.02	0.02	0.04	0.01	0.06	0.11	0.03
肯尼亚	0.17	0.13	0.11	0.02	0.03	0.00	0.03	0.03	0.01	0.02	0.02	0.03	0.02	0.01
马达加斯加	0.01	0.01	0.06	0.07	0.00	0.00	0.00	0.00	0.00	0.00	0.00	0.00	0.00	0.00
马来西亚	0.25	0.36	0.20	0.25	0.01	0.02	0.00	0.01	0.00	0.01	0.01	0.03	0.03	0.06
毛里求斯	0.00	0.00	0.00	0.00	0.00	0.00	0.00	0.01	0.00	0.00	0.01	0.01	0.01	0.01
阿曼	0.00	0.00	0.00	0.72	0.04	0.00	0.00	0.00	0.00	0.00	0.00	0.00	0.00	0.00
新加坡	0.33	0.54	0.32	0.04	0.05	0.01	0.04	0.03	0.05	0.03	0.00	0.03	0.06	0.04
南非	0.00	0.00	0.05	0.04	0.05	2.79	3.43	4.62	2.54	3.14	6.83	3.57	3.73	5.74
斯里兰卡	0.00	0.00	0.00	0.00	0.00	0.00	0.00	0.00	0.00	0.00	0.00	0.00	0.00	0.00
坦桑尼亚	0.00	0.00	0.02	0.01	0.01	0.01	0.01	0.00	0.00	0.04	0.00	0.00	0.01	0.01
也门	0.00	0.00	0.00	0.00	0.00	0.00	0.00	0.00	0.00	0.00	0.00	0.00	0.00	0.00
合计	0.97	1.49	1.09	1.31	0.27	3.08	3.66	5.02	2.93	4.01	7.36	4.30	4.61	6.31

2001—2013 年莫桑比克对 13 国商品进出口额 单位：亿美元

对象国	2001	2002	2003	2004	2005	2006	2007	2008	2009	2010	2011	2012	2013
澳大利亚	0.71	0.52	2.11	0.03	0.16	0.03	0.10	0.05	0.21	0.16	4.77	3.84	4.52
印度	0.29	0.68	0.77	0.96	1.14	1.22	1.53	1.66	3.01	2.32	7.46	12.04	16.84
印度尼西亚	0.05	0.02	0.08	0.16	0.18	0.42	0.51	0.41	0.24	0.32	1.39	1.29	1.86
肯尼亚	0.01	0.01	0.04	0.06	0.06	0.05	0.33	0.04	0.15	0.10	0.25	0.24	0.37
马达加斯加	0.00	0.00	0.01	0.00	0.00	0.00	0.03	0.01	0.01	0.00	0.00	0.00	0.00
马来西亚	0.05	0.05	0.20	0.14	0.12	0.25	0.21	0.57	0.58	0.42	0.52	1.14	0.71
毛里求斯	0.01	0.00	0.02	0.14	0.06	0.03	0.06	0.08	0.30	0.17	0.24	0.25	0.19
阿曼	0.00	0.00	0.00	0.00	0.00	0.00	0.00	0.00	0.00	0.00	1.12	0.46	4.04
新加坡	0.06	0.03	0.06	0.08	0.28	0.15	0.12	0.12	0.96	0.19	1.07	1.56	2.79
南非	5.44	5.06	8.24	10.36	13.42	14.18	14.16	14.10	17.95	16.93	37.01	38.38	45.10
斯里兰卡	0.00	0.00	0.00	0.00	0.00	0.00	0.00	0.00	0.00	0.00	0.01	0.00	0.01
坦桑尼亚	0.01	0.01	0.03	0.06	0.05	0.13	0.12	0.09	0.14	0.65	0.73	0.76	0.80
也门	0.00	0.00	0.00	0.00	0.00	0.00	0.00	0.00	0.00	0.00	0.00	0.00	0.00
合计	6.63	6.38	11.55	11.99	15.46	16.46	17.16	17.12	23.54	21.28	54.57	59.98	77.21

注：1990 年也门统一之前分为也门阿拉伯共和国和也门人民民主共和国，1987—1989 年也门的数据为两个也门数据的合并。

资料来源：笔者根据国际货币基金组织贸易统计数据库计算所得，IMF Direction of Trade Statistics（DOTS），http://data.imf.org/。

附表2.9 阿曼对13国商品进出口额

1987—2000年 阿曼对13国商品进出口额 单位:亿美元

对象国	1987	1988	1989	1990	1991	1992	1993	1994	1995	1996	1997	1998	1999	2000
澳大利亚	2.04	1.95	0.85	0.62	0.84	0.75	1.61	1.49	1.62	1.81	1.84	1.21	1.63	1.95
印度	1.69	1.40	1.15	1.26	1.25	1.11	1.33	1.47	1.69	2.09	2.53	2.19	2.33	2.29
印度尼西亚	0.04	0.10	0.08	0.06	0.10	0.09	0.16	0.37	0.68	0.31	0.32	0.36	0.26	0.32
肯尼亚	0.04	0.02	0.02	0.29	0.01	0.17	0.21	0.19	0.29	0.34	0.33	0.36	0.37	0.25
马达加斯加	0.00	0.00	0.00	0.01	0.00	0.00	0.00	0.00	0.06	0.00	0.00	0.01	0.19	0.00
马来西亚	0.24	0.26	0.21	0.26	0.36	0.33	0.38	0.77	0.55	0.67	0.82	0.65	2.33	3.54
毛里求斯	0.00	0.00	0.00	0.00	0.03	0.00	0.00	0.00	0.00	0.00	0.00	0.01	0.00	0.02
莫桑比克	0.00	0.00	0.00	0.00	0.00	0.00	0.00	0.00	0.00	0.00	0.00	0.00	0.01	0.00
新加坡	1.16	1.42	1.26	1.80	4.27	2.51	3.05	1.51	2.00	1.92	0.97	1.45	1.50	2.62
南非	0.00	0.00	0.00	0.00	0.00	0.00	0.06	0.33	0.13	0.27	0.35	0.30	0.12	0.10
斯里兰卡	0.14	0.13	0.13	0.10	0.03	0.04	0.05	0.12	0.06	0.06	0.09	0.07	0.08	0.08
坦桑尼亚	0.23	0.23	0.18	0.95	0.81	0.28	0.45	0.52	0.69	0.75	0.78	0.73	0.81	0.62
也门	0.17	0.08	0.71	0.90	0.02	1.93	1.85	0.81	1.67	0.38	0.63	1.39	0.94	1.55
合计	5.76	5.58	4.57	6.24	7.74	7.22	9.15	7.56	9.43	8.58	8.65	8.72	10.56	13.33

附 表 191

2001—2013 年阿曼对 13 国商品进出口额 单位：亿美元

对象国	2001	2002	2003	2004	2005	2006	2007	2008	2009	2010	2011	2012	2013
澳大利亚	1.43	1.11	1.58	1.90	1.85	2.24	3.20	4.14	4.25	4.84	5.13	5.26	5.33
印度	3.70	3.90	3.58	3.52	7.66	9.37	18.04	19.96	34.77	47.21	56.52	38.40	61.30
印度尼西亚	0.74	0.53	1.67	0.57	2.08	0.87	2.10	1.45	1.84	3.76	6.56	4.81	3.15
肯尼亚	0.29	0.65	0.04	0.03	0.05	0.04	0.06	0.11	0.90	0.48	2.11	2.06	1.18
马达加斯加	0.00	0.00	0.00	0.04	0.04	0.01	0.00	0.06	0.00	0.02	0.10	0.21	0.12
马来西亚	3.84	3.41	4.63	4.00	4.29	8.62	5.69	9.50	6.03	3.68	6.58	5.17	6.05
毛里求斯	0.01	0.00	0.01	0.02	0.01	0.01	0.01	0.01	0.02	0.03	0.03	0.02	0.30
莫桑比克	0.00	0.00	0.00	0.00	0.00	0.00	0.01	0.09	0.01	0.20	1.02	0.42	3.70
新加坡	5.65	4.85	3.95	2.44	4.81	4.57	3.27	9.50	8.75	13.23	13.30	24.81	19.56
南非	1.19	0.19	0.28	0.25	2.38	1.45	3.91	1.54	1.38	3.23	6.62	1.91	3.95
斯里兰卡	0.11	0.09	0.11	0.09	0.13	0.16	1.07	0.27	0.20	1.06	1.04	2.42	6.96
坦桑尼亚	0.73	0.81	0.13	0.19	0.30	0.22	0.23	0.41	0.22	0.39	2.49	4.89	6.10
也门	0.50	0.57	0.76	0.78	0.83	0.86	1.12	1.30	1.61	1.11	1.34	1.38	2.98
合计	18.20	16.12	16.72	13.83	24.43	28.42	38.73	48.35	59.99	79.25	102.84	91.75	120.67

注：1990 年也门统一之前分为也门阿拉伯共和国和也门人民民主共和国，1987—1989 年也门的数据为两个也门数据的合并。

资料来源：笔者根据国际货币基金组织贸易统计数据库数据计算所得，IMF Direction of Trade Statistics（DOTS），http://data.imf.org/。

附表 2.10 新加坡对 13 国商品进出口额

1987—2000 年新加坡对 13 国商品进出口额 单位:亿美元

对象国	1987	1988	1989	1990	1991	1992	1993	1994	1995	1996	1997	1998	1999	2000
澳大利亚	14.12	19.33	21.48	25.03	27.05	27.36	31.51	38.45	43.95	48.31	47.67	44.62	46.47	55.20
印度	8.07	10.03	12.40	14.78	14.25	14.68	16.31	20.51	27.99	30.87	33.33	30.44	32.52	39.47
印度尼西亚	0.00	0.00	0.00	0.00	0.00	0.00	0.00	0.00	0.00	0.00	0.00	0.00	0.00	0.00
肯尼亚	0.38	0.60	0.48	0.55	0.76	0.69	0.40	0.55	0.58	0.38	0.38	0.45	0.35	0.27
马达加斯加	0.08	0.10	0.24	0.42	0.28	0.26	0.36	0.36	0.43	0.36	0.34	0.42	0.45	0.79
马来西亚	86.12	117.63	126.28	151.30	189.28	185.41	245.39	357.54	419.15	422.33	418.34	324.18	362.87	478.89
毛里求斯	0.48	0.68	0.74	1.03	0.94	1.01	1.36	1.15	1.12	1.09	1.31	1.08	1.03	1.03
莫桑比克	0.36	0.58	0.72	0.77	0.91	0.22	0.08	0.08	0.07	0.09	0.05	0.04	0.05	0.07
阿曼	2.10	0.68	1.99	4.48	5.64	2.66	2.78	1.37	2.74	2.72	2.05	1.91	2.22	2.59
南非	0.00	0.00	0.01	0.00	0.00	0.00	0.00	0.00	7.00	6.70	6.34	4.60	5.13	7.45
斯里兰卡	2.19	2.76	2.62	2.55	2.78	3.70	3.51	3.95	4.31	4.38	4.45	5.72	5.03	5.16
坦桑尼亚	0.28	0.35	0.51	0.39	0.41	0.50	0.42	0.38	0.59	0.44	0.38	0.25	0.25	0.19
也门	0.37	0.98	1.40	0.75	0.72	0.99	0.54	1.93	2.57	1.08	0.55	0.93	2.06	2.17
合计	114.55	153.70	168.86	202.04	243.02	237.45	302.67	426.28	510.52	518.75	515.19	414.65	458.41	593.26

2001—2013年新加坡对13国商品进出口额 单位:亿美元

对象国	2001	2002	2003	2004	2005	2006	2007	2008	2009	2010	2011	2012	2013
澳大利亚	55.77	55.32	68.66	89.11	113.39	139.26	143.57	184.59	145.87	160.36	198.32	220.53	199.59
印度	38.62	38.07	45.36	69.62	99.76	125.57	158.69	204.42	148.65	225.74	282.59	238.70	203.89
印度尼西亚	0.00	0.00	241.07	287.49	325.61	396.58	441.24	533.39	403.79	499.30	621.32	635.25	599.20
肯尼亚	0.38	0.37	0.28	0.29	0.51	0.60	0.58	2.00	1.26	2.35	1.98	1.20	2.86
马达加斯加	1.15	0.49	0.70	0.73	0.59	0.57	0.71	0.78	1.58	1.30	2.63	1.81	0.76
马来西亚	412.16	430.25	443.42	522.36	577.52	666.94	730.45	790.52	595.26	782.71	891.50	908.50	909.40
毛里求斯	0.90	0.84	0.95	1.15	1.26	1.05	1.26	1.57	1.26	1.17	3.29	1.41	0.90
莫桑比克	0.05	0.05	0.14	0.13	0.10	0.15	0.34	0.42	0.46	0.73	0.98	1.42	2.54
阿曼	6.27	4.93	2.84	1.68	3.37	3.25	3.85	6.80	7.31	9.49	14.43	27.48	20.91
南非	4.77	4.19	5.89	8.02	9.75	15.34	11.68	14.79	11.77	19.50	20.11	22.38	23.16
斯里兰卡	4.28	4.32	5.38	6.66	7.40	9.75	9.06	10.60	8.37	12.86	14.74	16.47	21.06
坦桑尼亚	0.29	0.13	0.20	0.26	0.20	0.23	0.32	1.45	1.23	2.96	1.81	1.01	1.49
也门	3.91	1.73	1.99	3.88	0.79	0.65	1.14	3.47	1.99	1.16	3.70	3.94	4.33
合计	528.54	540.70	816.87	991.38	1140.26	1359.91	1502.89	1754.79	1328.79	1719.66	2057.41	2080.13	1990.09

注:1990年也门统一之前分为也门阿拉伯共和国和也门人民民主共和国,1987—1989年也门的数据为两个也门数据的合并。

资料来源:笔者根据国际货币基金组织贸易统计数据库计算所得,IMF Direction of Trade Statistics (DOTS), http://data.imf.org/。

附表 2.11 南非对 13 国商品进出口额

1998—2013 年南非对 13 国商品进出口额 单位：亿美元

对象国	1998	1999	2000	2001	2002	2003	2004	2005	2006	2007	2008	2009	2010	2011	2012	2013
澳大利亚	10.35	10.18	12.11	12.12	12.95	16.08	22.51	26.73	27.38	28.76	33.01	19.37	28.38	26.18	24.78	23.83
印度	8.59	7.86	6.51	6.32	6.57	8.32	13.37	23.93	25.27	33.05	48.01	41.09	103.10	78.00	87.33	91.44
印度尼西亚	0.39	3.35	3.37	2.67	3.06	4.39	5.00	6.28	6.92	9.21	10.06	11.54	12.18	17.91	16.42	15.14
肯尼亚	2.44	2.14	2.27	2.29	2.32	3.01	5.02	4.94	5.03	6.75	7.42	9.09	6.95	8.80	6.90	8.56
马达加斯加	0.54	0.42	0.48	0.55	0.43	1.01	0.90	0.87	0.75	1.69	2.41	1.42	1.80	2.13	2.41	3.01
马来西亚	4.32	4.42	4.86	4.65	5.43	6.63	9.12	9.92	12.78	15.79	18.60	15.10	16.84	24.01	25.16	18.42
毛里求斯	1.94	6.27	3.03	2.64	2.63	2.87	2.85	3.67	3.31	3.39	4.70	3.74	4.51	4.98	5.38	5.61
莫桑比克	5.14	7.82	7.53	6.96	6.38	7.79	8.16	10.27	9.58	16.37	20.13	20.65	16.28	35.60	37.33	43.48
阿曼	0.03	0.12	0.04	0.28	0.06	0.12	0.30	1.65	20.54	4.99	2.32	1.63	3.49	8.25	2.38	4.50
新加坡	4.63	4.28	4.44	4.19	3.96	5.31	7.51	9.12	16.33	10.78	15.05	9.66	20.60	16.19	22.63	32.59
斯里兰卡	0.57	1.00	0.39	0.32	0.36	0.37	0.38	0.42	0.40	0.47	0.54	0.46	0.38	0.70	0.62	0.70
坦桑尼亚	1.89	1.76	2.03	1.84	2.01	2.67	3.74	4.61	4.48	4.40	5.80	4.79	6.08	6.61	6.88	6.53
也门	0.01	0.05	0.02	0.06	0.47	0.33	1.10	1.27	0.34	1.85	15.63	4.22	5.44	1.72	0.05	2.99
合计	40.85	49.69	47.09	44.91	46.64	58.90	79.95	103.67	133.10	137.49	183.68	142.77	226.03	231.08	238.26	256.81

注：1990 年也门统一之前分为也门阿拉伯共和国和也门人民民主共和国，1987—1989 年也门的数据为两个也门数据的合并。

资料来源：笔者根据国际货币基金组织贸易统计数据库计算所得，IMF Direction of Trade Statistics (DOTS), http://data.imf.org/。

附表 2.12 斯里兰卡对 13 国商品进出口额

1987—2000 年斯里兰卡对 13 国商品进出口额 单位：亿美元

对象国	1987	1988	1989	1990	1991	1992	1993	1994	1995	1996	1997	1998	1999	2000
澳大利亚	0.34	0.45	0.61	0.68	0.61	0.76	0.87	1.20	1.24	1.50	1.99	1.75	1.56	2.14
印度	0.90	1.10	0.76	1.38	2.33	3.18	3.63	4.28	5.01	6.05	6.04	5.77	5.60	6.58
印度尼西亚	0.21	0.28	0.28	0.42	0.43	0.68	0.89	0.90	1.13	1.15	1.40	1.87	1.77	1.79
肯尼亚	0.04	0.02	0.09	0.04	0.03	0.03	0.08	0.07	0.05	0.09	0.02	0.06	0.02	0.04
马达加斯加	0.00	0.00	0.03	0.00	0.00	0.00	0.00	0.01	0.00	0.00	0.06	0.00	0.00	0.01
马来西亚	0.60	0.64	0.61	1.17	1.66	1.34	1.75	1.87	2.35	2.10	1.88	2.04	1.75	2.25
毛里求斯	0.01	0.01	0.01	0.01	0.00	0.01	0.00	0.05	0.01	0.02	0.03	0.01	0.04	0.04
莫桑比克	0.00	0.00	0.00	0.00	0.00	0.00	0.00	0.00	0.00	0.00	0.00	0.00	0.00	0.00
阿曼	0.01	0.15	0.02	0.02	0.00	0.05	0.00	0.06	0.11	0.05	0.05	0.04	0.04	0.05
新加坡	1.31	1.32	1.30	1.47	2.02	2.75	2.57	3.10	3.23	3.18	3.44	3.54	4.96	5.57
南非	0.41	0.81	0.93	0.96	0.97	0.85	0.60	0.66	0.60	0.75	0.61	0.62	0.44	0.41
坦桑尼亚	0.00	0.00	0.00	0.00	0.00	0.00	0.00	0.00	0.00	0.00	0.00	0.01	0.00	0.00
也门	0.08	0.10	0.07	0.09	0.14	0.08	0.06	0.07	0.06	0.11	0.05	0.06	0.03	0.01
合计	3.91	4.88	4.70	6.23	8.20	9.74	10.44	12.27	13.79	15.00	15.57	15.78	16.21	18.89

2001—2013年斯里兰卡对13国商品进出口额 单位：亿美元

对象国	2001	2002	2003	2004	2005	2006	2007	2008	2009	2010	2011	2012	2013
澳大利亚	2.06	2.14	1.57	2.15	1.65	1.70	1.85	2.90	2.28	3.07	3.86	3.49	3.67
印度	6.73	10.03	13.21	18.31	24.02	26.62	31.25	38.66	21.42	30.43	49.50	40.88	36.79
印度尼西亚	1.48	1.56	1.72	1.84	2.44	2.72	2.95	3.26	2.50	2.75	4.66	5.04	4.80
肯尼亚	0.04	0.04	0.07	0.40	0.11	0.11	0.12	0.16	0.11	0.16	0.23	0.12	0.13
马达加斯加	0.02	0.02	0.05	0.04	0.04	0.01	0.01	0.01	0.01	0.01	0.04	0.01	0.01
马来西亚	2.14	2.13	2.83	3.38	4.08	4.70	3.19	4.03	3.35	4.57	7.83	6.14	6.17
毛里求斯	0.02	0.03	0.04	0.07	0.35	0.05	0.04	0.08	0.04	0.07	0.07	0.07	0.02
莫桑比克	0.00	0.00	0.00	0.00	0.00	0.00	0.00	0.00	0.00	0.00	0.01	0.00	0.00
阿曼	0.08	0.07	0.06	0.06	0.10	0.11	0.66	0.18	0.19	0.96	2.14	3.55	7.87
新加坡	4.68	5.04	5.88	7.85	8.16	10.67	11.99	13.21	11.52	20.78	25.33	13.69	19.08
南非	0.32	0.40	0.35	0.34	0.37	0.32	0.35	0.40	0.43	0.38	0.65	0.48	0.67
坦桑尼亚	0.00	0.00	0.00	0.02	0.02	0.03	0.05	0.07	0.05	0.06	0.21	0.17	0.16
也门	0.01	0.01	0.02	0.01	0.02	0.01	0.02	0.02	0.04	0.05	0.04	0.07	0.09
合计	17.59	21.47	25.81	34.46	41.35	47.06	52.48	62.98	41.93	63.29	94.56	73.73	79.47

注：1990年也门统一之前分为也门阿拉伯共和国和也门人民民主共和国，1987—1989年也门的数据为两个也门数据的合并。

资料来源：笔者根据国际货币基金组织贸易统计数据库计算所得，IMF Direction of Trade Statistics（DOTS），http://data.imf.org/。

附表 197

附表 2.13　　坦桑尼亚对 13 国商品进出口额

1987—2000 年坦桑尼亚对 13 国商品进出口额　单位：亿美元

对象国	1987	1988	1989	1990	1991	1992	1993	1994	1995	1996	1997	1998	1999	2000
澳大利亚	0.02	0.02	0.02	0.08	0.08	0.07	0.06	0.04	0.09	0.15	0.26	0.31	0.85	0.96
印度	0.24	0.00	0.36	0.87	0.84	1.16	1.09	1.29	1.36	1.66	2.46	2.06	2.08	1.88
印度尼西亚	0.04	0.05	0.04	0.05	0.13	0.36	0.34	0.30	0.36	0.43	0.46	0.21	0.28	0.46
肯尼亚	0.36	0.00	0.31	0.30	0.45	0.57	1.10	2.08	2.61	2.76	1.15	1.34	1.25	1.31
马达加斯加	0.00	0.00	0.00	0.01	0.00	0.01	0.00	0.02	0.01	0.02	0.00	0.00	0.00	0.00
马来西亚	0.03	0.03	0.03	0.05	0.07	0.08	0.10	0.20	0.42	0.66	0.23	0.40	0.26	0.17
毛里求斯	0.00	0.00	0.00	0.00	0.04	0.01	0.04	0.00	0.00	0.05	0.02	0.01	0.03	0.04
莫桑比克	0.00	0.00	0.00	0.01	0.01	0.01	0.01	0.00	0.00	0.04	0.05	0.06	0.02	0.02
阿曼	0.02	0.03	0.02	0.00	0.00	0.31	0.50	0.57	0.75	0.82	0.03	0.03	0.03	0.03
新加坡	0.25	0.31	0.27	0.22	0.42	0.52	0.45	0.40	0.62	0.45	0.53	0.25	0.34	0.13
南非	0.00	0.00	0.00	0.00	0.00	0.14	0.26	0.61	1.95	1.47	1.14	1.36	1.87	1.90
斯里兰卡	0.00	0.00	0.00	0.00	0.00	0.00	0.00	0.00	0.00	0.00	0.02	0.01	0.02	0.02
也门	0.00	0.00	0.00	0.00	0.00	0.00	0.00	0.00	0.00	0.00	0.00	0.02	0.00	0.00
合计	0.96	0.44	1.06	1.61	2.05	3.24	3.95	5.50	8.17	8.53	6.34	6.04	7.04	6.92

2001—2013 年坦桑尼亚对 13 国商品进出口额 单位：亿美元

对象国	2001	2002	2003	2004	2005	2006	2007	2008	2009	2010	2011	2012	2013
澳大利亚	1.44	0.75	0.41	0.62	0.38	0.35	0.30	0.69	0.90	1.08	1.17	0.97	1.43
印度	1.70	1.71	2.72	3.00	3.60	3.99	6.98	13.61	12.03	14.96	22.07	22.32	42.76
印度尼西亚	0.52	0.66	0.89	1.00	1.01	0.97	0.84	0.93	1.33	1.78	4.12	3.18	2.59
肯尼亚	1.34	1.31	2.28	2.72	3.11	3.34	4.52	5.86	5.04	5.61	6.67	7.42	6.39
马达加斯加	0.02	0.01	0.03	0.03	0.02	0.02	0.02	0.02	0.03	0.04	0.05	0.05	0.05
马来西亚	0.21	0.15	0.32	0.35	0.53	1.09	1.70	1.69	0.83	1.30	1.33	1.91	2.57
毛里求斯	0.05	0.02	0.03	0.09	0.05	0.02	0.02	0.06	0.02	0.06	0.05	0.14	0.16
莫桑比克	0.02	0.02	0.03	0.06	0.04	0.13	0.11	0.08	0.13	0.59	0.67	0.69	0.73
阿曼	0.05	0.04	0.14	0.21	0.33	0.25	0.25	0.39	0.23	0.42	2.72	5.36	6.66
新加坡	0.15	0.10	0.20	0.26	0.20	0.24	0.34	1.56	1.33	3.25	1.94	1.08	1.60
南非	2.12	2.05	2.90	4.05	4.99	4.83	4.73	6.23	5.21	6.62	7.11	7.44	6.95
斯里兰卡	0.00	0.00	0.00	0.02	0.02	0.03	0.05	0.07	0.06	0.10	0.23	0.18	0.18
也门	0.01	0.01	0.01	0.00	0.00	0.01	0.01	0.01	0.01	0.01	0.01	0.01	0.01
合计	7.62	6.84	9.96	12.42	14.30	15.26	19.87	31.21	27.14	35.83	48.14	50.76	72.09

注：1990 年也门统一之前分为也门阿拉伯共和国和也门人民民主共和国，1987—1989 年也门的数据为两个也门数据的合并。

资料来源：笔者根据国际货币基金组织贸易统计数据库计算所得，IMF Direction of Trade Statistics（DOTS），http://data.imf.org/。

附表 2.14

也门对 13 国商品进出口额

1987—2000 年 也门对 13 国商品进出口额 单位:亿美元

对象国	1987	1988	1989	1990	1991	1992	1993	1994	1995	1996	1997	1998	1999	2000
澳大利亚	0.58	0.76	1.20	1.56	0.66	0.51	0.43	0.52	0.06	0.19	0.33	0.68	1.33	1.28
印度	0.16	0.29	0.35	0.60	0.29	0.46	0.70	0.49	0.28	0.79	0.47	0.51	2.22	6.72
印度尼西亚	0.06	0.08	0.09	0.13	0.12	0.12	0.13	0.09	0.21	0.16	0.33	0.50	0.14	0.28
肯尼亚	0.01	0.03	0.02	0.02	0.03	0.05	0.04	0.04	0.06	0.29	0.03	0.03	0.06	0.06
马达加斯加	0.01	0.00	0.00	0.00	0.00	0.00	0.00	0.00	0.00	0.00	0.00	0.00	0.00	0.00
马来西亚	0.13	0.37	0.45	0.55	1.11	1.14	1.43	1.25	1.43	0.69	0.64	0.86	0.68	1.51
毛里求斯	0.00	0.00	0.00	0.01	0.00	0.00	0.00	0.00	0.00	0.00	0.00	0.00	0.00	0.00
莫桑比克	0.00	0.00	0.00	0.00	0.00	0.00	0.00	0.00	0.00	0.00	0.00	0.00	0.00	0.00
阿曼	0.19	0.08	0.78	0.98	0.01	0.00	0.02	0.05	0.04	0.08	0.07	0.09	0.39	0.74
新加坡	0.36	0.93	1.41	0.77	0.94	1.35	1.65	2.08	2.52	1.43	0.99	1.58	2.64	2.96
南非	0.00	0.00	0.00	0.00	0.00	0.00	0.00	0.00	0.58	0.58	0.41	0.38	0.00	0.36
斯里兰卡	0.03	0.06	0.08	0.10	0.13	0.13	0.06	0.07	0.05	0.04	0.04	0.04	0.02	0.02
坦桑尼亚	0.00	0.00	0.00	0.00	0.00	0.00	0.00	0.00	0.00	0.00	0.00	0.00	0.00	0.00
也门之间	0.20	0.27	0.29											
合计	1.73	2.87	4.67	4.74	3.28	3.76	4.47	4.58	5.24	4.25	3.30	4.66	7.49	13.93

200　印度洋地区国际制度的评估

2001—2013年也门对13国商品进出口额　单位：亿美元

对象国	2001	2002	2003	2004	2005	2006	2007	2008	2009	2010	2011	2012	2013
澳大利亚	0.44	0.33	0.85	0.94	0.69	1.99	0.97	1.68	2.16	2.66	2.71	3.19	3.36
印度	7.54	6.53	2.54	7.01	10.47	24.28	26.24	18.10	18.57	25.67	13.91	22.75	22.66
印度尼西亚	0.26	0.83	0.84	0.37	0.33	0.99	2.68	1.25	1.15	1.30	1.08	1.75	1.75
肯尼亚	0.07	0.09	0.42	0.13	0.14	0.32	0.35	0.50	0.46	0.61	0.62	0.58	0.66
马达加斯加	0.00	0.00	0.00	0.00	0.00	0.00	0.02	0.00	0.00	0.00	0.00	0.00	0.00
马来西亚	2.84	2.64	3.08	1.09	1.23	3.36	2.69	4.34	2.91	2.68	1.98	2.29	6.63
毛里求斯	0.00	0.00	0.03	0.00	0.00	0.00	0.00	0.01	0.00	0.00	0.00	0.00	0.00
莫桑比克	0.00	0.00	0.00	0.00	0.00	0.00	0.00	0.00	0.00	0.00	0.00	0.00	0.00
阿曼	0.83	0.96	0.81	0.65	0.75	0.93	1.22	1.40	1.74	1.21	1.44	1.45	3.16
新加坡	3.51	1.51	1.85	2.46	0.86	0.68	1.13	3.79	1.94	1.13	3.42	4.33	4.34
南非	1.15	0.60	0.30	1.26	0.28	0.37	1.73	14.28	3.95	5.07	1.65	0.17	2.92
斯里兰卡	0.01	0.02	0.02	0.01	0.01	0.01	0.02	0.02	0.03	0.05	0.04	0.07	0.09
坦桑尼亚	0.00	0.00	0.00	0.00	0.00	0.01	0.01	0.01	0.01	0.01	0.01	0.01	0.01
合计	16.66	13.52	10.74	13.93	14.76	32.96	37.07	45.38	32.93	40.39	26.88	36.60	45.59

注：1990年也门统一之前分为也门阿拉伯共和国和也门人民民主共和国，1987—1989年也门的数据为两个也门数据的合并。

资料来源：笔者根据国际货币基金组织贸易统计数据库计算所得，IMF Direction of Trade Statistics (DOTS), http://data.imf.org/。

附表 2.15 1987—2000年14国区域内商品进出口总额 单位：亿美元

国别	1987	1988	1989	1990	1991	1992	1993	1994	1995	1996	1997	1998	1999	2000
澳大利亚	36.64	48.35	60.73	68.95	80.85	88.66	89.69	107.65	127.86	149.40	163.85	141.40	153.42	168.27
印度	20.58	23.61	24.01	33.24	28.62	39.64	38.21	49.77	66.99	79.60	88.01	95.15	110.01	102.41
印度尼西亚	39.81	41.46	49.71	56.28	72.71	86.26	91.22	104.17	138.42	150.61	171.78	153.12	142.34	191.65
肯尼亚	1.82	2.10	2.15	1.59	2.20	2.64	2.86	6.97	10.26	9.65	10.65	9.27	7.51	7.69
马达加斯加	0.21	0.24	0.52	0.60	0.69	0.70	0.85	0.42	0.97	1.50	1.22	1.07	0.96	1.61
马来西亚	71.50	88.86	109.56	141.56	173.72	196.31	213.86	265.21	322.68	354.90	352.82	290.10	331.27	417.92
毛里求斯	2.20	2.78	3.08	3.89	4.56	5.36	6.02	6.10	6.89	8.36	8.35	8.17	7.98	8.63
莫桑比克	0.97	1.49	1.09	1.31	0.27	3.08	3.66	5.02	2.93	4.01	7.36	4.30	4.61	6.31
阿曼	5.76	5.58	4.57	6.24	7.74	7.22	9.15	7.56	9.43	8.58	8.65	8.72	10.56	13.33
新加坡	114.55	153.70	168.86	202.04	243.02	237.45	302.67	426.28	510.52	518.75	515.19	414.65	458.41	593.26
南非												40.85	49.69	47.09
斯里兰卡	3.91	4.88	4.70	6.23	8.20	9.74	10.44	12.27	13.79	15.00	15.57	15.78	16.21	18.89
坦桑尼亚	0.96	0.44	1.06	1.61	2.05	3.24	3.95	5.50	8.17	8.53	6.34	6.04	7.04	6.92
也门	1.73	2.87	4.67	4.74	3.28	3.76	4.47	4.58	5.24	4.25	3.30	4.66	7.49	13.93
14国区域内商品贸易总额	300.65	376.36	434.71	528.29	627.91	684.07	777.05	1001.50	1224.14	1313.15	1353.09	1193.28	1307.48	1597.90

2001—2013年14国区域内商品进出口总额 单位：亿美元

国别	2001	2002	2003	2004	2005	2006	2007	2008	2009	2010	2011	2012	2013
澳大利亚	159.34	169.65	198.60	269.31	333.68	387.14	438.02	587.16	468.68	587.08	722.08	723.41	611.67
印度	105.34	131.08	177.47	229.01	299.53	429.88	554.97	618.75	616.46	804.85	1067.31	1067.11	1048.29
印度尼西亚	170.87	187.36	197.78	251.95	328.96	383.01	467.14	702.05	564.18	761.41	988.60	981.11	964.45
肯尼亚	7.93	8.44	9.09	13.36	17.41	20.97	25.42	38.05	33.93	37.17	45.56	50.86	57.37
马达加斯加	3.10	1.83	3.56	3.59	3.56	3.44	4.76	7.58	6.42	7.07	12.67	11.51	10.37
马来西亚	355.48	373.13	403.22	501.43	573.79	658.46	739.01	857.20	656.23	829.29	1007.27	1077.95	1089.33
毛里求斯	8.35	8.23	9.90	10.92	10.26	13.01	16.93	21.97	16.55	21.00	24.35	25.43	24.62
莫桑比克	6.63	6.38	11.55	11.99	15.46	16.46	17.16	17.12	23.54	21.28	54.57	59.98	77.21
阿曼	18.20	16.12	16.72	13.83	24.43	28.42	38.73	48.35	59.99	79.25	102.84	91.75	120.67
新加坡	528.54	540.70	816.87	991.38	1140.26	1359.91	1502.89	1754.79	1328.79	1719.66	2057.41	2080.13	1990.09
南非	44.91	46.64	58.90	79.95	103.67	133.10	137.49	183.68	142.77	226.03	231.08	238.26	256.81
斯里兰卡	17.59	21.47	25.81	34.46	41.35	47.06	52.48	62.98	41.93	63.29	94.56	73.73	79.47
坦桑尼亚	7.62	6.84	9.96	12.42	14.30	15.26	19.87	31.21	27.14	35.83	48.14	50.76	72.09
也门	16.66	13.52	10.74	13.93	14.76	32.96	37.07	45.38	32.93	40.39	26.88	36.60	45.59
14国区域内商品贸易总额	1450.56	1531.38	1950.18	2437.51	2921.42	3529.08	4051.95	4976.27	4019.56	5233.58	6483.30	6568.59	6448.02

注：1990年也门统一之前分为也门阿拉伯共和国和也门人民民主共和国，1987—1989年也门的数据为两个也门数据的合并。

资料来源：笔者根据国际货币基金组织贸易统计数据库计算所得，IMF Direction of Trade Statistics (DOTS)，http://data.imf.org/。

附表 2.16　　1987—2000年14国对全球的商品进出口总额　单位：亿美元

国家	1987	1988	1989	1990	1991	1992	1993	1994	1995	1996	1997	1998	1999	2000
澳大利亚	562.68	694.35	822.43	820.37	845.40	873.08	892.86	1025.74	1162.45	1280.27	1311.20	1228.58	1281.76	1377.96
印度	276.35	322.27	351.35	418.03	373.81	424.27	422.57	496.79	650.23	683.78	755.19	758.27	838.22	929.62
印度尼西亚	300.33	328.67	384.10	476.88	551.17	612.62	651.68	720.82	860.83	927.92	951.47	762.05	726.69	956.39
肯尼亚	26.96	30.55	31.12	31.64	31.88	32.17	31.86	37.61	50.75	47.45	51.95	52.18	51.30	50.19
马达加斯加	6.78	6.21	6.88	9.55	7.17	7.08	6.78	7.38	8.45	9.00	7.95	7.39	5.99	15.58
马来西亚	306.43	376.65	476.40	585.93	711.58	806.42	927.55	1183.10	1513.56	1566.72	1579.69	1318.09	1500.53	1803.59
毛里求斯	18.54	22.79	22.90	27.99	27.28	28.96	29.93	32.37	34.86	40.60	38.60	38.89	38.03	35.76
莫桑比克	9.46	11.00	9.78	12.94	8.78	10.19	12.26	14.23	9.21	10.18	13.19	10.62	14.71	14.11
阿曼	51.82	62.32	66.20	73.10	81.18	92.26	94.20	93.34	102.18	118.30	125.09	110.57	117.69	157.06
新加坡	614.15	833.00	944.60	1137.36	1254.82	1356.49	1594.65	1995.29	2425.93	2565.05	2580.04	2115.27	2258.28	2726.78
南非	0.00	0.00	0.00	0.00	0.00	0.00	0.00	0.00	0.00	0.00	0.00	557.26	506.46	597.84
斯里兰卡	33.91	37.39	36.27	45.32	50.49	62.39	68.65	74.31	82.82	88.29	99.11	110.83	108.77	121.47
坦桑尼亚	11.02	10.98	10.37	14.37	16.44	20.26	19.34	20.77	25.76	25.51	20.29	21.60	22.82	22.56
也门	16.33	28.44	31.91	39.46	25.44	29.41	32.37	30.27	35.32	42.65	43.19	36.65	44.49	64.02
合计	2234.75	2764.63	3194.33	3692.94	3985.44	4355.59	4784.71	5732.04	6962.35	7405.73	7576.96	7128.25	7515.72	8872.95

2001—2013 年 14 国对全球的商品进出口总额 单位：亿美元

国家	2001	2002	2003	2004	2005	2006	2007	2008	2009	2010	2011	2012	2013
澳大利亚	1302.68	1417.36	1641.13	2002.61	2360.09	2679.73	3150.29	3957.42	3285.98	4241.23	5287.82	5332.75	5096.09
印度	934.57	1094.09	1351.89	1752.21	2379.55	2971.33	3887.84	4591.64	4228.42	5737.04	7721.47	7876.74	7830.77
印度尼西亚	872.83	884.48	936.09	1181.08	1433.60	1618.63	1885.74	2662.64	2133.37	2934.42	3809.31	3817.22	3691.80
肯尼亚	55.72	54.20	61.19	72.97	102.45	106.61	129.68	168.41	141.86	164.41	202.29	218.23	216.69
马达加斯加	17.94	12.47	22.43	29.52	27.56	45.67	38.12	54.94	41.81	39.08	48.81	50.28	57.09
马来西亚	1615.62	1729.03	1877.12	2308.18	2545.89	2911.35	3231.94	3564.10	2811.59	3634.83	4159.29	4243.58	4345.10
毛里求斯	35.21	39.12	41.98	46.91	51.65	57.50	58.38	67.19	54.62	64.01	73.22	76.18	74.50
莫桑比克	17.67	19.52	28.57	35.39	42.12	52.95	55.04	66.61	59.11	58.07	113.73	125.05	156.07
阿曼	167.98	170.78	180.81	219.94	275.15	324.79	406.63	606.44	455.07	563.69	707.10	802.55	907.62
新加坡	2378.47	2417.02	2963.99	3713.91	4296.44	5108.55	5624.99	6580.93	5160.01	6631.52	7761.90	7896.69	7852.41
南非	572.72	584.46	737.10	974.43	1112.18	1272.24	1576.22	1725.68	1281.89	1713.32	2070.06	2000.39	2037.04
斯里兰卡	104.53	107.00	118.05	137.57	152.47	171.36	195.41	228.23	180.68	222.94	320.58	259.31	291.18
坦桑尼亚	25.55	26.98	34.06	42.87	50.56	57.50	73.39	97.15	84.59	104.87	138.98	146.67	182.13
也门	58.39	60.52	79.92	80.63	104.11	146.47	166.82	206.55	147.04	189.62	201.12	226.32	252.56
合计	8159.88	8617.01	10074.34	12598.20	14933.82	17524.68	20480.48	24577.93	20066.03	26299.05	32615.69	33071.98	32991.04

注：1990 年也门统一之前分为也门阿拉伯共和国和也门人民民主共和国，1987—1989 年也门的数据为两个也门数据的合并。

资料来源：笔者根据国际货币基金组织贸易统计数据库计算所得，IMF Direction of Trade Statistics (DOTS)，http://data.imf.org/。

附表 2.17　　　　印度洋地区非环印联盟成员 5 国对环印联盟 14 国的商品进出口总额

1987—2000 年 印度洋地区非环印联盟成员 5 国对环印联盟 14 国的商品进出口总额　单位:亿美元

国家	1987	1988	1989	1990	1991	1992	1993	1994	1995	1996	1997	1998	1999	2000
埃及	4.95	6.97	6.08	9.13	9.36	9.00	8.00	11.01	9.67	12.85	15.26	13.51	15.94	18.87
马尔代夫	0.66	0.92	1.04	1.11	1.31	1.57	1.48	1.70	1.75	2.08	2.40	2.27	2.56	2.73
巴基斯坦	7.88	10.22	10.82	13.40	15.14	17.92	18.07	19.40	23.69	23.45	26.07	27.98	25.57	22.92
卡塔尔	4.31	3.80	2.58	3.14	3.19	5.02	4.87	5.44	7.65	10.79	11.32	9.30	10.98	14.35
沙特	32.34	38.93	41.80	57.41	63.94	72.95	61.86	60.48	79.52	100.26	113.52	89.84	113.17	137.35
合计	50.15	60.84	62.32	84.20	92.94	106.47	94.28	98.03	122.28	149.43	168.57	142.90	168.22	196.21

2001—2013 年 印度洋地区非环印联盟成员 5 国对环印联盟 14 国的商品进出口总额　单位:亿美元

国家	2001	2002	2003	2004	2005	2006	2007	2008	2009	2010	2011	2012	2013
埃及	16.78	18.84	13.43	16.87	22.67	30.33	34.77	65.43	55.32	70.77	89.72	82.62	82.24
马尔代夫	2.70	2.67	3.21	4.03	4.19	4.75	6.15	7.77	5.68	6.65	7.59	7.02	6.20
巴基斯坦	23.78	25.95	30.77	36.95	46.62	57.53	76.55	90.44	66.75	102.24	114.84	111.27	117.23
卡塔尔	15.35	16.40	20.11	35.16	44.00	67.71	100.76	132.81	105.50	166.90	252.44	293.89	289.26
沙特	124.48	114.51	130.95	173.32	217.03	366.32	443.78	624.57	394.04	523.72	705.56	836.91	875.77
合计	183.09	178.36	198.47	266.32	334.51	526.64	662.01	921.01	627.30	870.28	1170.15	1331.73	1370.71

注:1990 年也门统一之前分为也门阿拉伯共和国和也门人民民主共和国,1987—1989 年也门的数据为两个也门数据的合并。

资料来源:笔者根据国际货币基金组织贸易统计数据库 IMF Direction of Trade Statistics (DOTS),http://data.imf.org/。

附表 2.18   印度洋地区非环印联盟成员 5 国对全球的商品进出口总额

1987—2000 年 印度洋地区非环印联盟成员 5 国对全球的商品进出口总额 单位:亿美元

国别	1987	1988	1989	1990	1991	1992	1993	1994	1995	1996	1997	1998	1999	2000
埃及	96.32	107.79	101.35	118.65	115.21	113.41	113.05	128.99	151.83	165.54	170.76	196.74	194.98	283.92
马尔代夫	1.29	1.62	1.88	1.90	2.15	2.29	2.26	2.70	4.06	3.59	4.19	4.29	4.66	4.65
巴基斯坦	99.87	110.98	117.67	129.70	149.26	166.44	161.93	162.16	194.52	214.50	202.52	177.47	187.41	195.98
卡塔尔	31.30	33.53	38.33	49.88	49.67	56.44	52.15	51.32	56.10	78.02	83.76	82.78	87.20	148.44
沙特	426.24	455.22	495.38	684.98	768.90	835.60	705.98	659.58	774.91	885.55	891.96	687.49	769.23	1054.39
合计	655.02	709.14	754.60	985.11	1085.20	1174.18	1035.37	1004.75	1181.42	1347.20	1353.18	1148.77	1243.49	1687.38

2001—2013 年 印度洋地区非环印联盟成员 5 国对全球的商品进出口总额 单位:亿美元

国别	2001	2002	2003	2004	2005	2006	2007	2008	2009	2010	2011	2012	2013
埃及	168.61	171.74	170.54	205.22	302.41	338.99	426.79	785.09	687.41	800.70	936.85	967.62	940.46
马尔代夫	4.70	4.81	5.83	7.68	8.44	10.43	12.46	15.79	11.28	13.41	16.81	16.19	16.59
巴基斯坦	193.77	211.19	249.78	310.45	414.60	507.08	587.51	681.44	491.71	649.30	766.44	777.47	810.71
卡塔尔	146.20	150.30	182.80	246.89	358.23	504.93	678.86	952.07	729.29	982.04	1367.80	1582.07	1638.44
沙特	992.19	977.14	1224.35	1558.24	2139.00	2652.63	2990.95	4174.70	2654.06	3368.85	4594.70	5195.27	5123.34
合计	1505.46	1515.19	1833.29	2328.48	3222.68	4014.07	4696.57	6609.09	4573.75	5814.30	7682.60	8538.61	8529.53

注:1990 年也门统一之前分为也门阿拉伯共和国和也门人民民主共和国,1987—1989 年也门的数据为两个也门数据的合并。

资料来源:笔者根据国际货币基金组织贸易统计数据库计算所得,IMF Direction of Trade Statistics (DOTS), http://data.imf.org/。

参考文献

一　中文

（一）著作

耿引曾：《中国人与印度洋》，大象出版社2009年版。

简军波：《权力的限度——冷战后美国霸权合法性问题研究》，上海辞书出版社2011年版。

刘宏松：《国际防扩散体系中的非正式机制》，上海人民出版社2011年版。

刘杰：《秩序重构：经济全球化时代的国际机制》，高等教育出版社、上海社会科学院出版社1999年版。

刘青建：《发展中国家与国际制度》，中国人民大学出版社2010年版。

门洪华：《霸权之翼：美国国际制度战略》，北京大学出版社2005年版。

门洪华：《构建中国大战略的框架——国家实力、战略观念与国际制度》，北京大学出版社2005年版。

苏长和：《全球公共问题与国际合作：一种制度的分析》，上海人民出版社2009年版。

孙学峰主编：《国际合法性与大国崛起——中国视角》，社会科学文献出版社2012年版。

汪戎等主编：《印度洋地区蓝皮书印度洋地区发展报告》（2013），中国社会科学文献出版社2013年版。

汪戎等主编：《印度洋地区蓝皮书印度洋地区发展报告》（2014），中国社会科学文献出版社 2014 年版。

王杰主编：《国际机制论》，新华出版社 2002 年版。

王玮：《跨越制度边界的互动——国际制度与非成员国关系研究》，上海人民出版社 2012 年版。

王明国：《因果关系与国际制度有效性研究》，世界知识出版社 2014 年版。

王铁崖主编：《国际法》，法律出版社 2004 年版。

韦进深：《决策偏好与国家的国际制度行为研究》，中国出版集团、世界图书出版公司 2014 年版。

韦森：《社会制序的经济分析导论》，上海三联书店 2001 年版。

阎学通：《美国霸权与中国安全》，天津人民出版社 2000 年版。

阎学通、孙学峰：《国际关系研究实用方法》，人民出版社 2007 年版。

赵广成：《从合作到冲突：国际关系的退化机制分析》，世界知识出版社 2011 年版。

朱杰进：《国际制度设计：理论模式与案例分析》，上海人民出版社 2011 年版。

周丕启：《合法性与大战略——北约体系内美国的霸权护持》，北京大学出版社 2005 年版。

［德］柯武刚、史漫飞：《制度经济学：社会秩序与公共政策》，韩朝华译，商务印书馆 2000 年版。

［德］卡尔·施密特：《合法性与正当性》，冯克利等译，上海人民出版社 2014 年版。

［德］尤尔根·哈贝马斯：《合法化危机》，刘北成、曹卫东译，上海世纪出版集团 2009 年版。

［法］让-马克·夸克：《合法性与政治》，佟心平、王远飞译，中央编译出版社 2008 年版。

［美］阿拉斯泰尔·伊恩·约翰斯顿、罗伯特·罗斯主编：《与中国接触——应对一个崛起的大国》，黎晓蕾等译，新华出版社 2001 年版。

［加］大卫·戴岑豪斯：《合法性与正当性：魏玛时代的施米特、凯

尔森与海勒》，刘毅译，商务印书馆2013年版。

［美］B. 盖伊·彼得斯：《政治科学中的制度理论："新制度主义"》（第二版），王向民、段红伟译，上海人民出版社2011年版。

［美］道格拉斯·C. 诺思：《制度、制度变迁与经济绩效》，杭行译，格致出版社、上海三联书店、上海人民出版社2014年版。

［加］斯蒂文·伯恩斯坦、威廉·科尔曼主编：《不确定的合法性：全球化时代的政治共同体、权力和权威》，丁开杰等译，社会科学文献出版社2011年版。

［美］奥兰·扬、［加］莱斯利·金、［英］汉克·许洛德主编：《制度与环境变化——主要发现、应用及研究前沿》，廖玫主译，高等教育出版社2012年版。

［美］奥兰·扬：《世界事物中的治理》，陈玉刚、薄燕译，上海世纪出版集团2007年版。

［美］彼得·卡赞斯坦、罗伯特·基欧汉、斯蒂芬·克拉斯纳编：《世界政治理论的探索与争鸣》，秦亚青等译，上海世纪出版集团2006年版。

［美］彼得·卡赞斯坦主编：《国家安全的文化：世界政治中的规范与认同》，宋伟、刘铁娃译，北京大学出版社2009年版。

［美］大卫·A. 鲍德温主编：《新现实主义和新自由主义》，肖欢容译，浙江人民出版社2001年版。

［美］肯尼斯·赫文、托德·多纳：《社会科学研究：从思维开始》（第10版），李涤非、潘磊译，重庆大学出版社2013年版。

［美］鲁德拉·希尔、彼得·卡赞斯坦：《超越范式：世界政治研究中的分析折中主义》，秦亚青、季玲译，上海世纪出版集团2012年版。

［美］罗伯特·基欧汉：《霸权之后——世界政治经济中的合作与纷争》，苏长和等译，上海世纪出版集团2001年版。

［美］罗伯特·O. 基欧汉：《局部全球化世界中的自由主义、权力与治理》，门洪华译，北京大学出版社2004年版。

［美］罗伯特·O. 基欧汉编：《新现实主义及其批判》，郭树勇译，北京大学出版社2002年版。

［美］玛莎·芬尼莫尔:《国际社会中的国家利益》,袁正清译,上海世纪出版集团2012年版。

［美］迈克尔·巴尼特、玛莎·芬尼莫尔:《为世界定规则:全球政治中的国际组织》,薄燕译,上海人民出版社2009年版。

［美］曼瑟尔·奥尔森:《集体行动的逻辑》,陈郁等译,上海三联书店2006年版。

［美］C. 曼特扎维诺斯:《个人、制度与市场》,梁海音等译,长春出版社2009年版。

［美］塞缪尔·P. 亨廷顿:《变化社会中的政治秩序》,王冠华、刘为等译,沈宗美校,上海世纪出版集团2008年版。

［美］斯蒂芬·范埃弗拉:《政治学研究方法指南》,陈琪译,北京大学出版社2006年版。

［美］莉萨·马丁、贝思·西蒙斯编:《国际制度》,黄仁伟等译,上海世纪出版集团2006年版。

［美］W. 菲利普斯·夏夫利:《政治科学研究方法》(第八版),郭继光等译,上海世纪出版集团2012年版。

［美］西摩·马丁·李普赛特:《政治人——政治的社会基础》(第二版),张绍宗译,上海世纪出版集团2011年版。

［美］小约瑟夫·奈:《理解国际冲突:理论与历史》(第五版),张小明译,上海世纪出版集团2005年版。

［美］亚历山大·温特:《国际政治的社会理论》,秦亚青译,上海人民出版社2001年版。

［美］约翰·鲁杰主编:《多边主义》,苏长和等译,浙江人民出版社2003年版。

［美］詹姆斯·G. 马奇、［挪］约翰·P. 奥尔森:《重新发现制度:政治的组织基础》,张伟译,生活·读书·新知三联书店2011年版。

［美］詹姆斯·马奇、马丁·舒尔茨、周雪光:《规则的动态演变——成文组织规则的变化》,童根兴译,上海世纪出版集团、上海人民出版社2005年版。

［美］A. J. 科特雷尔、R. M. 伯勒尔:《印度洋在政治、经济、军事

上的重要性》，上海外国语学院英语系译，上海人民出版社 1976 年版。

［印］克·拉简德拉·辛格：《印度洋的政治》，周水玉，李淼译，商务印书馆 1980 年版。

［印］潘尼迦：《印度和印度洋：略论海权对印度历史的影响》，德隆、望蜀译，世界知识出版社 1965 年版。

（二）论文

［美］艾伦·布坎南、罗伯特·基欧汉：《全球治理机制的合法性》，赵晶晶、杨娜译，《南京大学学报》（哲学·人文科学·社会科学版）2011 年第 2 期。

陈迎春：《论印度洋与中国海洋安全》，《中国石油大学学报》（社会科学版）2012 年第 6 期。

陈利君、许娟：《弹性均势与中美印在印度洋上的经略》，《南亚研究》2012 年第 4 期。

刘鹏：《孟中印缅次区域合作的国际机制建设》，《南亚研究》2014 年第 4 期。

楼春豪：《印度洋新变局与中美印博弈》，《现代国际关系》2011 年第 5 期。

宋德星等：《"21 世纪之洋"——地缘战略视角下的印度洋》，《南亚研究》2009 年第 3 期。

孙现朴：《美国的印度洋战略》，《太平洋学报》2013 年第 6 期

时宏远：《印度对中国进入印度洋的认知与反应》，《南亚研究》2012 年第 4 期。

时宏远：《美国的印度洋政策及对中国的影响》，《国际问题研究》2012 年第 4 期。

史春林：《印度洋航线安全与中国的战略对策》，《南亚研究》（季刊）2010 年第 3 期。

随新民：《国际制度的合法性与有效性——新现实主义、新自由制度主义和建构主义三种范式比较》，《学术探索》2004 年第 6 期。

陶亮：《印度的印度洋战略与中印关系发展》，《南亚研究》2011 年第 3 期。

叶江、谈谭：《试论国际制度的合法性及其缺陷——以国际安全制度与人权制度为例》，《世界经济与政治》2005年第12期。

张吉林：《对通往印度洋国际大通道建设的思考》，《云南社会科学》2003年第S1期。

朱翠萍：《中国的印度洋战略：动因、挑战与应对》，《南亚研究》2012年第3期。

曾信凯：《中国"印度洋困境"中的美国因素》，《南亚研究》2012年第2期。

［韩］金亨真：《西方国际关系理论中新现实主义和新自由主义的国际合作论》，《国际论坛》2004年第5期。

门洪华：《国际机制与美国霸权》，《美国研究》2001年第1期。

门洪华：《国际机制的有效性与局限性》，《美国研究》2001年第4期。

门洪华：《论国际机制的合法性》，《国际政治研究》2002年第1期。

门洪华：《罗伯特·基欧汉学术思想述评》，《美国研究》2004年第4期。

苏长和：《重新定义国际制度》，《欧洲研究》1999年第6期。

苏长和：《中国与国际制度——一项研究议程》，《世界经济与政治》2002年第10期。

苏长和：《发现中国新外交——多边国际制度与中国外交新思维》，《世界经济与政治》2005年第4期。

王明国：《遵约与国际制度的有效性：情投意合还是一厢情愿》，《当代亚太》2011年第2期。

张睿壮：《美国霸权的正当性危机》，《国际问题论坛》2004年夏季号。

赵可金：《从旧多边主义到新多边主义——对国际制度变迁的一项理论思考》，《世界经济与政治》2006年第7期。

张康之：《合法性的思维历程：从韦伯到哈贝马斯》，《教学与研究》2002年第3期。

张宇燕：《美国宪法的经济学含义》，《社会科学战线》1996年第4期。

[美]罗伯特·O. 基欧汉、约瑟夫·S. 奈:《多边合作的俱乐部模式与世界贸易组织:关于民主合法性问题的探讨》,门洪华、王大为译,《世界经济与政治》2001年第12期。

(三)学位论文

常贝贝:《冷战与美国的印度洋政策研究综述》,硕士学位论文,东北师范大学,2009年。

葛红亮:《冷战后美国的印度洋战略研究》,硕士学位论文,暨南大学,2010年。

于营:《全球化时代的国际机制研究》,博士学位论文,吉林大学,2008年。

周丕启:《政治合法性与政治稳定:战后东亚政治发展中的国家与社会》,博士学位论文,北京大学,2000年。

二 英文

(一)著作

Amirie, Abbas (ed.) (1975), *The Persian Gulf and Indian Ocean in international politics*, Tehran: Institute for International Political and Economic Studies.

Agarwal, Amita (2008), *Indo-US Relations and Peace Prospects in South West Indian Ocean*, Delhi: Kaveri Books.

Alam, Md. Mukhtar (2004). *Economic Development and Contemporary Geopolitics: the Indian Ocean Rim*. Delhi: Om Publications.

Allen, Philip M. (1987). *Security and Nationalism in the Indian Ocean: Lessons from the Latin Quarter Islands*. Boulder: Westview Press.

Bhatt, Anita (1992). *The Strategic Role of Indian Ocean in World Politics: the Case of Diego Garcia*. Delhi: Ajanta Publications.

Banerjee, Brojendra Nath (1984). *Indian Ocean: a Whirlpool of Unrest*. Delhi: Paribus Publishers.

Braun, Dieter (1983). *The Indian Ocean: Region of Conflict or "Peace Zone"?* London: Oxford Univesity Press.

Benvenisti, Eyal and Moshe Hirsh (eds.) (2004). *The Impact of Inter-*

national Law on International Cooperation: Theoretical Perspectives. Cambridge University Press.

Borsa, Giorgio (1990). *Trade and Politics in the Indian Ocean: Historical and Contemporary Perspectives*. Delhi: Manohar Publications.

Bowman, Larry W. and Ian Clark (eds.) (1983). *The Indian Ocean in Global Politics*. Delhi: Young Asia Publications.

Burrell, R. M. and Alvin J. Cottrell (eds.) (1971). *The Indian Ocean: a Conference Report*, March 18 – 19, 1971. Washington: Center for Strategic and International Studies, Georgetown University.

Bateman, Sam and Anthony Bergin (2010). *Our Western Front: Australia and The Indian Ocean*. Australian Strategic Policy Institute.

Chopra, Maharaj K. (1982). *India and the Indian Ocean: New Horizons*. Delhi: Sterling.

Cottrell, Alvin J. (1981). *Sea Power and Strategy in the Indian Ocean*. London: Sage Publications.

Cottrell, Alvin J. and R. M. Burrell (eds.) (1972). *The Indian Ocean: its Political, Economic, and Military Importance*, London: Praeger Publishers.

Campbell, Gwyn (ed.) (2003). *The Indian Ocean Rim: Southern Africa and Regional Co – operation*. New York: Routledge.

Charlesworth, Hilary and Jean – Marc Coicaud (eds.) (2010). *Fault Lines of International Legitimacy*. New York: Cambridge University Press.

Coicaud, Jean – Marc and Veijo Heiskanen (eds.). *The Legitimacy of International Organizations*. United Nations University Press, Tokyo.

Chaudhuri, K. N. (1985). *Trade and Civilization in the Indian Ocean: an Economic History from the Rise of Islam to* 1750. London: Cambridge University Press.

Cheema, Pervaiz Iqbal (1981). *Conflict and Cooperations in the Indian Ocean: Pakistan's Interests and Choices*. Delhi: Heritage Publishers.

Crawford, Robert (1996). *Regime Theory in the Post – Cold War World: Rethinking Neoliberal Approaches to International Relations*. Dartmouth:

Dartmouth Publishing Company.

Chandra, Satish (ed.) (1987). *The Indian Ocean: Explorations in History, Commerce and Politics*. Delhi: Sage Publications.

Chandra, Satish (ed.) (1993). *The Indian Ocean and its Islands: Strategic, Scientific and Historical Perspectives*. Delhi: Sage Publications.

Coicaud, Jean-Marc and Veijo Heiskanen (eds.) (2001). *The Legitimacy of International Organizations*, New York: United Nations University Press.

Dowdy, William L. &Trood, Russell B. (eds.) (1985). *The Indian Ocean. Perspectives on a Strategic Arena*. Durham: Duke University Press.

Dowdle, Michael (ed.) (2006). *Public Accountability: Designs, Dilemmas and Experiences*. Cambridge: Cambridge University Press.

Dowdy, William L. and Russell B. Trood (eds.) (1985). *The Indian Ocean: Perspectives on a Strategic Arena*. Delhi, Himalayan Books.

Elman, Colin and Miriam Elman (eds.) (2003). *Progress in International Relations Theory: Appraising the Field*. Cambridge, MA: MIT Press.

Gupta, Ashin Das (2004). *India and the Indian Ocean World: Trade and Politics*. New York: Oxford University Press.

Graham, Gerald S. (1967). *Great Britain in the Indian Ocean: a Study of Maritime Enterprise 1810 – 1850*. Oxford: Clarendon Press.

Gupta, Bhabani Sen (1974). *The Malacca Straits and the Indian Ocean: a Study of the Strategic and Legal Aspects of a Controversial Sea-Lane*. Delhi: Macmillan Co. of India.

Gupta, Manoj (2010). *Indian Ocean Region: Maritime Regimes for Regional Cooperation*. New York: Springer.

Goodin, R. E. and H. D. Klingemam (eds.) (1996). *A New Handbook of Political Science*. London: Oxford University Press.

Hasenclever, Andreas, Peter Mayer and Volker Rittberger. (1997). *Theories of International Regimes*. London: Cambridge University Press.

Harrigan, Anthony (1975). *The Indian Ocean and the Threat to the*

West: *Four Studies in Global Strategy*, London: Stacey International.

Haas, Peter M. (1990). *Saving the Mediterranean: The Politics of International Environmental Cooperation.* New York: Columbia University Press.

Hawley, John C. (ed.) (2008). *India in Africa, Africa in India: Indian Ocean Cosmopolitanisms.* Bloomington: Indiana University Press.

Habermas, Jurgen (1996). *Between Facts sand Norms: Contributions to a Discourse Theory of Law and Democracy.* Trans. by William Regh. Cambridge: MIT Press.

Husain, Syed Anwar (1991). *Superpowers and Security in the Indian Ocean: a South Asian Perspective.* Dhaka: Academic Publishers.

Indian Council of World Affairs (1958). *Defense and Security in the Indian Ocean Area.* Bombay: Asia Publishers.

Jacobson, Hrold and Robert Putnam (eds.) (1993). *Double Edged Diplomacy: International Bargaining and Domestic Politics.* California: University of California Press.

Kaushik, Devendra (1983). *The Indian Ocean: a Strategic Dimension.* Delhi: Vikas Publishers.

Kaushik, Devendra (1987). *Perspectives on Security in Indian Ocean Region.* Delhi: Allied Publishers.

Krutuskikh, Andrei (1986). *US Policies in the Indian Ocean.* Moscow: Progress Publisher.

Kapur, Ashok (1983). *The Indian Ocean: Regional and International Power Politics.* New York, Praeger Publishers.

Kaushik, Devendra (1972). *The Indian Ocean: Towards a Peace Zone.* Delhi: Vikas Publications.

Koremenos, Barbara, Charles Lipson and Duncan Snidal (eds.) (2004). *The Rational Design of International Institutions.* New York, NY: Cambridge University Press.

Karan, Pradyumna P. and Shanmugam P. Subbiah (ed.) (2011). *The Indian Ocean Tsunami: the Global Response to a Natural Disaster.* Lexington: KyUniversity Press of Kentucky.

Kaplan, Robert D. (2011). *Monsoon: The Indian Ocean and the Future of American Power.* New York: Random House.

Keohane, Robert O. (1989). *International Institutions and State Power: Essays on International Relations Theory.* Colorado: Westview Press, Inc.

Kohli, S. N. (1978). *Sea Power and the Indian Ocean, with Special Reference to India.* Delhi: Tata McGraw - Hill.

Krasner, Stephen D. (ed.) (1983). *International Regimes*, Ithaca: Cornell University Press.

Lombard, Denys and Jean Aubin (ed.) (2000). *Asian Merchants and Businessmen in the Indian Ocean and the China Sea.* New York: Oxford University Press.

Lindseth, Peter L. (2010). *Power and Legitimacy: Reconciling Europe and the Nation - State.* Oxford University Press.

Majeed, Akhtar (ed.) (1986). *Indian Ocean: Conflict & Regional Cooperation.* Delhi: ABC Publishers.

Mohan, Raja (ed.) (1991). *Indian Ocean and US - Soviet Détente.* Delhi: Patriot Publishers.

Misra, K. P. (1977). *Quest for an International Order in the Indian Ocean.* Bombay: Allied Publishers.

Malekandathil, Pius (2010). *Maritime India: Ttrade, Religion and Polity in the Indian Ocean.* Delhi: Primus Books.

Malekandathil, Pius (2013). *Mughals, the Portuguese and the Indian Ocean: Changing Meanings and Imageries of Maritime India.* Delhi, Primus Books.

Mukherjee, Rudrangshu and Lakshmi Subramanian (eds.) (1988). *Politics and Trade in the Indian Ocean World: Essays in Honour of Ashin Das Gupta.* New York: Oxford University Press.

Melkote, Rama S. (ed.) (1995). *Indian Ocean: Issues for Peace.* Delhi: Manohar Publishers.

Moorthy, Shanti and Ashraf Jamal (eds) (2010), *Indian Ocean Stud-*

ies: *Cultural, Social, and Political Perspectives*. New York: Routledge.

Millar, T. B. (1970). *Soviet Policies in the Indian Ocean Area*. Canberra: Australian National University Press.

Millar, T. B. (1969), *The Indian and Pacific Oceans: Some Strategic Considerations*. London: Institute for Strategic Studies.

Nijhoff, Martinus (ed.) (1986), *The Indian Ocean as a Zone of Peace*. Dhaka: Bangladesh Institute of International and Strategic Studies.

Namboodiri, P. K. S. (1982), *Intervention in the Indian Ocean*. Delhi: ABC Publishers.

Ostheimer, John M. (ed.) (1975), *The Politics of the Western Indian Ocean Islands*. New York: Praeger.

Panikkar, K. M. (1945), *India and the Indian Ocean: an Essay on the Influence of Sea Power on Indian History*. London: George Allen & Unwin.

Pearson, Michael (2003), *The Indian Ocean*, London: Routledge.

Prakash, Om. (ed.) (2012), *Trading World of the Indian Ocean, 1500 – 1800*. Delhi: Centre for Studies in Civilisations.

Patra, Saral (ed.), *Indian Ocean and Great Powers*. Delhi: Sterling Publishers.

Poulose, T. T. (ed.) (1974), *Indian Ocean Power Rivalry*. Delhi, Young Asia Publications.

Rumsey, Dennis, Sanjay Chaturvedi and Vijay Sakhuja (eds.) (2009), *Fisheries Exploitation in the Indian Ocean: Threats and Opportunities*. Singapore: ISEAS, 2009.

Ray, Himanshu Prabha and Edward A. Alpers. (eds.) (2007), *Cross Currents and Community Networks: the History of the Indian Ocean World*. New York: Oxford University Press.

Rawls, John (1993), *Political Liberalism*. New York: Columbia University Press.

Rais, Rasul B. (1987), *The Indian Ocean and the Superpowers: Economic, Political, and Strategic Perspectives*. Delhi: Vistaar Publications.

Raghavan, Sudha (1996). *The Indian Ocean Power Politics: Attitudes of South East Asian and South Pacific Countries*. Delhi: Lancers Books.

Ritberger, Volker (ed.) (1993). *Regime Theory and International Relations*. Oxford: Clarendon Press.

Rumyantsev, Yevgeni (1988). *Indian Ocean and Asian Security*, Ahmedabad: Allied Publishers.

Singh, Bhupinder (1983). *Indian Ocean and Regional Security*. Patiala: B. C. Publishers.

Singh, K. Rajendra (1974). *Politics of the Indian Ocean*. Delhi: Thomson Press (India).

Singh, K. R. (1977). *The Indian Ocean: Big Power Presence and Local Response*. Delhi: Manohar Publishers.

Singh, K. R. (2006). *Indian Ocean: Great Power Interventions*. Delhi: Independent Publishers.

Scharpf, F. W. (1999). *Governing in Europe: Effective and Democratic?* Oxford: Oxford University Press.

Sharma, R. C. and P. C. Sinha (1994). *India's Ocean Policy*. Delhi: Khama Publishers.

Stefan, C. A. and Halikowski Smith (eds.) (2011). *Reinterpreting Indian Ocean Worlds: Assays in Honour of Kirti N. Chaudhuri*. Newcastle: Cambridge Scholars Publishing.

Tambe, Ashwini and Harald Fischer – Tin (eds.) (2009). *The Limits of British Colonial Control in South Asia: Spaces of Disorder in the Indian Ocean Region*. New York: Routledge.

Tahtinen, Dale R. (1977). *Arms in the Indian Ocean: Interests and Challenges*. Washington: American Enterprise Institute for Public Policy Research.

Thomson, George G. (1970). *Problems of strategy in the Pacific and Indian Oceans*. New York: National Strategy Information Center.

Underdal, Arild and Oran R. Young (eds.) (2004). *Regime Consequences: Methodological Challenges and Research Strategies*. Netherlands: Kluwer Academic Publishers.

Vibhakar, Jagdish (1974). *Afro – Asian Security and Indian Ocean.* Delhi: Sterling Publishers.

Victor, David G., Kal Raustiala and Eugene B. Skolnikoff (eds.) (1998). *The Implementation and Effectiveness of International Environmental Commitments.* Cambridge, MA: MIT Press.

Weiss, Brown and Harold K. (eds.) (1998). *A Framework for Analysis in Engaging Countries: Strengthening Compliance with International Environmental Accord.* Cambridge, MA: MIT Press.

Young, Oran R. (ed.). *The Effectiveness of International Environmental Regimes: Causal Connections and Behavioral Mechanisms.* Cambridge, MA: MIT Press.

Young, Oran R. (ed.). *Effectiveness of International Environmental Regimes: Causal Connections and Behavioral Mechanisms.* Cambridge, MA: MIT Press.

Zimmermann, H. and Dur A. (eds.) (2012). *Key Controversies in European Integration.* New York: Palgrave.

（二）论文

Betts, Alexander, "Regime Complexity and International Organizations: UNHCR as a Challenged Institution", *Global Governance*, Vol. 19, 2013.

Berlin, Don, "Sea Power, Land Power and the Indian Ocean", *Journal of the Indian Ocean Region*, Vol. 6, No. 1, June 2010.

Berlin, Donald L., "The 'Great Base Race' in the Indian Ocean Littoral: Conflict Prevention or Stimulation?", *Contemporary South Asia* 13, September 2004.

Best, Jacqueline, "Legitimacy Dilemmas: the IMF's Pursuit of Country Ownership", *Third World Quarterly*, Vol. 28, No. 3, 2007.

Buzan, Barry, "The Indian Ocean in Global Politics", *Survival*, Vol. 24, Feb 1982.

Bouchard, Christian and William Crumplin, "Neglected no Longer: The Indian Ocean at the Forefront of World Geopolitics and Global Geostrategic", *Journal of the Indian Ocean Region*, Vol. 6, No. 1, June 2010.

Bollen, K. A. and R. Lennox, "Conventional Wisdom on Measurement: A Structural Equation Perspective", *Psychological Bulletin*, Vol. 110, 1991.

Brewster, David, "Australia and India: the Indian Ocean and the Limits of Strategic Convergence", *Australian Journal of International Affairs*, Vol. 64, No. 5, 2010.

Beaujard, Philippe, "The Indian Ocean in Eurasian and African World – Systems before the Sixteenth Century", *Journal of World History*, Vol. 16, No. 4, 2005.

Bohmelt, Tobias and Ulrich H. Pilster, "International Environmental Regimes: Legalisation, Flexibility and Effectiveness", *Australian Journal of Political Science*, Vol. 45, No. 2, June 2010.

Claude, Inis L., "Collective Legitimization as a Political Function of the United Nations", *International Organization*, Vol. 20, Summer 1966.

Cordner, Lee, "Progressing Maritime Security Cooperation in the Indian Ocean", *Naval War College Review*, Vol. 64, No. 4, 2011.

Daniel Mügge, "Limits of Legitimacy and the Primacy of Politics in Financial Governance", *Review of International Political Economy*, Vol. 18, No. 1, 2011.

Downs, George W., David M. Rocke and Peter N. Barsoom, "Is the Good News About Compliance Good News About Cooperation?", *International Organization*, Vol. 50, No. 3, 1996.

Erickson, Andrew S., Walter C. Ladwig Ⅲ and Justin D. Mikolay, "Diego Garcia and the United States' Emerging Indian Ocean Strategy", *Asian Security*, Vol. 6, No. 3, 2010.

Finnemore, Martha, "Norms, Culture, and World Politics: Insights from Sociology's Institutionalism", *International Organization*, No. 2, 1996.

Gilley, Bruce, "The Meaning and Measure of State Legitimacy: Results for 72 Countries", *European Journal of Political Research*, Vol. 45, 2006.

Ghosh, P. K., "Indian Ocean Naval Symposium: Uniting the Maritime Indian Ocean Region", *Strategic Analysis*, Vol. 36, No. 3, May – June

2012.

Helm, Carsten and Detlef Sprinz, "Measuring the Effectiveness of International Environmental Regimes", *Journal of Conflict Resolution*, Vol. 44, No. 5, 2000.

Hurd, Ian, "Legitimacy and Authority in International Politics", *International Organization* 53, 2, Spring 1999.

Holmes, James R. and Toshi Yoshihara, "China and the United States in the Indian Ocean: An Emerging Strategic Triangle?", *Naval War College Review*, Vol. 61, No. 3, Summer 2008.

Hong, Nong, "Charting a Maritime Security Cooperation Mechanism in the Indian Ocean: Sharing Responsibilities among Littoral States and User States", *Strategic Analysis*, Vol. 36, No. 3, May – June 2012.

Henley, Peter Holcombe and Niels M. Blokker, "The Group of 20: A Short Legal Anatomy from the Perspective of International Institutional Law", *Melbourne Journal of International Law*, Vol. 14, 2013.

Innerarity, Daniel, "What Kind of Deficit?: Problems of Legitimacy in the European Union", *European Journal of Social Theory*, Vol. 17, No. 3, 2014.

Jackson, Ashley, "Britain in the Indian Ocean Region", *Journal of the Indian Ocean Region*, Vol. 7, No. 2, December 2011.

Johnson, Tana, "Institutional Design and Bureaucrats' Impact on Political Control", *The Journal of Politics*, Vol. 75, No. 1, 2013.

Kumar, Chandra, "The Indian Ocean: Arc of Crisis or Zone of Peace?", *International Affairs*, 1984.

Kirchhof, Astrid Mignon and Jan – Henrik Meyer, "Global Protest against Nuclear Power: Transfer and Transnational Exchange in the 1970s and 1980s", *Historical Social Research*, Vol. 39, No. 1, 2014.

Kraska, James and Brian Wilson, "Maritime Piracy in East Africa", *Journal of International Affairs*, Vol. 62, Spring/Summer 2009.

Kinclová, Lenka, "Legitimacy of the Humanitarian Military Intervention: An Empirical Assessment", *Peace Economics, Peace Science, & Public*

Policy, Vol. 21, No. 1, 2015.

Keohane, Robert O., "Global Governance and Legitimacy", *Review of International Political Economy*, Vol. 18, No. 1, 2011.

Kaye, Stuart, "Indian Ocean Maritime Claims", *Journal of the Indian Ocean Region*, Vol. 6, No. 1, June 2010.

Kotani, Tetsuo, "Lifeline at Sea: Japan's Policy toward the Indian Ocean Region", *Journal of the Indian Ocean Region*, Vol. 7, No. 2, December 2011.

Lake, David A., "Legitimating Power: The Domestic Politics of U. S. International Hierarchy", *International Security*, Vol. 38, No. 2, 2013.

Laksmana, Evan A., "The Enduring Strategic Trinity: Explaining Indonesia's Geopolitical Architecture", *Journal of the Indian Ocean Region*, Vol. 7, No. 1, June 2011.

Lehr, Peter, "Prospects for Multilateral Security Cooperation in the Indian Ocean: A Skeptical View", *Indian Ocean Survey*, Vol. 1, No. 1, 2005.

Muraviev, Alexey D., "Shadow of the Northern Giant: Russia's Current and future Engagement with the Indian Ocean Region", *Journal of the Indian Ocean Region*, Vol. 7, No. 2, December 2011.

Mahbubani, Kishore, "Can Asia Re – legitimize Global Governance?", *Review of International Political Economy*, Vol. 18, No. 1, 2011.

Naidu, G. V. C., "Prospects for IOR – ARC Regionalism: an Indian Perspective", *Journal of the Indian Ocean Region*, Vol. 8, No. 1, 2012.

Nye, Joseph S., "U. S. Power and Strategy after Iraq", *Foreign Affairs*, Vol. 82, No. 4, 2003.

Phillips, Andrew, "Australia and the Challenges of Order – building in the Indian Ocean Region", *Australian Journal of International Affairs*, Vol. 67, No. 2, 2013.

Paul, Joshy M., "Emerging Security Architecture in the Indian Ocean Region: Policy Options for India", *Maritime Affairs*, Vol. 7, No. 1, Summer 2011.

Rapkin, David P. and Dan Braaten, "Conceptualising Hegemonic Legitimacy", *Review of International Studies*, Vol. 35, No. 1, 2009.

Rumley, Dennis, Timothy Doyle and Sanjay Chaturvedi, "Securing the Indian Ocean? Competing Regional Security Constructions", *Journal of the Indian Ocean Region*, Vol. 8, No. 1, 2012.

Rittberger, Volker and Michael Zurn, "Regime Theory: Findings from the study of 'East – West' Regimes", *Cooperation and Conflict*, No. 26, 1991.

Schneider, Christina J. and Johannes Urpelainen, "Accession Rules for International Institutions: A Legitimacy – Efficacy Trade – off?", *Journal of Conflict Resolution*, Vol. 56, No. 2, 2012.

Schneider, Patricia, "German Maritime Security Governance: A Perspective on the Indian Ocean Region", *Journal of the Indian Ocean Region*, Vol. 8, No. 2, December 2012.

Sachdeva, Gulshan, "Indian Ocean Region: Present Economic Trends and Future Possibilities", *International Studies*, 41, 2004.

Thompson, William R., "The Regional Subsystem—A Conceptual Explication and a Propositional Inventory," *International Studies Quarterly*, Vol. 17, No. 1, 1973.

Weigold, Auriol, "Engagement Versus Neglect: Australia in the Indian Ocean, 1960 – 2000", *Journal of the Indian Ocean Region*, Vol. 7, No. 1, June 2011.

Young, Oran R., "Inferences and Indices: Evaluating the Effectiveness of International Environmental Regimes", *Global Environmental Politics*, Vol. 1, No. 1, 2001.

Zürn, Michael and Matthew Stephen, "The View of Old and New Powers on the Legitimacy of International Institutions", *Politics*, Vol. 30, No. 1, 2010.

（三）学位论文

Alam, Md. Mukhtar, *The Economic Prospects of the Indian Ocean Rim Countries*, Jawaharlal Nehru University, 1997.

Alam, Mukhtar, *Regional Economic Development and Political Integration in the Indian Ocean Rim: A Geopolitical Study*, Jawaharlal Nehru University, 2002.

Bhattacharjee, Ankita, *French Interests and Policies in the Western Indian Ocean Islands: 1945 – 2005*, Jawaharlal Nehru University, 2006.

Bezboruah, Monoranjan, *The United States Strategy in the Indian Ocean: 1968 – 1976*, the University of Mississippi, 1977.

Baral, Sivani, *European Union's Policy towards Indian Ocean commission*, Jawaharlal Nehru University, 2003.

Hahn, Keith Dennis, *Incremental Decision – Making: US. Military Presence in the Indian Ocean, 1977 – 1981*, The American University, 1989.

Kumar, Arvind Yadav, *The Strategic and Economic Importance of the Indian Ocean for India and South Africa: (1968 – 1999)*, Jawaharlal Nehru University, 2005.

Kumar, Amit, *India and the Indian Ocean: The Making of the Post Cold War Strategy, 1991 – 2004*, Jawaharlal Nehru University, 2005.

Lal, Sanjay Kumar, *Indian Ocean Rim Countries Initiative: The Perceptions of the ASEAN and India*, Jawaharlal Nehru University, 1996.

Macris, Jeffrey R., *The Anglo – American Gulf: Britain's Departure and America's Arrival in the Persian Gulf*, Johns Hopkins University, 2007.

Pucho, Kedise, *Geopolitical Perspectives on Indian Ocean Islands*, Jawaharlal Nehru University, 1993.

Pucho, Kedise, *Emerging Maritime Interests in Indian Ocean: A Geopolitical Perspective on Australia's Role*, Jawaharlal Nehru University, 1997.

Showry, Etukuri Bala, *Arms build up in Indian Ocean Region: A Case Study of East Central Africa*, Jawaharlal Nehru University, 1986.

Sick, Gary Gordon, *The Politics of Exchange: Foreign Policy Behavior in the Indian Ocean Area, 1960 – 1970*, Columbia University, 1973.

Sidhu, Karamjit Singh, *The Indian Ocean: A Zone of Peace (A Study of Indian View Point)*, Punjabi University, 1981.

Sharma, Krishna Ranjan, *Indian Ocean as a Factor in Soviet Policy to-

wards India, 1971 – 1981, Jawaharlal Nehru University, 1982.

Singh, Navjot Bir, *Sino – Indian Naval Interface in the Indian Ocean: Rivalry, Coopartion, or Status quo?* Jawaharlal Nehru University, 2007.

Singh, Priyanka, *India's Naval Response to Security Challenges in the Indian Ocean Region*, Jawaharlal Nehru University, 2006.

Vine, David, *Empire's Footprint: Expulsion and the US Military Base on Diego Garcia*, The City University of New York, 2006.

（四）研究报告

Australia Parliament Senate Standing Committee on Foreign Affairs and Defence, *Australia and the Indian Ocean Region: Report from the Senate Standing Committee on Foreign Affairs and Defence*, Canberra: Australian Government Publishers, 1976.

Cordesman, Anthony H. and Abdullah Toukan, *The Indian Ocean Region: A Strategic Net Assessment*, Center for Strategic and International Studies, July 2014.

Admiral Sureesh Mehta, Chief of Naval Staff India, Speaking on "India's Maritime Diplomacy and International Security", 18 – 20 April 2008, at the First IISS Citi India Global Forum, New Delhi.

Future Directions International, *Critical Issues in the Indian Ocean Region to 2020*, Strategic Analysis Paper, Sep. 2010.

Indian Ocean Memorandum of Understanding on Port State Control, *Annual Report*, 2008.

The Indian Ocean Naval Symposium, *Charter of Business* (Version 1.1), March 2014.

National Council of Applied Economic Research, *Survey of India's Export Potential to Twenty – six Selected Countries in the Indian Ocean Basin and Nearby Areas*, Delhi: National Council of Applied Economic Research, 1970.

P. K. Ghosh, *Indian Ocean Naval Symposium: Uniting the Maritime Indian Ocean Region*, Strategic Analysis, 36: 3, 2012.

Sam Bateman and Anthony Bergin, *Our Western Front: Australia and the*

Indian Ocean, Australian Strategic Policy Institute, March 2010.

The Australia South Asia Research center the Australian National University, *Enhancing the Trade and Investment Environment in the Indian Ocean Rim Region: Full Report*, Canberra: Australia Foreign Affairs Publisher, 2000.

The International Hydrographic Organization, *Limits of Oceans and Seas* (*Special Publication* 23), 3rd edition, 1953.

UN General Assembly 62nd Session, Report of the First Committee, "Implementation of the Declaration of the Indian Ocean as a Zone of Peace", UN Document A/62/382 dated 8 Nov 2007.

United States Congress House Committee on Foreign Affairs. Subcommittee on National Security Policy and Scientific Developments, *The Indian Ocean: Political and Strategic Future: Hearings before the Subcommittee on National Security Policy and Scientific Developments of the Committee on Foreign Affairs House of Representatives, Ninety – Second Congress, First Session*, Washington: U. S. Govt. Print, 1971.

Text of the Draft Articles on the Responsibility of International Organizations (Draft Articles), In International Law Commission, *Report of the International Law Commission on Its Sixty – Third Session*, UN GAOR, 66th sess, Supp No10, UN Doc A/66/10 (2011) ch V (E).

三 网站

联合国条约处,United Nations Treaty Service,http://treaties. un. org/。

印度洋海军论坛,Indian Ocean Naval Symposium,http://ions. gov. in/。

联合国印度洋特设委员会,United Nations,AD HOC COMMITTEE ON INDIAN OCEAN,http://www. un. org/press/en/2005/gaio4. doc. htm。

联合国文献网站,http://archive. unu. edu/unupress/unupbooks/。

印度洋委员会,Indian Ocean Commission,http://www. commissionoceanindien. org/accueil/。

欧盟外交与安全高级代表,http://eeas. europa. eu/delegations/。

环印联盟网站，Indian Ocean Rim Assocaition，http：//www. iora. net/。
印度洋研究集团，The Indian Ocean Research Group，http：//www. iorgroup. org/。

后　记

　　本书是由本人的博士学位论文修改而成。博士学位论文是学习生涯的终点，也是学术生涯的新起点。回顾自己多年的学习经历，走出家乡山西之后，先后求学于重庆、广州，后又工作于云南，在不同省份之间的辗转尽管颇多周折，却也收获颇丰。收获的既有人生的阅历、生活的感悟，也有学术思维的养成和研究兴趣的发现。这次博士学位论文选题的确定就是本人研究兴趣使然，选择了印度洋地区的国际制度作为研究对象后才发现，这是一个非常宏大的问题，这样的研究对象也不太符合学术研究"小题大做"的研究思路。得益于导师曹云华教授的宽容和对国际问题研究的诸多心得，通过与导师的多次沟通，论文最终将研究对象确定为"印度洋地区国际制度的评估"这一可控性更强的研究对象。

　　在论文的写作过程中，面临的最大难题是构建一个理论框架，在不断的自我肯定与自我否定中探寻一个有解释力的逻辑，幸得曹云华教授的指导，他的每次点拨都使我的思路更加清晰。同时，论文的选题和写作得到了我的授课老师、参与论文开题的老师和参与预答辩老师的点拨和帮助，他们是陈奕平教授、庄礼伟教授、廖小健教授、潮龙起教授、陈文副教授、张振江教授、王子昌教授、吴金平教授、邓应文教授等；老师们深厚的积累和敏锐的见解都给予我论文写作很大的启发。在论文的答辩过程中，答辩委员李景治教授、王春林教授、陈奕平教授、周聿峨教授对论文提出了很多中肯的修改意见，感谢他们的智慧和指点。论文的写作和提交过程也得到了唐翀副教授、龚哲卿师弟的帮助。

　　年迈的父母尽管不解论文的详情，但他们的鼓励和安慰虽来自千里之外，但仍倍感温馨。在求学和论文的写作过程中，岳父岳母在生活方面周到的照顾、默默的付出也让我有了更大的前进动力。远在印度的妻子虽也面临沉重的学业压力和恶劣的生活环境，但她仍然时刻关注我的写作，与妻子的交流使枯燥的写作增加了快乐的色彩。远在外地的哥姐、一起工作的领导和同事都尽量为我的学习和写作创造条件。

尽管有这么多人的帮助，但论文中仍有不少问题，特别是在结论的深化和理论提升上仍有较大的空间。博士学位论文的写作是一次系统的理论学习和提升的过程，可以说论文中发现的问题远比解决的问题多，本人将在今后的教学与研究中继续思考这些问题，为这些问题的解答提供新的解释，肯请读者批评指正。

最后，感谢云南大学社科处、云南大学国际关系研究院／"一带一路"研究院为本书的出版提供资助。

刘　鹏
2022 年 12 月